C. W. Leadbeater

OS MESTRES E A SENDA

OS MESTRES E A SENDA

C. W. Leadbeater

Editora Teosófica
Brasília - DF

The Theosophical Publishing House
Edições em inglês: original 1925; atual 1997
Adyar, Madras, 600 020, Índia

Direitos Reservados à
EDITORA TEOSÓFICA
Sig Sul Qd. 06 Lt. 1.235
70.610-460 – Brasília-DF – Brasil
Tel.: (61) 3322.7843
E-mail: editorateosofica@editorateosofica.com.br
Site: www.editorateosofica.com.br

Leadbeater, C. W.

L 434

Os mestres e a senda / C. W. Leadbeater:
Tradução: Rafael Henrique Cerqueira - Solimeire de Oliveira
Schilling .-1.ed.- Brasília: Editora Teosófica, 2015.

Tradução de: The Masters and the Path
ISBN: 978-85-7922-126-2

1. Teosofia
II. Título

CDD 212

Equipe de revisão:
Walter da Silva Barbosa
Ricardo Lindemann
Herbert Welker
Diagramação: Reginaldo Mesquita - Fone (61) 3344-3101
Capa: Marcelo Ramos fone (61) 3797-7755
Impressão: Grafika Papel e Cores fone (61) 3344-3101
          E-mail: comercial@papelecores.com.br

SUMÁRIO

Nota da Edição de Adyar	11
Prefácio da Primeira Edição	13
Prefácio da Editora Teosófica	15
Parte I – OS MESTRES	19

Capítulo 1 – A Existência dos Mestres   21

Considerações gerais
O Testemunho das Religiões
Evidências Recentes
Experiência Pessoal
A Evolução da Vida
Vida Super-humana
A Fraternidade de Adeptos
Os Poderes do Adepto

Capítulo 2 – Os Corpos Físicos dos Mestres   39

Sua Aparência
Um Desfiladeiro no Tibete
A Casa do Mestre Kuthumi
As Atividades do Mestre
Outras Casas
Os Adeptos do Primeiro Raio
Os Adeptos do Segundo Raio
Os Outros Raios
Veículos Físicos Perfeitos
Veículos Emprestados

Parte II – OS DISCÍPULOS   65

Capítulo 3 – A Senda para o Mestre   67
    A Entrada na Senda
    A Magnitude da Tarefa
    A Importância do Trabalho
    As Regras Ancestrais
    Aos Pés do Mestre
    A Atitude do Discípulo
    As Três Portas
    O Trabalho do Mestre
    Ninguém é Negligenciado
    A Responsabilidade do Instrutor
    Ideias Errôneas
    O Efeito da Meditação
    Dificuldades Comuns
    A Devoção Deve Ser Completa

Capítulo 4 – Provação   103
    A Imagem Viva
    O Efeito da Crueldade em Crianças
    O Mestre das Crianças
    Conselhos do Mestre
    Sejam como Pequenas Crianças
    Efeitos da Irritabilidade
    Egoísmo
    Preocupação
    Riso
    Palavras Inúteis
    Formas Criadas pela Fala
    Agitação
    O Valor da Associação

Capítulo 5 – Aceitação   131

União com o Mestre
A Atitude do Discípulo
A Distribuição de Força
A Transmissão de Mensagens
Sensitividade, Mediunidade e Poderes Psíquicos
Mensagens dos Adeptos
A Equação Pessoal
Testando o Pensamento
Relaxamento
Calma e Equilíbrio
Os Poderes das Trevas
A Certeza do Sucesso

Capítulo 6 – Outras Apresentações   169

Os Mestres e a Fraternidade
Quatro Caminhos para a Senda
A Classificação Budista
Yoga Hindu
Mantras
O Efeito da Fé
Associação de Pensamento
Cooperação Angelical
O Efeito da Repetição
Bênçãos
O Poder do Som
Os Requisitos Nunca Mudam

Parte III – AS GRANDES INICIAÇÕES 203

Capítulo 7 – A Primeira Iniciação 205

O Iniciador Único
A Fraternidade
Fracassos
A Instrução do Iniciador
A Duração da Cerimônia
Filiação
O Nível de Iniciação
A Oportunidade Atual
Jovens Iniciados
Iniciado – o Irmão de Todos os Homens

Capítulo 8 – O EGO 225

O Nascimento do Ego
A Mônada e o Ego
Comunicação com a Personalidade
Em Seu Próprio Mundo
Seu Interesse na Personalidade
A Atitude da Personalidade
Realização da Unidade

Capítulo 9 – A Segunda e a Terceira Iniciações 241

Os Três Primeiros Grilhões
Subdivisão dos Passos
Desenvolvimento Mental
O Ponto Perigoso
Terceira Iniciação
O Quarto e o Quinto Grilhões

Capítulo 10 – As Iniciações Superiores 253

O *Arhat*
Simbologia Cristã

Nirvana
O Trabalho do *Arhat*
A Quinta Iniciação
Além do Adeptado
As Sete Sendas

Parte IV – A HIERARQUIA 277

Capítulo 11 – O Trabalho dos Mestres 279
Um Resumo
As Paróquias
Distribuição de Força
O Uso da Devoção
Trabalho dos Aspirantes
O Esforço Centenário
As Raças
A Sexta Sub-raça
A Sexta Raça-Raiz

Capítulo 12 – Os *Chohans* e os Raios 297
Os *Chohans*
A Tabela do Mestre Djwal Kul
Desmembramento Sétuplo
Os Sete Espíritos
Os Sete Tipos de Seres
Poderes Mágicos e Curativos
Os *Chohans* dos Raios
As Qualidades a Serem Desenvolvidas
Mudanças Cíclicas
O Reino da Devoção
O Advento do Cerimonial

Capítulo 13 – A Trindade e os Triângulos   325
    A Divina Trindade
    O Triângulo de Agentes
    Limites dos Raios
    Mudança de Raio
    União Perfeita

Capítulo 14 – A Sabedoria nos Triângulos   339
    O Buda
    Os Atos Suplementares
    O Festival *Wesak*
    O Vale
    A Cerimônia
    A Maior Bênção
    Os Predecessores de Buda
    O *Bodhisattva* Maitreya
    O Festival *Āsāla*
    As Quatro Nobres Verdades
        1ª – Dor ou Sofrimento
        2ª – A Causa do Sofrimento
        3ª – A Cessação do Sofrimento
          (ou a Fuga da Dor)
        4ª – O Caminho que Conduz à Libertação do
          Sofrimento
    O Nobre Caminho Óctuplo

Capítulo 15 – O Poder nos Triângulos   381
    O Senhor do Mundo
    As Mais Elevadas Iniciações
    A Meta para Todos

NOTA DA EDIÇÃO DE ADYAR

Esse livro foi inicialmente publicado em 1925, e foi revisado e ampliado em 1927. Desde então, ele foi reimpresso sete vezes para alcançar a contínua demanda. O material está baseado em conferências de C. W. Leadbeater para membros da Sociedade Teosófica, e o livro é uma contribuição em um campo sobre o qual, comumente, pouco é conhecido.

Essa edição está sendo publicada numa forma um tanto abreviada. Como a maioria das publicações da Theosophical Publishing House, Adyar, ela representa a opinião e as experiências do autor, e não a visão coletiva da Sociedade Teosófica.

PREFÁCIO DA PRIMEIRA EDIÇÃO

Há apenas uma razão para que eu deva fazer esse Prefácio para o livro escrito por meu honrado colega. Ele trata de muitos assuntos que até agora têm sido estudados e discutidos em um círculo comparativamente pequeno, composto de estudantes bem versados no conhecimento teosófico e preparados para estudar declarações relativas a regiões que, eles mesmos, ainda não podem adentrar, mas esperam fazê-lo futuramente e, então, verificar por si próprios as declarações feitas por seus seniores. Desejo me associar às declarações feitas neste livro, pois posso pessoalmente atestar a exatidão de praticamente todas elas, e também dizer, em nome de meu colega e de mim mesma, que este livro é publicado como um registro de observações cuidadosamente feitas e cuidadosamente inscritas, porém sem reivindicação de qualquer autorização e sem nenhuma demanda de aceitação. Ele não reivindica inspiração, mas é apenas um relato honesto de coisas vistas pelo autor.

Annie Besant

PREFÁCIO DA EDITORA TEOSÓFICA

Por tratar da existência dos *Mahatmas* ou Mestres de Sabedoria, também conhecidos como Adeptos, *Adhikari Purushas, Jivanmuktas* ou Homens Perfeitos, e por ser pioneiro em muitas considerações sobre a Hierarquia Oculta ou Governo Interno do Mundo de que Eles fazem parte, este livro é um dos mais esotéricos de nossa literatura. Muitas considerações foram feitas sobre quanto deveria permanecer esotérico ou oculto e quanto poderia ou deveria ser publicado, pelo que, após sua publicação original em inglês em 1925, ele foi ampliado pelo autor, o Bispo + Charles Webster Leadbeater (1947 – 1934), na edição de 1927, mas depois de sua morte sofreu duas grandes abreviações, uma na edição de 1969 e outra em 1983.

Indícios cientificamente verificados sobre a questão da autenticidade das cartas dos *Mahatmas* estão agora disponíveis em língua portuguesa por meio da recente publicação do livro *H.P. Blavatsky e a Sociedade para Pesquisas Psíquicas: retratação a Blavatsky sobre as cartas dos Mahatmas*, de autoria do Dr. Vernon Harrison, Editora Teosófica (2015), acrescentando importante evidência de Sua existência, de cujo prefácio citamos: "Contudo, talvez o mais desconcertante neste tema, particularmente para a mentalidade da cultura ocidental, é que os próprios *Mahatmas* não desejam que sua existência seja inequivocamente comprovada, como afirma e justifica o Mestre K.H. já na primeira das *Cartas dos Mahatmas para A. P. Sinnett* [Ed. Teosófica], de 17/10/1880, cuja leitura completa deve-se recomendar: '... a única salvação para os verdadeiros conhecedores das ciências ocultas é o ceticismo do público; os charlatões e os prestidigitadores são os escudos naturais dos 'adeptos'. A segurança pública só é mantida porque mantemos secretas as terríveis armas que poderiam ser usadas contra ela, e que, como já foi dito a você, seriam mortais nas mãos dos perversos e dos egoístas.' (*Op. Cit.*, v. 1, p. 40)". (*Op. Cit.*, p.xiii)

O próprio Bispo Leadbeater, em uma obra posterior intitulada *A Gnose Cristã* (Brasília: Teosófica, 2001), caracteriza os principais motivos pelos quais certos conhecimentos devem permanecer secretos ou esotéricos, a saber: 1. Os que são perigosos [despertar de *kundalini*, etc., N.E.]; 2. Os que poderiam ser usados com o objetivo de fazer o mal; 3. Os que são incompreensíveis [ou inefáveis, N.E.]; 4. Os que poderiam provocar irreverência. Para maiores detalhes, recomendamos a obra citada, mas aqui enfatizamos o quarto caso, de cujo comentário citamos: "Existe um provérbio atribuído ao Nosso Senhor Bendito: 'Não deis aos cães o que é santo, nem lanceis pérolas aos porcos, para que não as pisem e, voltando-se contra vós, vos estraçalhem.' [Mat. VII:6, N.E...] Não apenas a informação de inestimável valor é deixada de lado pelos que ainda não estão preparados para ela, como é ridicularizada e lançada na lama de seus próprios pensamentos impuros e, tendo-a assim utilizado, invariavelmente se voltam contra a pessoa que a transmitiu a eles e fazem o que podem para injuriá-la. [...] Não significa que os Grandes Seres sentir-se-iam ofendidos por tal interpretação errônea ou impertinente; é que tais pensamentos e sentimentos fazem mal àqueles que os experimentam, e também provocam muita dor nos seguidores do Instrutor que é assim difamado. Por esta razão (embora quando indagados, sempre nos consideremos obrigados a prestar depoimento, mesmo perante testemunhas hostis, acerca do fato da existência dos Mestres), falamos neles nas elocuções públicas tão pouco quanto possível, e fornecemos detalhes apenas àqueles de cuja reverência e compreensão nos sentimos seguros." (*Op. cit.*, p. 234-235)

Conforme consta nas Suas cartas: "O falatório acerca dos 'Mestres' deve ser silenciosa mas firmemente eliminado... Anônima e silenciosamente nós trabalhamos, e a contínua referência a nós e nossos nomes [também a divulgação dos seus retratos...] gera uma aura confusa que atrapalha nosso trabalho..." (JINARAJADASA, C. *Cartas dos Mestres de Sabedoria*. Brasília: Teosófica, 1996. p. 107) Como os Mestres não teriam mais *karma* pessoal, Eles poderiam dissipar energia para contrapor o mau magnetismo, embora esse desperdício de energia (que poderia ser utilizada para abençoar outros) pareça gerar mau *karma* para o responsável por gerar tal magnetismo negativo, pois o trabalho Deles pode ser assim negativamente afetado. Tal parece ser o principal motivo pelo qual Seus retratos não são publicados em nossa literatura.

O Bispo Leadbeater, coerentemente, acrescenta sobre os dois lados da questão: "Entrar em contato com um dos Grandes Seres oferece uma oportunidade de desenvolvimento rápido que não pode ser obtida de nenhum outro modo; e ajudar, ou ser útil, a um destes Seres produz bom *karma* que, diante disso, parece inteiramente desproporcional, ao real serviço prestado. Porém, devemos lembrar que o oposto também é verdadeiro – qualquer prejuízo causado a um Deles traz um peso correspondente de mau *karma*." (LEADBEATER, *op. cit.*, p. 234)

A presente tradução ao português é baseada numa reimpressão de 1997, e que portanto sofreu o efeito das abreviações supramencionadas, embora tenha se preservado entre colchetes, com a intenção de respeitar a vontade do autor, trechos com base na edição do centenário da Sociedade Teosófica em 1975, já afetada pela abreviação de 1963, na qual se baseou a tradicional tradução do saudoso e querido irmão Joaquim Gervásio de Figueiredo, que aqui não poderíamos deixar de homenagear.

O leitor é, portanto, convidado a conferir esta obra bem como tentar verificar por si mesmo o que o Bispo Leadbeater costumava afirmar: "Existe uma dinastia espiritual cujo trono nunca está vazio, cujo esplendor jamais decai; seus membros formam uma corrente de ouro cujos elos jamais poderão romper-se porque eles fazem o mundo retornar para Deus de quem proveio." (JINARAJADASA, C. *The 'K.H.' Letters to C.W. Leadbeater.* Chennai: Theosophical Publishing House, 1980. p. 45)

Brasília, 02 de dezembro de 2015.

+ Ricardo Lindemann
Diretor Cultural e de Estudos
Sociedade Teosófica no Brasil

PARTE I

OS MESTRES

Capítulo 1

A EXISTÊNCIA DOS MESTRES

Considerações gerais

A existência de Homens Perfeitos é um dos mais importantes dos muitos novos fatos que a Teosofia coloca diante de nós. Ele sucede logicamente aos outros grandes ensinamentos teosóficos do *karma* e da evolução pela reencarnação. Quando olhamos ao nosso redor, vemos claramente homens em todos os estágios de evolução, muitos bastante abaixo de nós em desenvolvimento e outros que, de uma forma ou de outra, estão distintamente à nossa frente. Dessa forma, deve haver aqueles que estejam também muito adiante de nós. De fato, se o homem está progressivamente se tornando cada vez melhor por uma longa série de vidas sucessivas, visando um objetivo definido, certamente haverá alguns que já tenham alcançado esse objetivo. Alguns de nós, nesse processo de desenvolvimento, já tiveram sucesso em desdobrar alguns desses sentidos superiores, que estão latentes em todos os homens e que são a herança de todos no futuro. E, por meio desses sentidos, somos capazes de ver a escada evolutiva se estendendo tanto bem acima de nós, como bastante abaixo de nós; e também podemos ver que existem homens em todos os degraus dessa escada.

Há uma considerável quantidade de testemunhos diretos da existência desses Homens Perfeitos, a quem chamamos de Mestres; mas acredito que o primeiro passo que cada um de nós precisa dar é o de ter a certeza de que tais homens *devem* existir. Então, como um passo seguinte, é que compreendemos que aqueles com os quais tivemos contato pertencem a essa classe.

Os registros históricos de todas as nações estão cheios de feitos de homens de gênio em todos os campos da atividade humana – homens que em suas linhas especiais de trabalho e habilidade se mantiveram muito acima dos demais. Na verdade, às vezes (e provavelmente mais corriqueiramente do que sabemos) seus ideais estiveram completamente além da compreensão das pessoas, de forma que não apenas o trabalho que eles possam ter feito foi perdido para a humanidade, mas nem mesmo seus nomes foram preservados. É dito que a história de toda nação poderia ser escrita com a biografia de alguns indivíduos e que são sempre uns poucos, elevando-se acima dos demais, que iniciam os grandes passos à frente na arte, na música, na literatura, na ciência, na filosofia, na filantropia, na administração pública e na religião. Eles se elevam, algumas vezes, no amor a Deus e a seus semelhantes como grandes santos e filantropos; outras vezes, na compreensão do homem e da Natureza como grandes filósofos, sábios e cientistas; ou no trabalho pela humanidade como grandes libertadores e reformistas. Ao olhar para esses homens, percebendo o quão acima eles estão na humanidade, a que distância eles estão na evolução humana, não é lógico dizer que não podemos ver as fronteiras das realizações humanas? E também que deve ter havido, e mesmo agora deve haver, homens muito mais desenvolvidos até mesmo que aqueles – grandes homens em espiritualidade, assim como em conhecimento e poder artístico; homens completos no que se refere às perfeições humanas, homens precisamente tais como os Adeptos ou Super-homens, que alguns de nós tiveram o inestimável privilégio de encontrar?

Essa galáxia de gênios humanos – que enriquece e embeleza as páginas da história – é, ao mesmo tempo, a glória e a esperança de toda a humanidade, pois sabemos que esses Grandes Seres são os precursores dos demais e que eles brilham como faróis, como verdadeiros portadores de luz, para nos mostrar a Senda que devemos trilhar se quisermos alcançar a glória que será então revelada. Há muito tempo aceitamos a doutrina da evolução das formas nas quais habita a Vida Divina; aqui está a ideia complementar e muito mais ampla da evolução dessa mesma Vida, demonstrando que a própria razão desse maravilhoso desenvolvimento de formas cada vez mais elevadas é que a Vida sempre em expansão precisa dessas formas para se expressar. As formas nascem e morrem; elas crescem, decaem e se desfazem; mas o Espírito evolui eternamente, animando essas formas, desenvolvendo-se por intermédio das experiências obtidas nas formas e através delas. Ao ter sua oportunidade de servir e se tornado ultrapassada, aquela forma é posta de lado para que outra melhor tome o seu lugar.

Por trás da forma em evolução sempre germina a Vida Eterna, a Vida Divina. Esta Vida de Deus permeia toda a Natureza, que é tão somente os vários mantos coloridos que Ele tem vestido. É Ele que vive na beleza da flor, na força da árvore, na rapidez e na graça do animal, assim como no coração e na alma do homem.

A vontade de Deus é a evolução, e por isso toda vida progride e ascende, e torna-se o fato mais natural do mundo a existência de Homens Perfeitos na extremidade dessa linha de sempre crescente poder, sabedoria e amor. Até mesmo mais adiante deles – além de nossa visão e compreensão – se estende a perspectiva de uma glória ainda maior. Tentaremos posteriormente dar alguma insinuação a respeito, mas é inútil falar dela agora.

A consequência lógica de tudo isso é que deve haver Homens Perfeitos, aparecendo, em todas as eras, claros sinais da existência de tais Homens, os quais, ao invés de deixarem completamente o mundo para viver nos reinos divino ou Super-humano, permaneceram em contato com a humanidade por amor a ela, para auxiliar sua evolução em beleza, amor e verdade; para ajudar, por assim dizer, a cultivar o Homem Perfeito – tal como encontramos um botânico que tem um amor especial pelas plantas e se glorifica com a produção de uma laranja perfeita ou uma rosa perfeita.

O Testemunho das Religiões

Os registros de todas as grandes religiões mostram a presença de tais Super-homens, tão plenos da Vida Divina que, por repetidas vezes, eles têm sido tomados como sendo os próprios representantes de Deus. Em toda religião, especialmente em sua fundação, manifestou-se um desses Seres, e às vezes mais de um. Os hindus têm seus grandes Avatares ou encarnações divinas, tais como Shri Krishna, Shri Shankaracharya e o Senhor Gautama *Buddha*, cuja religião se espalhou pelo Extremo Oriente, e uma grande galáxia de *Rishis*, de Santos, de Instrutores. Esses Grandes Seres se empenharam não apenas em acordar a natureza espiritual dos homens, mas também em todos os assuntos referentes a seu bem-estar na Terra. Todos que pertencem ao mundo cristão conhecem bem, ou deveriam conhecer, a grande sucessão de profetas, instrutores e santos em suas próprias dispensações, e sabem que de alguma forma (talvez não claramente entendida) seu Instrutor Supremo, o próprio Cristo, foi e é Homem – assim como é Deus. Todas as religiões anteriores (decadentes, já que algumas delas podem estar entre nações decadentes), inclusive as de tribos primitivas de homens, mostram como aspecto marcante a existência de Super-homens, auxiliares em todos os sentidos das pessoas infantis com quem habitavam. Fazer uma relação deles, mesmo sendo sobremaneira interessante e valiosa, nos afastaria muito de nosso presente propósito; portanto, dou referências ao leitor do excelente livro do Sr. W. Williamson, *The Great Law* [A Grande Lei].

Evidências Recentes

Há muitas evidências diretas e recentes da existência destes Grandes Seres. Em minha juventude, nunca precisei de nenhuma dessas evidências – pois estava totalmente convencido pelo resultado de meus estudos – de que *devem* existir tais seres. Acreditar que havia tais Homens glorificados me parecia perfeitamente natural, e o meu único desejo era encontrá-los face a face. Porém, muitos, de forma bastante razoável, querem conhecer as evidências existentes. Há uma quantidade considerável de testemunhos pessoais. Madame Blavatsky e o Coronel Olcott, os cofundadores da Sociedade Teosófica, Dra. Annie Besant, nossa atual Presidente, e eu próprio, todos nós vimos alguns desses Grandes Seres; e muitos outros membros da Sociedade também tiveram o privilégio de ver um ou dois deles. Há um amplo testemunho naquilo que todas essas pessoas escreveram.

Algumas vezes é sugerido que aqueles que os viram, ou imaginaram tê-los visto, possam estar sonhando ou talvez enganados. A principal razão, eu acredito, é que raramente vimos os Adeptos em uma ocasião em que tanto eles quanto nós estivéssemos em nossos corpos físicos. Nos primeiros dias da Sociedade, quando apenas Madame Blavatsky havia desenvolvido faculdades superiores, os Mestres não raramente materializavam a si mesmos para que todos pudessem vê-los, mostrando-se, assim, fisicamente em várias ocasiões. Muitos registros de tais acontecimentos podem ser encontrados na história inicial de nossa Sociedade. Obviamente, o Grande Ser que se apresentava não estava em seu corpo físico, mas em uma forma materializada. Muitos de nós, habitual e constantemente, os vemos durante o sono. Saímos em nossos corpos astrais (ou no corpo mental, de acordo com nosso desenvolvimento), e os visitamos e vemos em seus corpos físicos. Entretanto, nessa condição, não estamos em nosso corpo físico, e por isso, no plano físico, as pessoas tendem a ser descrentes sobre tais experiências. Os homens contestam: "Mas, nestes casos, vocês que os viram estavam fora do corpo físico e podem ter sonhado ou se enganado, ou aqueles que apareceram para vocês vieram em forma de fenômeno e desapareceram em seguida; então, como vocês sabem que eles eram quem vocês supõem que eles sejam?"

Há poucos casos em que ambos, o Adepto e a pessoa que o viu, estavam em corpos físicos. Isso aconteceu com Madame Blavatsky. Eu a ouvi dar o testemunho de ter vivido por algum tempo em um monastério no Nepal, onde ela constantemente via três de nossos Mestres em seus veículos físicos. Alguns deles desceram mais de uma vez de seus retiros nas montanhas até a Índia em seus corpos físicos. O Coronel Olcott relatou sobre ter visto dois deles em tais ocasiões; ele conheceu o Mestre Morya e também o Mestre Kuthumi. Damodar K. Mavalankar, que conheci em 1884, encontrou-se com o Mestre Kuthumi em seu corpo físico. Houve o caso de S. Ramaswami Iyer, um cavalheiro que conheci também àquela época, que teve a experiência de encontrar fisicamente o Mestre Morya e escreveu um relato desse encontro, que citarei mais tarde. Também o caso do Sr. W. T. Brown, da Loja de Londres, igualmente privilegiado por encontrar um dos Grandes Seres em condições similares. Há ainda uma vasta quantidade de testemunhos indianos, que nunca foram coletados e selecionados principalmente porque aqueles com os quais essas experiências ocorreram estavam tão persuadidos da existência de Super-humanos

Os Mestres e a Senda

e da possibilidade de encontrá-los que não registraram nenhum caso individual como digno.

Experiência Pessoal

Eu mesmo posso relatar duas ocasiões em que encontrei um Mestre, ambos estando em nossos veículos físicos. Um deles foi o Adepto a quem foi designado o nome de Júpiter no livro *As Vidas de Alcyone*[1], que muito auxiliou na redação de partes do famoso livro de Madame Blavatsky, *Ísis sem Véu*, quando ele estava sendo escrito na Filadélfia e em Nova Iorque. Quando eu estava vivendo em Adyar, ele foi muito generoso em requisitar ao meu reverenciado instrutor, Swami T. Subba Row, para me levar até ele. Obedecendo à sua convocação, viajamos até sua casa e fomos muito afavelmente recebidos por ele. Após uma longa conversa do mais profundo interesse, tivemos a honra de jantar com ele, mesmo ele sendo um brâmane, e passamos a noite e parte do dia seguinte sob seu teto. Neste caso, admite-se que não poderia haver nenhuma questão de ilusão. O outro Adepto que eu tive o privilégio de encontrar fisicamente foi o Mestre Conde de Saint Germain, chamado às vezes de Príncipe Rakoczy. Eu o conheci sob circunstâncias bem usuais (sem nenhum agendamento prévio, como se fosse coincidência), caminhando na Via del Corso, em Roma, vestido como qualquer cavalheiro italiano se veste. Ele me levou até os jardins do Monte Pincio, e conversamos por mais de uma hora sobre a Sociedade e seu trabalho, ou talvez eu deva dizer que ele falava e eu ouvia, embora eu tenha respondido quando me fez perguntas.

Tenho visto outros membros da Fraternidade em várias circunstâncias. Meu primeiro encontro com um deles ocorreu em um hotel no Cairo. Eu estava a caminho da Índia com Madame Blavatsky

---

[1] *As Vidas de Alcyone* – de Annie Besant e C.W. Leadbeater, publicado pela Editora Conhecimento. (N.E.)

e alguns outros, e ficamos nessa cidade por um tempo. Costumávamos nos reunir nos aposentos de Madame Blavatsky para trabalhar. Eu estava sentado no chão, recortando e organizando para ela alguns artigos de jornal que ela queria, quando ela sentou-se em uma mesa próxima. Na verdade meu braço esquerdo estava mesmo tocando o vestido dela. A porta do quarto estava completamente à vista e com certeza não foi aberta; mas, de repente, sem nenhuma preparação, havia um homem de pé quase entre mim e Madame Blavatsky, ao alcance de ambos. Causou-me um enorme susto, e eu saltei meio atordoado. Madame Blavatsky achou graça e disse: "Se você não conhece o bastante para não se sobressaltar por algo tão irrisório, você não vai longe nesse trabalho oculto". Eu fui apresentado ao visitante, que não era ainda um Adepto, mas um *Arhat*, que corresponde a um grau abaixo daquele estágio. Ele então se tornara o Mestre Djwal Kul.

Alguns meses depois disso, o Mestre Morya veio até nós um dia, parecendo exatamente como se estivesse em um corpo físico. Ele caminhou pela sala em que eu estava para falar com Madame Blavatsky, que estava no quarto dela. Essa foi a primeira vez que eu o vi plena e claramente, pois eu ainda não havia desenvolvido meus sentidos latentes o suficiente para ter presente o que eu vira no corpo sutil. Eu vi o Mestre Kuthumi em condições semelhantes, sobre o teto de nossa sede em Adyar. Ele estava em pé num parapeito, como se tivesse acabado de se materializar ao ar livre do outro lado. Eu vi também o Mestre Djwal Kul repetidas vezes naquele telhado, da mesma forma.

Isso seria considerado, eu suponho, como uma evidência menos incontestável, uma vez que os Adeptos vieram como aparições; mas como eu aprendi, desde então, a usar meus veículos superiores livremente e a visitar esses Grandes Seres dessa forma, posso testemunhar que aqueles que vieram nos primeiros anos da Sociedade e se materializaram para nós são os mesmos Homens que tenho visto frequentemente de lá para cá, vivendo em suas próprias casas. As pessoas têm sugerido que eu e outros que tivemos a mesma experiência podemos estar sonhando, já que essas visitas se dão durante o sono. Eu só posso responder que é um sonho marcantemente consistente, se estendendo, no meu caso, por quarenta anos, e que tem sido sonhado simultaneamente por um grande número de pessoas.

Aqueles que desejam coletar evidências sobre tais assuntos (e é bem razoável que eles desejem fazê-lo) devem se voltar à literatura mais antiga da Sociedade. Eles poderiam saber da Dra. Besant quantos dos Grandes Seres ela vira em diferentes ocasiões; e há vários de nossos membros que irão, sem hesitação, dar testemunho de que viram um Mestre. Pode ser que em meditação eles tenham visto sua face e, posteriormente, tenham tido provas definitivas de se tratar de um ser real. Muitas evidências podem ser encontradas no livro *Old Diary Leaves* [Folhas de um Velho Diário], do Coronel Olcott; e há um interessante tratado chamado "Do the Brothers Exist?"[2] [Os Irmãos Existem?], escrito pelo Sr. A.O. Hume – um homem que se destacou na Administração Pública na Índia e muito trabalhou com nosso último Vice-Presidente, Sr. A.P. Sinnett –, que foi publicado em um livro intitulado *Hints on Esoteric Theosophy*[3] [Dicas sobre Teosofia Esotérica]. O Sr. Hume, que era um anglo-indiano cético com uma mente racional, entrou no questionamento sobre a existência dos Irmãos (como também são chamados os Mestres, porque eles pertencem a uma grande Fraternidade e também porque eles são os Irmãos mais Velhos da humanidade) e, mesmo prematuramente, decidiu que tinha testemunhos esmagadores de que eles realmente existiam. Muito mais evidência tem sido coletada desde que esse livro foi publicado.

[2] Esgotado. (N. E.)
[3] Esgotado. (N. E.)

A posse de visão estendida – e de muitas outras faculdades resultantes do desdobramento de nossos poderes latentes – tem também trazido para a nossa constante experiência o fato de que há outras ordens de seres além da humana, algumas das quais estão numa categoria paralela à dos Adeptos, em um grau de existência superior à nossa. Encontramos alguns daqueles a que chamamos de Devas ou Anjos e outros que percebemos estarem muito além de nós em todos os sentidos.

A Evolução da Vida

Uma vez que, no curso de nosso desenvolvimento, nós nos tornamos capazes de nos comunicar com os Adeptos, naturalmente perguntamos a eles, com toda a reverência, como eles alcançaram aquele nível. Eles nos contam, cedendo ao nosso interesse, que não muito tempo atrás eles estavam exatamente onde nós estamos agora, e então se ergueram acima das fileiras da humanidade comum; que nós, no devido tempo, seremos como eles são agora; e que todo o sistema é uma evolução graduada da Vida por níveis se estendendo cada vez mais acima, além do que podemos acompanhar, até a própria Divindade.

Percebemos que, assim como há estágios definidos na evolução inicial – o vegetal acima do mineral, o animal acima do vegetal, e o humano acima do animal –, da mesma forma o reino humano tem um final definido, uma fronteira em que o homem passa a um reino distintamente mais elevado que ele próprio, que além do humano há o Super-humano. No estudo desse sistema de evolução, compreendemos que em cada homem há três grandes divisões: corpo, alma e espírito; e que cada uma delas comporta subdivisões adicionais. Esta foi a definição dada por São Paulo dois mil anos atrás. O Espírito ou Mônada é o sopro de Deus (pois a palavra "espírito" significa "sopro", do latim *spiro*), a centelha divina que é verdadeiramente o Homem, embora seja mais precisamente descrita como pairando sobre o homem como o conhecemos. O esquema de sua evolução consiste em que ela desça até a matéria e, por meio de sua descida, obtenha definição e acuidade nos aspectos materiais.

Até onde podemos ver, essa Mônada, que é uma centelha do Fogo Divino, não pode descer até o nosso nível atual, não pode alcançar diretamente este plano físico em que estamos agora pensando e trabalhando – provavelmente porque as frequências de sua vibração e as da matéria física diferem largamente, de forma que seja necessário haver estados e condições intermediárias. Em que plano da Natureza aquela centelha divina originalmente existe, nós não sabemos, pois está muito acima de nosso alcance. Sua manifestação mais baixa, que poderia ser chamada de seu reflexo, desce até o mais baixo dos Planos Cósmicos, como descrito em *A Textbook of Theosophy*[4].

Habitualmente falamos de sete planos de existência, que são subdivisões ou subplanos do Plano Cósmico mais baixo, denominado em nossos livros de *Prakriti*[5], expressando o plano físico do Cosmos. A Mônada pode descer até o segundo desses subplanos (a que denominamos consequentemente de Plano Monádico), mas ela não parece ser capaz de penetrar mais baixo que isso. Para obter o imprescindível contato com a matéria ainda mais densa, ela lança parte de si mesma para baixo por dois planos inteiros; e esse fragmento é o que chamamos de Ego[6] ou alma.

---

[4] *A Textbook of Theosophy*, de C. W. Leadbeater, editado pela Editora Pensamento com o título Compêndio de Teosofia, porém esgotado. (N.E.)

[5] *Prakriti* (sânscrito) – a Natureza em geral; a Matéria primordial e elemental em contraposição a Purusha – a natureza espiritual, o Espírito –, que juntos são os dois aspectos primitivos da Divindade única. (N.E.)

[6] Nesta edição, preferiu-se grafar o Ego ou Eu Superior com inicial maiúscula, significando a "alma imortal" ou individualidade que evolui através de sucessivas reencarnações reguladas pela lei do *karma*, para distingui-lo do ego psicológico ou eu inferior mortal, bem como da Mônada ou "espírito eterno", conforme o próprio autor define e aprofunda no seu Capítulo 8 denominado "O Ego". (N.E.)

O Espírito Divino, muito acima de nós, apenas paira sobre nós; a alma, que é uma representação pequena e parcial dele (é como se a Mônada lançasse para baixo um dedo de fogo, e a extremidade desse dedo fosse a alma), não pode descer abaixo da porção superior do plano mental (que é o quinto plano, contando de cima para baixo, sendo o físico o sétimo e o mais baixo). Para que ele alcance um nível ainda mais baixo, ele deve, por sua vez, lançar para baixo uma pequena porção de si mesmo, que corresponde à personalidade que conhecemos. Então, essa personalidade, que cada pessoa pensa comumente ser ela própria, é na verdade apenas o fragmento de um fragmento.

Toda a evolução pelos reinos mais baixos é uma preparação para o desenvolvimento dessa constituição humana. Um animal, durante sua vida no plano físico (e por algum tempo depois disso, no mundo astral), tem uma alma tão individual e separada quanto a do homem; porém, quando o animal chega ao final de sua vida astral, aquela alma não reencarna novamente em um corpo separado, mas retorna para uma espécie de reservatório de matéria-alma, chamado em nossos livros de alma-grupo. É como se a alma-grupo fosse um balde de água, suprindo as necessidades de vários animais do mesmo tipo – digamos, por exemplo, de vinte cavalos. Quando um cavalo está para nascer dessa alma-grupo, é como se alguém mergulhasse uma vasilha nesse balde e a trouxesse cheia de água. Durante a vida desse cavalo, todos os tipos de experiências – nas quais ele aprende lições – vêm até ele e modificam sua alma; e isso pode ser comparado a vários tipos de pigmentos lançados nessa vasilha de água. Quando o cavalo morre, a água na vasilha é derramada de volta no balde, e os pigmentos coloridos que ele adquiriu se espalham por todo o conteúdo do balde. Quando nasce outro cavalo da mesma alma-grupo, outra vasilha de água é retirada do balde; assim, é óbvio que será impossível tirar exatamente as mesmas gotas de água que constituíram a alma do cavalo anterior.[7]

Quando um animal tiver se desenvolvido o suficiente para se tornar humano, isso significa que, ao final de sua vida, sua alma não será mais colocada de volta na alma-grupo, mas permanecerá como uma entidade separada. Nesse momento, um destino muito curioso mas também muito bonito recai sobre ele. A matéria-alma, a água na vasilha, se torna um veículo para algo muito superior; e no lugar de atuar como uma alma, ela própria é animada. Não temos uma analogia mais exata no plano físico do que pensarmos em bombear ar na água sob alta pressão e obter, assim, água gaseificada. Se nós aceitarmos esse simbolismo, a água que era previamente a alma de um animal agora se torna o corpo causal de um homem; e o ar bombeado para dentro dela é o Ego ao qual me referi – aquela alma do homem que é apenas uma manifestação parcial do Espírito Divino. Essa descida do Ego é simbolizada na antiga mitologia grega na ideia do *Krater*[8] ou Cálice e na estória medieval do Santo Graal, pois o Graal ou o Cálice é o resultado perfeito de toda a evolução inferior, no qual é despejado o Vinho da Vida Divina para que a alma do homem possa nascer. Dessa forma, como havíamos dito, aquilo que previamente era a alma de um animal se torna, no caso do homem, o que é denominado corpo causal, na porção superior do plano mental – um veículo permanente ocupado pelo Ego ou alma humana; e tudo o que fora aprendido em sua evolução é transferido para esse novo centro de vida.

A evolução dessa alma consiste em seu retorno gradual para o nível mais elevado no plano logo abaixo do Monádico, carregando consigo o resultado de sua descida na forma de experiências aproveitadas e qualidades adquiridas. O corpo físico em todos nós

---

[7] Para mais detalhes sobre esse processo, veja *A Textbook of Theosophy.*

[8] *Krater* – jarra redonda, em forma de taça, na qual os gregos e romanos antigos misturavam vinho e água. (N.E.)

está totalmente desenvolvido, e por isso supostamente o conquistamos; porém ele deve estar inteiramente sob o controle da alma. Entre os homens mais desenvolvidos nos dias atuais, isso ocorre normalmente, embora às vezes ele possa "escapar" e se tornar selvagem. O corpo astral também já está totalmente desenvolvido, mas ainda está longe do controle perfeito. Mesmo entre as Raças às quais pertencemos, há muitas pessoas que são vítimas de suas próprias emoções. No lugar de serem capazes de governá-las integralmente, essas pessoas muitas vezes se deixam ser guiadas por elas. Permitem que suas emoções as conduzam desgovernadas, assim como um cavalo selvagem pode disparar com seu cavaleiro e levá-lo a lugares aos quais ele não deseja ir.

Podemos considerar, então, que em todos os mais evoluídos homens no presente momento o corpo físico está totalmente desenvolvido e razoavelmente sob controle; o corpo astral também está totalmente desenvolvido, mas de forma alguma em perfeito controle; o corpo mental está em processo de desenvolvimento e seu crescimento está ainda muito longe de concluído. Quando esses três veículos, o físico, o astral e o mental, estiverem inteiramente subordinados à alma, o eu inferior terá sido absorvido pelo Ser superior, e o Ego, a alma, terá dominado o homem. Embora o homem ainda não seja perfeito, os diferentes veículos estão suficientemente harmonizados de forma que eles possuem um objetivo único.

Até o momento, a alma vem lentamente controlando os veículos da personalidade com a finalidade de que eles se tornem um com ela; mas agora a Mônada, por sua vez, começa a dominar a alma. E virá um tempo em que, assim como a personalidade e a alma se tornaram um, o Espírito e a alma se tornarão um por sua vez. Essa é a unificação do Ego com a Mônada. Quando isso for alcançado, o homem terá atingido o objetivo de sua descida à matéria – ele terá se tornado um Super-homem ou Adepto.

Vida Super-humana

Somente agora, pela primeira vez, ele entra em sua vida real, pois a completude desse formidável processo evolutivo (por todos os reinos inferiores e depois pelo reino humano até a obtenção do *Adeptado*) é apenas uma preparação para essa verdadeira vida do Espírito, que se inicia somente quando o homem se torna mais que homem. A humanidade é a última classe da escola do mundo; e quando um homem tiver sido treinado nela, ele passará para a vida real, a vida do Espírito glorificado, a vida do Cristo. Ainda sabemos pouco do que ela significa, apesar de vermos alguns daqueles que a compartilham. Essa vida tem uma glória e um esplendor que estão além de qualquer comparação, acima de nossa compreensão; e mesmo assim é um fato vivo e resplandecente. Essa realização por cada um de nós é uma certeza absoluta, da qual não podemos fugir mesmo se quisermos. Se agirmos de forma egoísta, se nos colocarmos contra a corrente de evolução, podemos atrasar o nosso progresso, mas definitivamente não conseguiremos impedi-lo.

Ao concluir a vida humana, o Homem Perfeito geralmente solta seus vários corpos materiais, mas ele retém o poder de assumir qualquer um deles caso o necessite no decorrer de seu trabalho. Na maioria dos casos, aquele que alcança esse nível não mais precisa de um corpo físico. Ele não mais retém o corpo astral, mental ou até o causal, mas vive permanentemente em seu nível mais elevado. Sempre que, por qualquer propósito, ele precise lidar com um plano mais baixo, ele tomará um veículo temporário pertencente a esse plano, pois apenas por intermédio daquela matéria ele poderá entrar em contato com aqueles que habitam aquele plano. Se ele quiser falar com homens fisicamente, ele tomará um corpo físico; ele deverá ter ao menos uma materialização parcial, ou ele não poderá falar. Da mesma forma, se ele quiser impressionar nossas mentes, ele deverá atrair um corpo mental à sua volta. Sempre que ele precisar, em seu trabalho, tomar um veículo inferior, ele tem o poder de assim o fazer, mas ele o mantém apenas temporariamente.

Há sete linhas de maior avanço ainda que um Homem Perfeito pode percorrer, das quais forneceremos uma listagem em um capítulo mais adiante.

A FRATERNIDADE DE ADEPTOS

O mundo é guiado e direcionado em grande medida por uma Fraternidade de Adeptos, à qual pertencem nossos Mestres. Os estudantes teosóficos cometem todos os tipos de engano sobre eles. Frequentemente os enxergam como uma grande comunidade monástica, todos vivendo conjuntamente em algum lugar secreto. Supunham algumas vezes que eles fossem Anjos; e muitos de nossos estudantes pensaram que eles eram todos indianos ou que todos morassem no Himalaia. Nenhuma dessas hipóteses é verdadeira. Há uma Grande Fraternidade, e seus Membros estão em constante comunicação um com o outro; mas essa comunicação ocorre em planos superiores, e eles não necessariamente vivem juntos. Como parte de seu trabalho, alguns desses Grandes Irmãos, que chamamos de Mestres da Sabedoria, estão dispostos a tomar discípulos-aprendizes e instruí-los, mas eles formam apenas uma pequena seção do poderoso Corpo de Homens Perfeitos.

Como será explicado mais tarde, há sete tipos de homens, pois todos pertencem a um dos sete Raios nos quais a grande onda de vida evolucionária está claramente dividida. Parece que um Adepto de cada um dos Raios é designado para auxiliar no treinamento de iniciantes, e todos aqueles que estão caminhando em seu Raio particular de evolução passam por suas mãos.

Ninguém abaixo do grau de Adepto tem permissão para assumir total responsabilidade por um novato, embora aqueles que tenham sido *chelas*[9] (discípulos) por bastante tempo sejam frequentemente empregados como substitutos e recebam o privilégio de ajudar e aconselhar jovens aspirantes promissores. Esses discípulos mais velhos são gradualmente treinados para o seu futuro trabalho, quando eles, por sua vez, se tornarão Adeptos, aprendendo mais e mais do trabalho de rotina e liberando as mãos de seus Mestres para que eles possam ficar livres para tarefas mais elevadas, que só eles podem desempenhar. A seleção preliminar de candidatos para o discipulado é deixada em grande medida nas mãos desses trabalhadores mais velhos, e os candidatos são temporariamente ligados a tais representantes, em vez de diretamente aos grandes Adeptos. Porém, os discípulos e o Mestre são tão maravilhosamente um que talvez essa seja quase "uma distinção sem diferença".

Os Poderes do Adepto

Os poderes do Adepto são realmente numerosos e maravilhosos, mas eles se sucedem em um curso natural de faculdades que nós mesmos possuímos. O Adepto apenas possui tais faculdades em um grau muito maior. Acredito que a característica mais marcante de um Adepto, quando comparado conosco, é que ele tudo vê a partir de um ponto de vista absolutamente diferente, pois nele não há nenhum pensamento egoísta, tão proeminente na maioria dos homens. O Adepto eliminou o eu inferior e vive não para si próprio, mas para todos; e ainda, de uma maneira que apenas ele pode realmente entender, onde *todos* são, na verdade, também ele. Ele atingiu aquele estágio em que não há defeito em seu caráter, nenhum pensamento ou sentimento por um eu separado e pessoal. Sua única motivação é ajudar o adiantamento da evolução, trabalhar em harmonia com o Logos que a dirige.

---

[9] *Chela* (sânscrito) – discípulo de um guru ou sábio. No Oriente também se denomina chela o discípulo já aceito para o estudo do Ocultismo. (N.E.)

Talvez sua subsequente característica mais proeminente seja o seu completo desenvolvimento. Todos nós somos imperfeitos; ninguém atingiu o nível mais elevado em nenhuma linha; e mesmo o grande cientista ou o grande santo usualmente atingiram excelência em um aspecto apenas, restando outros lados de sua natureza ainda não revelados. Todos nós possuímos algum embrião de todas as diferentes características, que estão apenas parcialmente despertas, uma mais que outra. Um Adepto, no entanto, é um Homem completo, um Homem em que a devoção, o amor, a simpatia e a compaixão são perfeitos; ao mesmo tempo, seu intelecto é algo muito mais grandioso ainda do que nós possamos perceber, e sua espiritualidade é maravilhosa e divina. Ele se destaca acima de todos os homens que conhecemos pelo fato de ele ser inteiramente desenvolvido.

Capítulo 2

OS CORPOS FÍSICOS DOS MESTRES

Sua Aparência

Tem havido, entre os estudantes de Teosofia, uma grande quantidade de ideias vagas e incertezas sobre os Mestres. Portanto, talvez seja útil entender o quão natural são as suas vidas e como há um lado físico trivial a respeito deles, mencionando algumas poucas palavras sobre suas vidas diárias e sobre a aparência de alguns deles. Não há uma característica física pela qual um Adepto possa ser infalivelmente distinguido de outros homens, mas ele sempre parece impressionante, nobre, dignificado, santo e sereno; e quem quer que o tenha encontrado dificilmente poderia falhar em reconhecer que esteve na presença de um homem notável. Ele é um homem enérgico, mas silencioso, falando apenas quando tem um objetivo definido em vista, para encorajar, ajudar ou acalentar; maravilhosamente benevolente e pleno de um senso de humor perspicaz – humor sempre de ordem gentil, nunca usado para injuriar, mas sempre para aliviar as dificuldades da vida.

O Mestre Morya uma vez disse que é impossível fazer progresso na Senda oculta sem senso de humor; e certamente todos os

Adeptos que tenho visto possuem essa qualificação.

A maioria deles é, notoriamente, composta de homens de boa aparência; seus corpos físicos são praticamente perfeitos, pois eles vivem em completa obediência às leis da saúde e, sobretudo, eles nunca se preocupam com nada. Todo o seu *karma* há muito tempo se exauriu; dessa forma, seus corpos físicos são uma expressão perfeita do *Augoeides*[10], ou corpo glorificado do Ego, tanto quanto as limitações do plano físico permitam. Assim, usualmente, não apenas o presente corpo de um Adepto é esplendidamente formoso, como também o novo corpo que ele virá a ter em uma encarnação subsequente será provavelmente quase uma reprodução exata do anterior, permitindo diferenciações raciais e familiares, pois não há nada a modificar nele. Quando por alguma razão escolhem ter novos corpos, essa independência em relação ao *karma* lhes dá inteira liberdade para selecionar um nascimento em qualquer país ou raça que possa ser conveniente para o trabalho que tenham a fazer. Dessa forma, a nacionalidade do corpo específico que eles eventualmente estejam usando, a qualquer tempo, não tem uma importância primária.

Para saber se um homem é um Adepto, seria necessário ver seu corpo causal, pois seu desenvolvimento seria demonstrado pela ampla dimensão e por um arranjo especial de suas cores em esferas concêntricas, tal como está indicado em certa medida na ilustração do corpo causal de um *Arhat* (Lâmina XXVI) em *O Homem Visível e Invisível*[11].

---

[10] *Augoeides* (grego) – em Ocultismo, é a radiação luminosa divina do Ego, que, quando encarnado, não é mais do que sua sombra pura. (N.E.)

[11] *O Homem Visível e Invisível*, de C. W. Leadbeater, Editora Pensamento. (N.E.)

Um Desfiladeiro no Tibete

Há um vale, ou melhor, um desfiladeiro, no Tibete, onde três desses Grandes Seres – o Mestre Morya, o Mestre Kuthumi e o Mestre Djwal Kul – vivem atualmente[12].

O Mestre Djwal Kul, por solicitação de Madame Blavatsky, certa vez fez para ela um quadro precipitado da entrada desse desfiladeiro. A ilustração dada aqui é uma reprodução de uma fotografia de seu quadro. O original, precipitado em seda, está preservado no santuário da sede da Sociedade Teosófica, em Adyar. À esquerda do quadro, o Mestre Morya é visto montando a cavalo perto da porta de sua casa. A morada do Mestre Kuthumi não aparece no quadro, pois está mais acima no vale, em volta da curvatura à direita. Madame Blavatsky pediu ao Mestre Djwal Kul para colocar a si mesmo na gravura. A princípio, ele recusou, mas afinal adicionou a si mesmo como um pequeno vulto dentro d'água segurando uma estaca, mas com as costas para o espectador! Este original está fracamente colorido – as cores são azul, verde e preto. Tem a assinatura do artista[13], com o apelido Gai Ben-Jamin, que ele carregava nos primórdios da Sociedade, muito antes de ele alcançar o *Adeptado*. A cena é evidentemente tomada de manhã cedo, já que a névoa ainda está escalando a encosta.

---

[12] O autor se refere ao ano de 1925, data de publicação da primeira edição. (N.E.)

[13] Essa assinatura estava acima da margem inferior, por fora do quadro, e consequentemente não aparece em nossa reprodução.

UM DESFILEIRO NO TIBETE

Os Mestres Morya e Kuthumi ocupam casas em lados opostos desse estreito desfiladeiro, cujas encostas estão cobertas com pinheiros. As trilhas correm desfiladeiro abaixo passando por suas casas e se encontram ao fundo, onde há uma pequena ponte. Perto da ponte, uma pequena porta, que pode ser vista à esquerda no fundo da gravura, leva a um vasto sistema de corredores subterrâneos que inclui um museu oculto, do qual o Mestre Kuthumi é o Guardião, em nome da Grande Fraternidade Branca.

O conteúdo desse museu é de caráter bastante variado. A intenção parece ser ilustrar todo o processo de evolução. Por exemplo, nele há as mais vívidas imagens de cada tipo de homem que já existiu neste planeta desde o começo, dos gigantes lemurianos desconjuntados a minúsculos restos até mesmo de raças primitivas e menos humanas. Modelos em alto relevo mostram todas as variações da superfície da Terra – as condições de antes e depois dos grandes cataclismos que tanto a modificaram. Imensos diagramas ilustram as migrações das diferentes Raças do mundo, mostrando exatamente o quão longe elas se espalharam desde suas respectivas origens. Outros diagramas similares referem-se à influência das várias religiões do mundo, mostrando onde cada uma foi praticada em sua pureza original, e onde se misturou com e foi distorcida pelos remanescentes de outras religiões.

Admiráveis estátuas em tamanho real perpetuam a aparência física de certos grandes líderes e instrutores de Raças há muito tempo esquecidas; e vários objetos de interesse, relacionados a importantes e mesmo despercebidos avanços na civilização, estão preservados para investigação na posteridade. Os manuscritos originais de incrível antiguidade e valor inestimável estão aqui para serem vistos – por exemplo, um manuscrito feito pelas mãos do próprio Senhor Buda em sua derradeira vida como o Príncipe Siddartha, e outro escrito pelo Senhor Cristo durante sua encarnação na Palestina. Aqui é mantido o maravilhoso original do *Livro de Dzyan*, que Madame Blavatsky descreve na introdução de *A Doutrina Secreta*. Nele também há estranhas escrituras de mundos diferentes do nosso. Formas animais e vegetais também são retratadas, algumas das quais conhecemos como fósseis, embora a maioria delas seja inimaginável para nossa ciência moderna. Modelos reais de algumas das grandes cidades de antiguidade remota e esquecida estão lá para o estudo dos discípulos.

Todas as estátuas e modelos são vividamente coloridos exatamente como eram os originais. Podemos notar que a coleção foi intencionalmente reunida no seu tempo, para preservar para a posteridade os estágios precisos pelos quais a evolução ou civilização da época estava passando. Dessa forma, ao invés de meros fragmentos incompletos, tal como nossos museus tão frequentemente nos apresentam, temos na totalidade uma série intencionalmente educativa de apresentações. Lá encontramos modelos de todos os tipos de maquinário que as diferentes civilizações desenvolveram, e também há ilustrações elaboradas e abundantes dos tipos de magia em uso nos vários períodos da história.

Na antecâmara que leva a estes vastos salões, estão guardadas as imagens vivas dos discípulos dos Mestres Morya e Kuthumi em provação àquele tempo, que descreverei mais adiante. Essas imagens estão enfileiradas em volta das paredes como estátuas, e são representações perfeitas dos respectivos discípulos. Não é provável, no entanto, que sejam visíveis aos olhos físicos, pois a matéria mais baixa que entra em sua composição é etérica.

Perto da ponte há também um pequeno Templo com torres de forma birmanesa, para o qual alguns poucos camponeses vão para fazer oferendas de frutas e flores, queimar cânfora e recitar o *Pancha Sila*[14]. Uma trilha acidentada e irregular leva ao vale pelo lado do riacho. De ambas as casas dos Mestres, acima da ponte, pode-se ver o Templo; porém, a partir dele, nenhuma das duas pode ser vista, já que o desfiladeiro faz uma curva. Se seguirmos o caminho acima do vale, passando pela casa do Mestre Kuthumi, chegaremos a um grande pilar de pedra, para além do qual, o desfiladeiro dando outra volta, fica esse caminho fora de vista. Alguma distância depois o desfiladeiro se abre em um planalto onde há um lago, no qual, a tradição nos conta, Madame Blavatsky costumava tomar banho. Dizem que ela o achou muito frio. O vale é protegido e aponta para o sul; embora a região em volta fique coberta de neve durante o inverno, não me lembro de tê-la visto perto das casas dos Mestres.

---

[14]*Pancha Sila* (sânscrito) – as cinco virtudes, moralidades ou preceitos universais do Budismo. (N.E.)

Estas casas são de pedra, de construção forte e pesada.

A Casa do Mestre Kuthumi

A casa do Mestre Kuthumi é dividida em duas partes por um corredor que passa ininterrupto por dentro dela. Como visto em nosso DIAGRAMA I, que mostra a planta baixa da parte sul da casa, ao entrar no corredor, a primeira porta à direita leva à sala principal da casa, na qual nosso Mestre usualmente se assenta. Ela é larga e alta (cerca de 16 por 9 metros), mais parecendo um saguão do que uma sala, e ocupando toda a frente da casa desse lado do corredor. Atrás dessa grande sala há dois outros aposentos quase quadrados, um dos quais ele usa como biblioteca e o outro como quarto. Isso completa esse lado ou divisão da casa, que aparentemente é reservada para uso pessoal do Mestre e é cercada por uma grande varanda. O outro lado da casa, no lado esquerdo do corredor, quando se entra, parece estar dividido em quartos menores e escritórios de vários tipos. Nós não tivemos oportunidade de examiná-los de perto, mas notamos que do lado oposto ao quarto há um banheiro bem equipado.

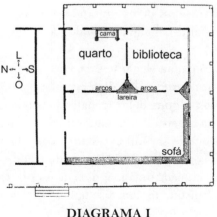

DIAGRAMA I

O aposento maior é bem suprido de janelas, tanto na frente quanto atrás, de forma que ao entrar tem-se a impressão de uma vista quase contínua; abaixo das janelas há grandes assentos. Também há algo um tanto quanto não usual para aquele país: uma grande lareira aberta no meio da parede oposta às janelas da frente. Ela está posicionada de tal forma a possibilitar o aquecimento de todos os três cômodos, e tinha uma curiosa tampa forjada em ferro, que, segundo me disseram, é única no Tibete. Acima da abertura da lareira há uma prateleira, e perto dela a poltrona do Mestre, esculpida em madeira muito antiga, escavada para caber aquele que se senta, de maneira a não precisar de almofadas. Espalhados pela sala, há mesas e cadeiras ou sofás, a maioria sem encosto; e em um dos cantos fica o teclado do órgão. O teto tem aproximadamente 6 metros de altura e é muito bonito, com feixes bem esculpidos, que descem em pontos ornamentais onde se encontram e o dividem em seções retangulares. Uma abertura arqueada com um pilar ao centro, em estilo gótico, mas sem vidros, se abre na viga, e uma janela similar se abre no quarto. Este último quarto é mobiliado de forma muito simples. Há uma cama comum e uma rede de balanço entre dois suportes de madeira esculpidos e fixados na parede (um deles imitando a cabeça de um leão e o outro a de um elefante). A cama, quando não está em uso, dobra-se contra a parede.

A biblioteca é uma elegante sala, contendo milhares de volumes. Correndo nas paredes, há altas prateleiras, repletas de livros em muitas línguas, alguns deles trabalhos europeus modernos; no topo, há prateleiras abertas para manuscritos. O Mestre é um grande linguista, e além de ser um excelente erudito da língua inglesa tem também um completo conhecimento do francês e do alemão. A biblioteca dispõe ainda de uma máquina de escrever, que foi presenteada ao Mestre por um de seus discípulos.

Sobre a família do Mestre, sei muito pouco. Há uma senhora, evidentemente uma aspirante, que ele chama de "irmã". Se ela é realmente sua irmã, não sei; possivelmente ela é uma prima ou uma sobrinha. Ela parece ser muito mais velha que ele, mas isso não tornaria improvável a relação, já que ele tem aparentado a mesma idade por um extenso prazo. Ela se parece com ele em alguma medida, e vez ou outra, quando houve assembleias, ela se juntou à reunião, embora seu principal trabalho pareça ser cuidar dos serviços domésticos e administrar os empregados. Dentre esses, há um velho homem e sua esposa, que têm estado a serviço do Mestre por um longo tempo. Eles nada sabem sobre a real dignidade de seu empregador, mas o têm como um patrão muito indulgente e amável e, naturalmente, eles muito se beneficiam por estar a seu serviço.

As Atividades do Mestre

O Mestre tem um grande jardim pessoal. Possui também uma extensão de terras e emprega trabalhadores para cultivá-la. Próximo à casa há arbustos floridos e arranjos de flores crescendo livremente, com samambaias entre eles. Pelo jardim flui um riacho, que forma uma pequena cachoeira e, sobre ela, uma pequena ponte foi construída. Ele frequentemente se senta lá quando está enviando correntes de pensamento e bênçãos para seu povo. Sem dúvida, ao observador casual, iria parecer que ele está parado olhando a Natureza, ouvindo de forma descuidada o som dos pássaros e as quedas d'água. Às vezes, também, ele descansa em sua grande poltrona; e quando seu povo o vê assim, eles sabem que não devem perturbá-lo. Eles não entendem exatamente o que ele está fazendo, mas supõem que ele esteja em *samadhi*. O fato de as pessoas do Oriente compreenderem e respeitarem este tipo de meditação pode ser uma das razões pelas quais os Adeptos preferem viver por lá, e não no Ocidente.

Dessa forma, nós recebemos as consequências do sereno repouso do Mestre por uma parte considerável de seu dia e, como se diria, de sua meditação. Porém, enquanto ele parece estar descansando calmamente, ele está, na realidade, engajado todo o tempo no mais vigoroso trabalho em planos superiores, manipulando várias forças naturais e exalando influências dos mais diversos tipos em milhares de almas simultaneamente, pois os Adeptos são as pessoas mais ocupadas do mundo. O Mestre, no entanto, também faz muitos trabalhos no plano físico. Ele compôs algumas músicas e tem escrito notas para vários propósitos. Ele também está muito interessado no crescimento da ciência física, embora isso seja competência especial de outro grande Mestre de Sabedoria.

De tempos em tempos o Mestre Kuthumi cavalga um grande cavalo baio, e ocasionalmente, quando têm trabalho conjunto, ele é acompanhado pelo Mestre Morya, que sempre cavalga um magnífico cavalo branco. Nosso Mestre visita regularmente alguns monastérios, e às vezes sobe por um grande desfiladeiro até um monastério isolado nas colinas. Cavalgar no curso de suas tarefas parece ser seu principal exercício, mas ocasionalmente ele caminha com o Mestre Djwal Kul, que mora em uma pequena cabana que ele próprio construiu com suas mãos, bem próximo ao grande penhasco no caminho para o planalto.

De quando em quando, nosso Mestre toca o órgão que está no grande cômodo de sua casa. Ele o encomendou no Tibete, sob suas orientações; na verdade é uma combinação de piano com órgão, com um teclado como aquele que temos no Ocidente, no qual ele pode tocar todas as nossas músicas ocidentais. Não se parece com nenhum outro instrumento a que sou familiarizado, pois ele possui dupla face, podendo ser tocado tanto da sala quanto da biblioteca. O teclado principal do órgão (ou melhor, os três teclados, grande-órgão, expressivo e positivo) está na sala de estar, enquanto o teclado do piano está na biblioteca. Esses teclados podem ser usados tanto conjuntamente quanto separados. O órgão completo, com seus pedais, pode ser tocado de forma usual a partir da sala de estar, mas ao mover uma manivela tal qual um registro, o mecanismo do piano pode ser ligado ao órgão, de maneira que ambos possam ser tocados de forma simultânea. Desse ponto de vista, de fato, o piano é considerado como um terminal adicional ao órgão.

Do teclado na biblioteca, no entanto, o piano pode ser tocado isoladamente, como um instrumento separado, completamente dissociado do órgão; mas por algum complexo mecanismo, os teclados do órgão também estão ligados àquele teclado, de forma que se pode tocar o piano em separado, precisamente como se fosse um piano comum, ou pode-se tocar o piano acompanhado pelo órgão, em qualquer proporção, a partir de determinados registros desse órgão. Também é possível, como mencionei, separá-los completamente e, dessa forma, com um artista em cada teclado, tocar um dueto piano-órgão. Os mecanismos e tubos desse estranho instrumento ocupam quase tudo aquilo que pode ser chamado de andar de cima dessa parte da casa do Mestre. Por magnetização, ele o colocou em comunicação com os *Gandharvas*, ou Devas da música, de forma que sempre que tocado eles operam conjuntamente, e assim o Mestre obtém combinações de som jamais ouvidas no plano físico. Há ainda um efeito produzido pelo próprio órgão, como se houvesse um acompanhamento por instrumentos de corda e sopro.

A música dos Devas está sempre sendo entoada no mundo; sempre soando aos ouvidos dos homens, mas eles não ouvem sua beleza. Há o intenso baixo do mar, o suspiro do vento nas árvores, o rugido da torrente da montanha, a música das correntes, rios e cascatas, que juntos com muitos outros sons formam o poderoso canto da Natureza vivente. Esse é apenas o eco no mundo físico de um som muito mais grandioso, o som da *Existência* dos Devas. Como dito em *Luz no Caminho*[15]:

> Só fragmentos da grande canção te chegarão aos ouvidos enquanto fores apenas um homem. Se, porém, a escutares, recorda-te fielmente, de modo que nada do que chegue dela a ti seja perdido, e empenha-te em aprender assim o significado do mistério que te rodeia. Com o tempo não necessitarás de instrutor. Pois assim como o indivíduo tem voz, aquilo em que ele existe também tem voz. A própria vida tem uma fala e nunca está silenciosa. E o que ela emite não é um grito, como tu, que és surdo, poderias supor: é uma canção. Aprende da vida que és parte da harmonia; aprende dela a obedecer às leis da harmonia.

Todas as manhãs, um certo número de pessoas – não exatamente discípulos, mas seguidores – vêm à casa do Mestre e se sentam na varanda e do lado de fora. Algumas vezes ele lhes dirige uma pequena conferência, uma curta preleção, mas frequentemente ele segue adiante com seu trabalho e não dá atenção a eles, afora um amistoso sorriso, com o qual eles parecem ficar igualmente contentes. Eles evidentemente se aproximam para se harmonizarem em sua aura e venerá-lo. Algumas vezes o Mestre faz suas refeições em presença deles, sentado na varanda, com esse aglomerado de tibetanos e outros no chão à sua volta; mas normalmente ele come sozinho em uma mesa em seu quarto. É possível que ele mantenha as regras dos monges budistas e não se alimente depois do meio-dia, pois eu não me lembro de tê-lo visto comer à tarde. É até possível que ele nem necessite de alimento todo dia; é mais provável que ele, quando se sinta disposto, peça a comida que gostaria, e não que tome suas refeições em horários estabelecidos. Eu o tenho visto comer pequenos bolos redondos, marrons e adocicados; são preparados com trigo, açúcar e manteiga, do tipo comum, por sua irmã.

---

[15] *Luz no Caminho*, de Mabel Collins, Parte 2, Editora Teosófica. (N.E.)

Ele também se alimenta de molho *curry* e arroz, sendo o molho em forma de sopa, como *dhal*[16]. Ele usa uma singular e bela colher de ouro, com uma imagem requintada de um elefante ao final do cabo, cujo bojo fica em um ângulo não usual da haste. É uma herança de família, muito antiga e provavelmente de grande valor. Ele geralmente veste roupas brancas, mas eu não me lembro de tê-lo visto usando nenhum tipo de chapéu, exceto nas raras ocasiões em que ele usa a túnica amarela da escola ou clã *Gelugpa*[17], que inclui um capuz de forma parecida ao elmo romano. O Mestre Morya, entretanto, geralmente usa um turbante.

OUTRAS CASAS

A casa do Mestre Morya fica do outro lado do vale, porém muito mais abaixo – na verdade, bem próximo do pequeno templo e da entrada das cavernas. Ela tem um estilo arquitetônico inteiramente diferente, com ao menos dois andares. A frente que dá para a estrada tem varandas em cada nível, quase totalmente envidraçadas. O método geral e a organização de sua vida são bem próximos dos já descritos no caso do Mestre Kuthumi.

Se seguirmos a estrada no lado esquerdo do riacho, subindo gradualmente ao lado do vale, passaremos à direita da casa do Mestre Kuthumi, e mais à frente na colina encontraremos, no mesmo lado da estrada, uma pequena choupana ou cabana construída pelo Mestre Djwal Kul com suas próprias mãos, para uso nos dias em que ainda era discípulo, a fim de ter morada permanente bem próximo de seu Mestre. Nessa cabana existem várias placas sobre as quais um dos discípulos ingleses do Mestre Kuthumi, a seu pedido,

---

[16] *Dhal* – iguaria da culinária indiana, feita de lentilhas, grão de bico ou legumes batidos. (N.E.)

[17] *Gelugpa* – literalmente, "Turbantes Amarelos", a mais importante e mais ortodoxa das linhagens do Budismo Tibetano. (N.E.)

precipitara há muitos anos uma visão interior da sala maior da casa do Mestre, exibindo as figuras de diversos Mestres e discípulos. Isso foi feito em comemoração a uma tarde especialmente feliz e frutífera na casa do Mestre.

Os Adeptos do Primeiro Raio

Consideremos agora a aparência pessoal destes Grandes Seres, que se modifica até certa medida de acordo com o Raio ou tipo ao qual cada um deles pertença. O Primeiro Raio tem o poder em suas características mais proeminentes, e aqueles que nascem sob ele são os reis, os soberanos e os governadores do mundo, em primeiro lugar no mundo interno e espiritual, mas também do mundo físico. Qualquer homem que possua em si um grau mesmo inusitado de qualidades que lhe permitam dominar e guiar os homens sutilmente pelo curso desejado é provavelmente ou um homem de Primeiro Raio ou está tendendo para esse Raio.

Tal é a augusta figura do Senhor *Vaivasvata Manu*, o Governante da quinta Raça-Raiz, que é o mais alto de todos os Adeptos, tendo 2 metros de altura em perfeita proporção. Ele é o Homem Representativo de nossa Raça, seu protótipo; sendo todos os membros dessa Raça descendentes diretamente dele. O *Manu* tem um rosto notadamente de grande poder, com um nariz aquilino, uma vasta e ondulada barba castanha, olhos pardos e uma magnífica cabeça de porte leonino. "Ele é alto", diz a Dra. Besant, "e tem a majestade de um rei, com olhos penetrantes como os de uma águia, fulvos e brilhantes como luzes de ouro." Ele vive atualmente nas montanhas do Himalaia, não longe da casa de seu grande Irmão, o Senhor Maitreya.

O Mestre Morya também é uma figura assim, o tenente e sucessor do Senhor *Vaivasvata Manu* e o futuro *Manu* da sexta Raça-Raiz. Ele é um Rei Rajput por nascimento; possui uma barba escura dividida em duas partes, cabelos quase negros que lhe caem sobre os ombros, e olhos negros e penetrantes, cheios de poder. Ele tem 2 metros de altura e se comporta como um soldado, comunicando-se por frases curtas e concisas, como quem está acostumado a ser prontamente obedecido. Em sua presença há um sentido de poder e força irrefutáveis, e ele tem uma dignidade imperial que compele a mais profunda reverência.

Madame Blavatsky nos contou muitas vezes como ela conheceu o Mestre Morya no Hyde Park, em Londres, no ano de 1851, quando ele veio com vários outros príncipes indianos para participar da primeira grande Exibição Internacional. De modo bastante inusitado, eu mesmo, naquela época um pequeno garoto de quatro anos, também o vi, sem saber. Eu me recordo de ter sido levado para ver um deslumbrante cortejo, no qual dentre várias outras maravilhas havia uma ala de cavaleiros indianos ricamente trajados. Quão magníficos cavaleiros, cavalgando tão bem seus corcéis como ninguém mais no mundo, eu imaginava. Assim, era natural que meus olhos de criança estivessem fixados neles em grande deleite, e que eles fossem talvez o melhor daquela maravilhosa e mágica apresentação. Mesmo enquanto eu os via passar, segurando a mão de meu pai, um dos mais altos daqueles heróis me fitou com reluzentes negros olhos, o que me deixou meio assustado, mas ao mesmo tempo me encheu de exaltação e felicidade indescritíveis. Ele passou com os demais, e eu não mais o vi; no entanto, muitas vezes a visão daqueles olhos brilhantes retornou à minha memória de criança.

É óbvio que então eu nada sabia sobre quem ele era, e eu jamais o teria identificado não fosse por um amável comentário que ele me fez anos depois. Ao falar certo dia em sua presença sobre os primeiros anos da Sociedade, comentei que a primeira vez que eu tivera o privilégio de vê-lo em forma materializada havia sido em uma ocasião quando ele veio até o quarto de Madame Blavatsky, em

Adyar, com o propósito de dar força a ela e lhe emitir certas instruções. Ele próprio, que estava engajado em uma conversa com outros Adeptos, voltou-se subitamente para mim e disse: "Não, essa não foi a primeira vez. Você já havia me visto antes em meu corpo físico. Você não se lembra, quando era uma pequena criança, assistindo o desfile dos cavaleiros indianos passar no Hyde Park, e não viu como então eu o distingui?" Eu me recordei instantaneamente, é claro, e disse: "Oh, Mestre, era você? Mas eu deveria tê-lo sabido". Eu não mencionei esse incidente nas ocasiões em que encontrei e falei com o Mestre, estando ambos em corpos físicos, porque eu não sabia àquela época que o grande cavaleiro era o Mestre e porque o testemunho de uma criança tão pequena poderia muito bem ser duvidoso ou desencorajado.

O Sr. S. Ramaswami Iyer, em seu relato da experiência mencionada no Capítulo 1, escreve:

> Eu estava seguindo a estrada para a cidade, de onde – como fui assegurado por pessoas que encontrei no caminho – eu poderia cruzar o Tibete facilmente com minhas vestimentas de peregrino, quando de repente avistei um cavaleiro solitário, galopando em direção a mim, vindo do sentido oposto. Por sua estatura alta e pela habilidade como cavaleiro, imaginei que ele fosse algum oficial militar do Sikkhim Rajah. [...] Quando me alcançou, ele freou. Eu olhei para ele e o reconheci instantaneamente. [...] Eu estava em sua impressionante presença, do mesmo *Mahatma*, meu próprio reverenciado Guru, que eu havia visto antes em seu corpo astral na varanda da sede da Sociedade Teosófica. Foi Ele, o Irmão do Himalaia na noite sempre memorável de dezembro passado, que tão docemente precipitara uma carta em resposta a uma que eu tinha dado há apenas uma hora em um envelope fechado para Madame Blavatsky, a qual eu não havia perdido de vista nem por um momento durante o intervalo. No mesmo instante me vi prostrado ao chão a seus pés. Eu me levantei ao seu comando e, olhando seu rosto demoradamente, esqueci-me

Os Mestres e a Senda

de mim mesmo em contemplação da imagem que eu tão bem conhecia, tendo já visto seu retrato (aquele que está em posse do Coronel Olcott) inúmeras vezes. Eu não sabia o que dizer; júbilo e reverência prenderam a minha língua. A majestade de seu semblante, que me pareceu ser a personificação do poder e do pensamento, me manteve arrebatado em admiração. Eu estava finalmente face a face com o *Mahatma* do Himavat, e ele não era um mito, não era uma criação da imaginação de um médium, como alguns céticos haviam sugerido. Não se tratava de um sonho noturno – eram entre nove e dez horas da manhã. Havia o Sol brilhando e silenciosamente testemunhando a cena acima. Eu o vi diante de mim em carne e osso, e ele me falou com expressões de carinho e gentileza. O que mais eu poderia querer? Minha abundância de felicidade me deixou mudo. Somente após ter se passado algum tempo eu fui capaz de proferir algumas palavras, encorajado por seu tom e palavras gentis. Sua compleição não tem o primor do *Mahatma* Kuthumi, mas eu jamais vira um semblante tão bonito, uma estatura tão alta e tão majestosa. Como em seu retrato, ele tem uma barba negra curta e longos cabelos negros balançando até o peitoral. Apenas as suas roupas eram diferentes. No lugar de uma toga branca e solta, ele usava um manto amarelo forrado com pelos, e em sua cabeça, no lugar do turbante, um capuz de feltro amarelo tibetano, tal como eu havia visto alguns butaneses usando em seu país. Passados os primeiros momentos de arrebatamento e surpresa, eu serenamente compreendi a situação e tive uma longa conversa com ele.[18]

Outra figura régia é o Senhor *Chakshusha Manu*, o *Manu* da quarta Raça-Raiz, chinês por nascimento e pertencente a uma alta casta. Ele tem as maçãs do rosto dos altos mongóis, e sua face parece ter sido delicadamente esculpida em marfim velho. Ele geralmente veste magníficas togas de esvoaçantes tecidos bordados a ouro. Em regra, não entramos em contato com ele durante nossos trabalhos

---

[18] *Five Years of Theosophy*, 2ª Edição, p. 284.

regulares, exceto quando temos que lidar com um aspirante pertencente à sua Raça-Raiz.

Os Adeptos do Segundo Raio

A influência que é especialmente notável nas pessoas de nosso Senhor *Bodhisattva*, o Instrutor do Mundo, e do Mestre Kuthumi, seu principal tenente, é a radiação de seu Amor todo envolvente. O Senhor Maitreya está usando um corpo da Raça céltica no presente momento. Sua face é de admirável beleza, forte e ao mesmo tempo suave, com abundante cabeleira fluindo como ouro vermelho sobre seus ombros. Sua barba é adelgaçada, como em alguns quadros antigos, e seus olhos, de um violeta maravilhoso, são como flores gêmeas, como estrelas, como profundas e sagradas piscinas cheias de águas de paz eterna. Seu sorriso é deslumbrante além das palavras, e uma ofuscante glória de Luz o envolve, entremeada a uma incandescência maravilhosa cor-de-rosa, que sempre brilha do Senhor do Amor.

Podemos imaginá-lo sentado na grande sala da frente em sua casa no Himalaia, uma sala com muitas janelas, com vista para os jardins e terraços, muito abaixo das planícies indianas onduladas; ou podemos imaginá-lo em togas que fluem em branco, com bordas de ouro, enquanto ele caminha em seu jardim no frio da tarde, entre as flores gloriosas cujo perfume enche o ar ao redor com uma fragrância rica e doce. Maravilhoso além de qualquer medida é o nosso Santo Senhor o Cristo, maravilhoso acima de qualquer poder de descrição, pois por ele flui o Amor que conforta milhões e dele é a Voz que fala, como os homens nunca falaram, as palavras de ensinamento que trazem paz para anjos e homens.

O Mestre Kuthumi usa um corpo de um *Brahman* da Caxemira[19], e tem a cor da pele clara como o inglês comum. Ele também

---

[19]Caxemira – região montanhosa ao norte da Índia e do Paquistão. Historicamente descrevia um vale ao sul da parte mais ocidental do Himalaia. (N.E.)

Os Mestres e a Senda

tem cabelos ondulados, e seus olhos são azuis e plenos de alegria e amor. Seus cabelos e barba são castanhos, de tal forma que, à luz do Sol, eles se tornam ruivos com reflexos de ouro. É difícil descrever sua face, pois sua expressão está sempre mudando quando ele sorri; seu nariz é finamente formado, e seus olhos são grandes e de um maravilhoso azul transparente. Como o Grande Senhor, ele também é um Instrutor e um Sacerdote; e daqui a muitos séculos ele irá substituí-lo em seu grande Ofício, assumirá o cetro de Instrutor do Mundo e se tornará o *Bodhisattva* da sexta Raça-Raiz.

Os Outros Raios

O *Mahā-Chohan* é uma espécie de Homem de Estado, o grande Organizador, apesar de também ter muitas qualidades militares. Ele tem um corpo indiano e é alto e magro, com um perfil afilado, muito elegante e com silhueta bem marcada, imberbe. Sua face é bastante severa, com um queixo forte e quadrado; seus olhos são profundos e penetrantes, e ele fala de uma forma um tanto quanto abrupta, como um soldado. Ele geralmente veste uma toga indiana e usa um turbante branco.

O Mestre Conde de Saint Germain é semelhante ao *Mahā-Chohan* de várias maneiras. Embora ele não seja especialmente alto, é bastante esguio e militar em seu porte, com a cortesia e a dignidade requintadas de um grande senhor feudal do século dezoito. Percebemos de imediato que ele pertence a uma família muito antiga e nobre. Seus olhos são grandes e castanhos, e são plenos de ternura e graça, apesar de que neles há um brilho de poder. O esplendor de sua presença impele os homens à obediência. Sua face é morena, seus cabelos castanhos, curtos, são partidos ao meio e escovados para trás a partir da testa, e ele tem uma barba curta e delgada. Frequentemente veste um uniforme negro com adornos em cordões de ouro; também amiúde usa um magnífico manto militar vermelho.

Isso acentua sua aparência militar. Ele usualmente reside no Leste Europeu, em um antigo castelo pertencente à sua família há muitos séculos.

O Mestre Serapis é alto e claro em compleição. Ele é grego por nascimento, embora todo o seu trabalho esteja sendo feito no Egito, em conexão com a Loja Egípcia. Ele é muito distinto e tem feições ascéticas, de alguma forma lembrando o falecido Cardeal Newman.

Talvez o *Chohan* veneziano seja o mais bonito de todos os Membros da Fraternidade. Ele é bem alto, cerca de 1,95 metros, tem barba ondulada, cabelos dourados, parecidos com os do *Manu*, e seus olhos são azuis. Embora ele tenha nascido em Veneza, sua família indubitavelmente tem sangue gótico nas veias, pois ele é um homem distintamente deste tipo.

O Mestre Hilarion é grego e, exceto pelo fato de ele ter um nariz levemente aquilino, é do tipo grego antigo. Sua testa é baixa e larga, lembrando a de Hermes de Praxiteles. Ele também é admiravelmente belo e parece bem mais jovem que a maioria dos Adeptos.

Ele, que fora o discípulo Jesus, tem agora um corpo sírio, pele e olhos escuros e a barba negra de um árabe; geralmente veste togas brancas e usa um turbante. É o Mestre dos devotos, e a principal característica de sua Presença é uma intensa pureza e um tipo ardente de devoção que não admite obstáculos. Ele vive entre os drusos do Monte Líbano.

Dois dos Grandes Seres com quem tivemos contato divergem levemente daquilo que nós talvez, com toda a reverência, possamos chamar de tipo comum de corpo físico de um Adepto. Um deles é o Regente Espiritual da Índia, aquele sobre quem o Coronel Olcott muitas vezes escreveu, para o qual o nome Júpiter foi designado no livro *Man: Whence, How and Whither*[20]. Ele é mais baixo

---

[20] *Man: Whence, How and Whither*, de Annie Besant e C. W. Leadbeater; editado em português inicialmente com o título *O Homem: donde e como veio e para onde vai?*,

que a maioria dos membros da Fraternidade e é o único dentre eles, até onde sei, cujos cabelos mostram faixas de cinza. Ele se porta de forma muito retilínea, e se move com prontidão e precisão militares. É um proprietário de terras; e durante a visita que eu lhe fiz juntamente com o Swami T. Subba Row, eu o vi várias vezes fazendo transações comerciais com homens que pareciam mestres de obras, trazendo-lhe relatórios e recebendo dele instruções. O outro é o Mestre Djwal Kul, que ainda está vestindo o mesmo corpo em que ele alcançara o Adeptado, há apenas alguns anos. Talvez por esse motivo não tenha sido possível fazer desse corpo uma reprodução perfeita do *Augoeides*. Sua face é nitidamente tibetana nas suas características, com as maças do rosto altas e com aparência um tanto enrugada, mostrando sinais de envelhecimento.

Veículos Físicos Perfeitos

Aqueles que, ao atingirem o nível de *Adeptado*, escolhem como futuro curso de vida permanecer nesse mundo e ajudar diretamente na evolução de sua própria humanidade, consideram conveniente reter corpos físicos para o seu trabalho. Para que sejam adequados para os seus propósitos, esses corpos não podem ser de tipo comum. Eles não apenas devem ser absolutamente sadios mas, também, a expressão do Ego mais perfeita possível no plano físico.

A construção de tal corpo não é tarefa fácil. Quando o Ego de um homem comum desce ao seu novo corpo de bebê, ele o vê sob os comandos de um elemental artificial, criado de acordo com o seu *karma*, como eu descrevi em *A Vida Interna*[21]. Esse elemental está habilidosamente ocupado em modelar a forma que logo nascerá no mundo exterior; ele permanece após o nascimento e continua esse processo

---

e atualmente, *A Visão Teosófica das Origens do Homem*, ambos pela Editora Pensamento. (N.E.)

[21]*A Vida Interna*, de C. W. Leadbeater, Editora Teosófica. (N.E.)

de modelagem geralmente até que o corpo tenha seis ou sete anos de idade. Durante esse período, o Ego vai gradualmente adquirindo contato mais próximo com seus novos veículos, emocional e mental, e também com o físico, e vai se familiarizando com eles; porém o trabalho que ele realmente executa nesses novos veículos, até que o elemental se retire, é na maioria dos casos insignificante. Ele certamente está em conexão com esses corpos, mas geralmente dá pouca atenção a eles, preferindo esperar até que atinjam um estágio em que sejam mais responsivos aos seus esforços.

O caso de um Adepto é bem diferente disso. Como não há *karma* para ser trabalhado, não há o elemental artificial, e é o próprio Ego que fica responsável em desenvolver o corpo desde o início, limitando-se apenas pela hereditariedade. Isso permite a construção de um instrumento muito mais refinado e delicado, mas também dá mais trabalho ao Ego e ocupa por alguns anos uma considerável quantidade de seu tempo e de sua energia. Em consequência disso, e sem dúvida por outras razões também, um Adepto não quer repetir o processo com maior frequência do que o estritamente necessário e, portanto, faz com que seu corpo físico dure o máximo possível. Nossos corpos envelhecem e morrem por muitas razões, desde fraquezas hereditárias, doenças, acidentes, autoindulgência, preocupações e excesso de trabalho; porém, no caso de um Adepto, nenhuma dessas causas está presente. Dessa forma, é claro, devemos nos lembrar de que seu corpo está preparado para o trabalho e é capaz de resistência imensuravelmente além daquela suportada pelo homem comum.

Sendo os corpos dos Adeptos como nós os descrevemos, eles usualmente são capazes de retê-los por muito mais tempo do que um homem comum pode fazê-lo. A consequência é que percebemos, ao investigar, que a idade de tais corpos é geralmente muito maior que as aparências nos fazem supor. O Mestre Morya, por exemplo, parece ser um homem absolutamente no apogeu de sua vida – possivelmente com trinta e cinco ou quarenta anos de idade; entretanto, muitas das histórias que seus discípulos contam sobre ele lhe conferem uma idade quatro ou cinco vezes maior do que essa. A própria Madame Blavatsky nos contou que quando ela o viu pela primeira vez em sua infância ele tinha a mesma aparência que apresenta no momento atual. Igualmente, o Mestre Kuthumi aparenta ter a mesma idade de seu amigo e constante companheiro, o Mestre Morya. Mesmo assim, diz-se que ele fez uma graduação universitária na Europa um pouco antes da metade do século passado[22], o que certamente faria dele algo como um centenário. Não temos, no presente momento, os meios para saber qual seria o limite de prolongação, embora haja evidências que mostram que poderia facilmente se estender para mais que o dobro dos 70 anos do Salmista[23].

Um corpo assim preparado para trabalhos elevados é inevitavelmente sensitivo, e por essa mesma razão ele requer tratamento cuidadoso para permanecer sempre em seu melhor estado. Ele se desgastaria, como acontece com os nossos, se fosse submetido às inumeráveis fricções triviais do mundo externo e suas constantes torrentes de vibrações incompassíveis. Por isso, os Grandes Seres usualmente vivem em relativa reclusão e raramente aparecem no caos ciclônico que chamamos vida diária. Se eles trouxessem seus corpos para o turbilhão de curiosidade e emoções veementes, certamente a vida desses corpos seria imensamente encurtada e também, por conta de sua extrema sensitividade, haveria muito sofrimento desnecessário.

Veículos Emprestados

Ocupando temporariamente o corpo de um discípulo, o Adepto evita esses inconvenientes e, ao mesmo tempo, dá um ímpeto incal-

---

[22]Tendo sido editado em 1925, o autor se refere, portanto, ao século XIX. (N.E.)
[23]O Salmista – o Rei Davi. (N.E.)

culável à evolução do discípulo. Ele habita o veículo apenas quando é necessário – para dar um ensinamento, talvez, ou para projetar um fluxo especial de bênçãos. Assim que ele conclui o que pretendia, ele desocupa o corpo, e o discípulo, que esteve durante todo o tempo assessorando-o, retorna para ele, enquanto o Adepto volta ao seu próprio veículo para continuar seu trabalho usual de ajuda ao mundo. Dessa forma, seus afazeres habituais são pouco afetados, e ele terá ainda a seu dispor um corpo com o qual poderá operar, quando precisar, no plano físico.

Podemos facilmente imaginar de que maneira isso afetará o discípulo que tão favoravelmente tem a oportunidade de emprestar seu corpo dessa forma a um dos Grandes Seres, embora a extensão de suas ações possa estar além de nossos cálculos. Ter um veículo em sintonia com tal influência será para ele verdadeiramente uma assistência, não uma limitação; e enquanto o seu corpo estiver em uso, ele sempre terá o privilégio de banhar-se no maravilhoso magnetismo do Adepto, já que deverá ficar por perto para reassumir o controle de seu corpo tão logo o Mestre tiver terminado de utilizá-lo.

Esse plano de pegar emprestado um corpo adequado sempre é adotado pelos Grandes Seres quando eles entendem ser benéfico descer entre os homens, como nas condições que temos agora no mundo. O Senhor Gautama empregou esse método quando veio conquistar o *Budado*; e o Senhor Maitreya tomou o mesmo curso quando visitou a Palestina dois mil anos atrás. A única exceção que conheço é quando um novo *Bodhisattva* assume o ofício de Instrutor do Mundo depois que seu antecessor se torna Buda – em sua primeira aparição no mundo com essa qualificação, ele nasce como uma pequena criança na forma convencional. Assim fez o nosso Senhor, o atual *Bodhisattva*, quando ele nasceu como Shri Krishna nas planícies brilhantes da Índia para ser reverenciado e amado com inigualável apaixonada devoção.

Essa ocupação temporária do corpo de um aspirante não deve ser confundida com o uso permanente, por uma pessoa avançada, de um veículo preparado para ele por outra pessoa. Nossa grande Fundadora, Madame Blavatsky, quando abandonou o corpo no qual a conhecemos, ocupou outro que fora recém-desocupado por seu inquilino original. Sobre o fato de esse corpo ter sido preparado especialmente para seu uso, não tenho informação; entretanto, outras circunstâncias são conhecidas em que isso foi feito. Há sempre, nesses casos, certa dificuldade em adaptar o veículo às necessidades e idiossincrasias do novo ocupante, e é provável que ele nunca se torne um traje perfeitamente ajustado. Para o Ego entrante, há uma escolha entre dedicar uma considerável quantidade de tempo e trabalho para superintender o crescimento de um novo veículo, que seria sua expressão perfeita, na medida do possível no plano físico, ou evitar toda essa dificuldade entrando no corpo de outra pessoa – um processo que proverá um instrumento razoavelmente bom para todos os propósitos ordinários, porém ele nunca cumprirá em todos os aspectos tudo aquilo que seu possuidor deseja. Em todos os casos, um discípulo está naturalmente ansioso em ter a honra de dar o seu corpo a seu Mestre, mas de fato poucos são veículos puros o suficiente para terem esse uso.

Sempre se levanta a questão sobre o porquê de um Adepto, cujo trabalho parece estar quase inteiramente em planos superiores, precisar de um corpo físico. Realmente não é da nossa conta, mas se a especulação sobre tais questões não forem irreverentes, há várias razões que podem ser sugeridas. O Adepto gasta a maior parte de seu tempo projetando correntes de influência, e embora, até onde se tem observado, elas estejam mais frequentemente no nível mental superior ou acima dele, é provável que eventualmente haja a necessidade de projeção de correntes etéricas, e para sua manipulação a posse de um corpo físico é, sem dúvida, uma vantagem. Além disso, a maioria dos Mestres que eu tenho visto tem alguns discípulos ou assistentes que vivem com eles ou perto deles no plano físico, e um corpo físico pode ser necessário em seu benefício. Podemos ter certeza de que, se um Adepto opta por ter o trabalho de manter tal corpo, ele tem uma boa razão para isso, pois conhecemos o bastante sobre seus métodos de trabalho para estarmos completamente cientes de que eles sempre fazem tudo da melhor maneira possível e com os meios que envolvem o menor gasto de energia.

Parte II

OS DISCÍPULOS

Capítulo 3

A SENDA PARA O MESTRE

A Entrada na Senda

Sempre houve uma Fraternidade de Adeptos; sempre houve aqueles que sabem, aqueles que possuem a sabedoria interior. Nossos Mestres estão entre os presentes representantes desta grande linhagem de Videntes e Sábios. Parte do conhecimento que eles acumularam durante incontáveis eras está disponível a todos no plano físico sob a denominação de Teosofia; porém há muito mais de modo oculto. O próprio Mestre Kuthumi certa vez falou sorrindo, quando alguém comentara sobre a enorme mudança que o conhecimento teosófico proporcionou em nossas vidas e sobre a maravilhosa abrangência da doutrina da reencarnação: "Sim, mas nós levantamos apenas um pequeno canto do véu". Quando tivermos assimilado completamente o conhecimento que nos foi dado e estivermos todos vivendo à altura de seus ensinamentos, a Fraternidade estará disponível para levantar o véu um pouco mais, porém apenas quando tivermos atendido tais condições.

Para aqueles que querem conhecer mais e aproximar-se, a Senda está aberta; mas o homem que aspire acercar-se dos Mestres apenas poderá alcançá-los tornando-se altruísta, como eles o são – aprendendo a esquecer-se do eu pessoal e devotando-se inteiramente ao serviço da humanidade, como eles o fazem. Em seu artigo "Ocultismo *Versus* Artes Ocultas"[24], Madame Blavatsky expressou essa necessidade em uma linguagem vigorosa bem característica:

> [...] o verdadeiro Ocultismo ou Teosofia é a "Grande Renúncia ao eu", incondicional e absolutamente, tanto em pensamento como em ação. É ALTRUÍSMO, e também lança aquele que o pratica totalmente para fora do cômputo das fileiras dos vivos. "Não para si, mas para o mundo, ele vive", tão logo tenha comprometido a si mesmo com a obra. Muito é perdoado durante os primeiros anos de provação. Mas tão logo seja ele "aceito", sua personalidade tem de desaparecer, e ele tem de se tornar uma mera *força benéfica da Natureza.*
>
> Somente quando o poder das paixões estiver totalmente morto, e elas tiverem sido esmagadas e aniquiladas na retorta de uma vontade inquebrantável; quando não apenas toda luxúria e desejos da carne estiverem mortos, mas também quando o reconhecimento do eu pessoal tiver sido aniquilado, e o "Astral", consequentemente, tiver sido reduzido a zero, é que pode ocorrer a União com o "Eu Superior". Assim, quando o "Astral" refletir apenas o homem conquistado, o que ainda vive mas que não mais deseja, a personalidade egoísta, então o brilhante *Augoeides*, o EU divino, pode vibrar em harmonia consciente com ambos os polos da Entidade humana – o homem de matéria purificada e a sempre pura Alma Espiritual – e erguer-se na presença do EU SUPERIOR, o Cristo dos Gnósticos místicos, consagrado, imerso, unido com ELE para sempre.

---

[24]Publicado em *Ocultismo Prático*, de H.P. Blavatsky, Editora Teosófica. (N.E.)

O aspirante tem que escolher absolutamente entre a vida do mundo e a vida do Ocultismo. É inútil e em vão empenhar-se em unir os dois, pois ninguém pode servir a dois mestres e satisfazer a ambos.

O ponto de vista dos Mestres é tão radicalmente diferente do nosso que é difícil para nós alcançá-lo a princípio. Eles têm suas inclinações individuais, assim como nós, e certamente eles amam alguns homens mais que a outros, mas eles jamais deixariam que sentimentos assim influenciassem sua atitude, nem no menor grau, quando o trabalho estivesse em questão. Eles se empenharão bastante em favor de um homem, se virem nele as sementes de uma futura grandeza, se acharem que ele compensará um bom investimento de tempo e força. Não há a possibilidade do menor pensamento de favoritismo na mente destes Grandes Seres. Eles levam em consideração apenas e simplesmente o trabalho que tem que ser realizado, a obra da evolução, e o valor do homem em relação a esse trabalho. Se nos ajustarmos para fazer parte disso, nosso progresso será acelerado.

A Magnitude da Tarefa

Poucas pessoas se dão conta da magnitude desse empreendimento e, dessa forma, da seriedade do que estão pedindo quando querem ser tomados como discípulos. Os Adeptos atuam no mundo inteiro, em enormes e abrangentes dispersões de poder, espalhando sua influência a milhões em seus corpos causais ou no plano búdico; e em constante equilíbrio, mesmo que em níveis quase imperceptíveis, erguem os corpos superiores das pessoas em grande escala. Ainda assim, o mesmo Mestre que passa a sua vida fazendo esse trabalho, às vezes desvia atenção personalizada a pequenos detalhes com relação a um discípulo em particular.

Todos aqueles que ousam pedir para se tornarem discípulos devem tentar compreender o caráter estupendo das forças e do trabalho, e a magnitude dos Seres com quem se propõem entrar em contato. O menor entendimento da grandeza de todas essas coisas deixará claro o porquê de um Adepto não gastar energia em um aspirante, a menos que tenha evidências de que, em um tempo razoável, esse aspirante acrescentará ao suporte do mundo uma forte corrente de força e poder na direção certa. Eles vivem para fazer o trabalho do Logos do Sistema; e aqueles dentre nós que desejarem acercar-se deles deverão aprender a fazer o mesmo, vivendo apenas para o serviço. Aqueles que assim o fizerem, certamente irão atrair a atenção dos Santos Seres e serão por eles treinados para ajudar e abençoar o mundo.

O progresso humano é lento, mas é constante. Dessa forma, o número de Homens Perfeitos está aumentando e a possibilidade de atingir esse nível está ao alcance de todos aqueles que fizerem o imenso esforço exigido. Normalmente, precisamos de muitas encarnações antes de poder obter o *Adeptado*, mas é possível nos apressarmos em nosso progresso na Senda, comprimir em algumas vidas a evolução que, de outra forma, levaria milhares de anos. [Tal é o esforço que estão fazendo alguns membros da Sociedade Teosófica, em cuja Escola[25] interna ou esotérica se ensina aos homens

---

[25] Segundo Radha Burnier, em *Aprendendo a Viver a Teosofia*, Editora Teosófica (Brasília: Teosófica, 2007. p. 197): "Há uma Escola Esotérica ligada à Sociedade Teosófica na qual podem ingressar, se assim o desejarem, aqueles que sejam membros da Sociedade Teosófica por um certo tempo, preenchendo as condições requeridas. A Escola Esotérica existe para os que desejam viver verdadeiramente a vida teosófica, e não apenas estudar Teosofia e assuntos correlatos. A sabedoria vem para aqueles cujas mentes são capazes de recebê-la. Os membros da Escola Esotérica preparam-se para uma vida de pureza e autodisciplina para se tornarem dignos de recebê-la. Ninguém, na Sociedade Teosófica, tem a obrigação de ingressar no Caminho da virtude e do altruísmo que leva à sabedoria e à verdade, mas aqueles que estão na Escola Esotérica voluntariamente aceitam as sérias obrigações dos que querem trilhar a Senda." (N.E.)

que se preparem mais rapidamente para essa magna obra.] Essa preparação exige grande autocontrole, empenho determinado ano após ano, e frequentemente tem pouco a mostrar no mundo externo como avanço, pois envolve o treinamento dos corpos superiores mais do que o do corpo físico; e a preparação dos corpos superiores nem sempre se manifesta de forma muito óbvia no plano físico.

A Importância do Trabalho

Qualquer um que ouvir a respeito dos Mestres e de seus ensinamentos, se compreender o que isso significa e envolve, será instantaneamente tomado por um desejo intenso de conhecê-los e alistar-se para seus serviços. Quanto mais ele aprende, mais ele se preenche com a maravilha, beleza e glória do plano de Deus e mais ansioso ele se torna para fazer parte do trabalho. Uma vez que ele entende que Deus tem um plano de evolução, ele deseja ser um colaborador de Deus, e nada mais lhe pode trazer satisfação.

Então ele começa a se perguntar: "O que eu devo fazer agora?"; e a resposta é: "Trabalhe. Faça o que puder para ajudar o progresso da humanidade à maneira do Mestre. Comece com o que você tem como oportunidade e é capaz de fazer, que pode ser qualquer coisa pequena externamente a princípio; e logo em seguida, à medida que você adquira as qualidades necessárias de caráter, você será atraído para a parte mais elevada do trabalho; até que, pelo esforço de tentar ser e agir da melhor forma possível, você se verá possuidor das qualificações que levam à Iniciação e à associação com a própria Grande Fraternidade Branca". Quando tive inicialmente o privilégio de entrar, de alguma forma, em contato mais próximo com o Mestre, perguntei-lhe em uma carta o que eu deveria fazer. Ele me respondeu: "Você deve achar trabalho para si mesmo; você sabe o que nós estamos fazendo. Jogue-se em nosso trabalho da forma que puder. Se eu lhe desse uma certa porção de trabalho para fazer, você o faria, mas neste caso o *karma* do que teria sido feito seria meu, pois eu lhe disse para fazer. Você apenas teria o *karma* da obediência, o que, claro, é muito bom, mas não é o *karma* para iniciar uma linha de ação frutífera. Eu quero que você inicie o trabalho por você mesmo, porque assim o *karma* da boa ação irá para você".

Eu acredito que todos nós devemos tomar isso para nós mesmos. Devemos entender que não é o caso de esperar até que nos seja pedido para fazer alguma coisa, mas de nos pôr a trabalhar. Há uma grande quantidade de trabalhos bem simplórios para serem feitos relativos à Teosofia. Frequentemente muitos de nós preferem as partes mais espetaculares; gostaríamos de nos levantar e dar palestras em público para grandes audiências. Geralmente encontramos pessoas que estão dispostas a se oferecer para isso; mas há uma grande quantidade de enfadonho trabalho administrativo para ser feito com relação à nossa Sociedade, e nem sempre encontramos tantos voluntários para isso. A reverência e o amor por nossos Mestres nos tornarão disponíveis para fazer qualquer coisa em seu serviço, não importa o quão humilde ele seja; e podemos ter certeza de que estamos trabalhando a seu serviço quando estamos auxiliando a Sociedade fundada por dois deles.

As Regras Ancestrais

As qualificações para admissão na Grande Fraternidade Branca, que devem ser adquiridas no decorrer dos trabalhos na parte inicial da Senda, são de caráter bem definido e essencialmente as mesmas, embora tenham sido descritas em diferentes termos durante os últimos vinte e cinco séculos. Nos anos iniciais da Sociedade Teosófica, quando todo esse maravilhoso ensinamento era novo para nós, essa questão de qualificação foi naturalmente uma das que estávamos mais ansiosos para aprender. Antes de Madame

Os Mestres e a Senda   73

Blavatsky escrever aquele admirável manual *A Voz do Silêncio*[26], ela já havia nos dado duas listas dos requisitos para o *Chelado*. O melhor que posso fazer é citá-los aqui para comparação com as diretivas posteriores. Ela escreveu[27]:

> Um *Chela* é uma pessoa que se ofereceu a um Mestre como discípulo para aprender de forma prática os mistérios ocultos da natureza e os poderes psíquicos latentes no homem. O Mestre que o aceita é chamado na Índia de Guru; e o verdadeiro Guru é sempre um Adepto da Ciência Oculta. Um homem de profundo conhecimento, exotérico e esotérico, especialmente o último, e que sujeitou sua natureza carnal à sua vontade; que desenvolveu em si mesmo tanto o poder (*Siddhi*) para controlar as forças da Natureza quanto a capacidade de penetrar seus segredos com a ajuda dos poderes de seu ser anteriormente latentes, mas agora ativos – este é o verdadeiro Guru. Oferecer-se como candidato ao *Chelado* é bem fácil; tornar-se um Adepto é a tarefa mais difícil a que um homem poderia se submeter. Há dezenas de poetas, matemáticos, mecânicos e estadistas natos, mas um Adepto nato é algo praticamente impossível. Embora ouçamos, raramente, sobre pessoas com capacidades inatas extraordinárias para a aquisição de conhecimentos e poderes ocultos, até elas têm que passar pelos mesmos testes e provações e enfrentar o mesmo treinamento que qualquer colega aspirante menos capacitado. Neste assunto, a verdade é que não há um caminho real no qual pessoas favorecidas possam viajar.
>
> Por séculos, a seleção de *Chelas*, fora do grupo hereditário dentro do *Gon-pa* (templo), tem sido feita pelos próprios *Mahatmas* no Himalaia dentre a classe de místicos naturais, tendo o Tibete um número considerável deles. As únicas exceções ocorreram no caso de homens ocidentais como Fludd, Thomas Vaughan, Paracelsus, Pico della Mirandola, o Conde de Saint Germain, etc., cuja afinidade temperamental para essa ciência celestial mais ou menos forçou

---

[26] *A Voz do Silêncio* – de H.P. Blavatsky, Editora Teosófica. (N.E.)
[27] *Five Years of Theosophy* – 2ª edição, pp. 31-32.

os Adeptos a entrarem em relacionamento pessoal com eles e torná-los capazes de adquirir uma pequena (ou maior) proporção da verdade, na medida do possível, sob as condições sociais de seu ambiente. Do *Livro IV de Kiu-te*, Capítulo "The Laws of Upasanas" [As Leis de *Upasanas*], sabemos que as qualificações esperadas em um *Chela* são:

1. Saúde física perfeita;
2. Pureza física e mental absoluta;
3. Propósitos não egoístas; caridade universal; piedade para com todos os seres animados;
4. Veracidade e fé inabalável na Lei do *Karma*, independente da intervenção de qualquer poder na Natureza – uma Lei cujo curso não deve ser obstruído por nenhuma agência, que não deve ser desviado pela oração ou por cerimônias exotéricas propiciatórias;
5. Uma coragem destemida em qualquer emergência, inclusive com perigo de morte;
6. Uma percepção intuitiva de ser o veículo de manifestação do *Avalokiteshvara* ou *Ātmā* (Espírito) Divino;
7. Calma indiferença, mas com uma apreciação justa, por tudo aquilo que for do mundo objetivo e transitório, com relação a, e para, as regiões invisíveis.

Estas, no mínimo, devem ter sido as recomendações aos aspirantes à condição de *Chelas* perfeitos. Com única exceção da primeira, que em casos raros e excepcionais pode ter sido modificada, sobre cada um desses pontos tem-se invariavelmente insistido e todos devem ter sido mais ou menos desenvolvidos na natureza interna do *Chela*, por esforço próprio, sem ajuda, antes que ele seja realmente posto a teste.

Quando o devoto, que desenvolve a si mesmo, seja dentro ou fora do mundo em atividade, se colocar, de acordo com sua capacidade natural, acima de (e, dessa forma, ter-se tornado mestre de) seu: (1) *Sharira*, corpo; (2) *Indriya*, sentidos; (3) *Dosha*, imperfeições; (4) *Dukkha*, aflições; e estiver pronto para se tornar um com seu *Manas*, mente, *Buddhi*, intelecto ou inteligência-espírito, e *Ātmā*, Alma superior, ou

Os Mestres e a Senda

75

seja, Espírito; quando ele estiver pronto para isso e, mais ainda, reconhecer em *Ātmā* o governante superior no mundo das percepções e em sua vontade a energia (poder) executiva superior, então ele pode, sob as regras dignificadas pelo tempo, ser levado pelas mãos por um dos Iniciados. A ele poderá ser mostrada a misteriosa senda, na qual, em seu final mais longínquo, é obtido o discernimento infalível de *Phala*, ou na qual são produzidos os frutos das causas e são dados os meios de se alcançar o *Apavarga*, emancipação do mistério da repetição de nascimentos, *Pretyabhava*, em cuja determinação o ignorante não tem escolha.

O segundo conjunto de regras que ela nos deu está em seu livro *Ocultismo Prático*[28]. Elas são doze, mas Madame Blavatsky nos diz que elas foram pegas de uma lista de setenta e três, para não enumerar o que seria inútil, já que não teriam sentido na Europa, embora ela diga que todos os instrutores no Oriente as possuem. As explicações em parênteses são da própria Madame Blavatsky. São as seguintes:

1. O lugar escolhido para receber instrução deve ser um local planejado para não distrair a mente, contendo objetos (magnéticos) com influências "enlevadoras". As cinco cores sagradas, entre outras coisas, devem estar presentes, reunidas num círculo. O local deve estar livre de quaisquer influências malignas pairando no ar.

    (O local deve ser reservado e não deve ser usado para qualquer outro propósito. As cinco "cores sagradas" são as matizes prismáticas dispostas em uma certa ordem, uma vez que estas cores são muito magnéticas. Por "influência malignas" se quer dizer quaisquer distúrbios causados por malquerenças, discussões, maus sentimentos, etc., já que se diz que estas coisas se imprimem imediatamente na luz astral, i. e., na atmosfera do lugar, e que ficam "pairando no ar". Esta primeira condição parece ser facilmente preenchida, ainda assim – numa consideração posterior, é uma das mais difíceis de se conseguir.)

---

[28] *Ocultismo Prático*, de H.P. Blavatsky, Editora Teosófica. (N.E.)

2. Antes que seja permitido ao discípulo o estudo "face a face", ele tem de adquirir noções preliminares na seleta companhia de outros *upāsakās* (discípulos) laicos, cujo número deve ser ímpar. ("Face a face" significa neste exemplo um estudo independente ou separado dos demais, quando o discípulo tem sua instrução *face a face* ou consigo mesmo (o seu Eu Superior, Divino) ou com o seu guru. Somente então é que cada um recebe aquilo que lhe é devido de informação, de acordo com o uso que tenha feito de seu conhecimento. Isso pode acontecer somente ao se aproximar o final do ciclo de instruções.)

3. Antes que tu (instrutor) transmitas ao teu *Lanu* (discípulo) as boas (sagradas) palavras do *LAMRIN*, ou permitas que ele se "apronte" para *Dubjed*, deverás cuidar para que a mente do *Lanu* esteja totalmente purificada e em paz com todos, especialmente *com os seus outros eus*. De outro modo, as palavras de Sabedoria e da boa Lei dispersar-se-ão e serão levadas pelo vento.
(*Lamrim* é uma obra de instruções práticas, escrita por Tson-kha-pa, em duas partes, uma para propósitos eclesiásticos e exotéricos, e outra para uso esotérico. "Aprontar-se" para *Dubjed* é preparar os objetos para vidência, tais como espelhos e cristais. A expressão "outros eus" refere-se aos demais companheiros de estudo. A não ser que reine a maior harmonia entre os aprendizes, nenhum sucesso é possível. É o instrutor quem faz a seleção segundo as naturezas magnéticas e elétricas dos estudantes, juntando e ajustando do modo mais cuidadoso possível os elementos positivos e negativos.)

4. Durante o estudo, os *upāsakās* devem se manter unidos como os dedos de uma mão. Tu imprimirás em suas mentes que tudo quanto possa ferir um deverá ferir os outros; e se o regozijo de um não encontrar eco nos corações dos demais, então as condições exigidas estão ausentes, e é inútil prosseguir.
(Isso dificilmente poderá acontecer se a escolha preliminar foi feita de acordo com as condições magnéticas exigidas. Por outro lado, sabe-se que *chelas* promissores e aptos para receberem a verdade tiveram de esperar durante anos devido a seus temperamentos e à impossibilidade que sentiam em se afinar com seus companheiros.)

5. Os condiscípulos devem ser afinados pelo guru como as cordas do alaúde (vina), cada uma diferente da outra, e ainda assim cada uma emitindo sons em harmonia com todas as outras. Coletiva-

mente eles devem como que formar um teclado que responda em todas as suas partes ao mais leve toque (o toque do Mestre). Assim as suas mentes abrir-se-ão para as harmonias da Sabedoria, para vibrarem como conhecimento através de cada um e de todos resultando em efeitos agradáveis aos deuses regentes (tutelares ou anjos padroeiros) e úteis para o *Lanu*. Dessa maneira, a Sabedoria deverá ser impressa para sempre em seus corações e a harmonia da lei jamais será quebrada.

6. Aqueles que desejam adquirir o conhecimento que leva aos *Siddhis* (poderes ocultos) têm que renunciar a todas as vaidades da vida e do mundo (segue aqui a enumeração dos *Siddhis*)[29].

7. Nenhum *Lanu* (discípulo) pode sentir diferença entre si mesmo e seus companheiros de estudo, tais como "eu sou o mais sábio", "eu sou mais santo e agrado mais ao instrutor, ou à minha comunidade, do que meu irmão", etc., – e permanecer um *upāsakā*. Seus pensamentos devem estar predominantemente fixos em seu coração, afastando dele todo pensamento hostil a qualquer ser vivente. Ele (o coração) deve estar pleno do sentimento de não separatividade em relação a todos os outros seres, bem como a tudo na Natureza; de outro modo não pode haver sucesso.

8. Um *Lanu* (discípulo) deve recear somente influências externas das criaturas vivas (emanações magnéticas destas criaturas). Por esta razão, ainda que uno com tudo, em sua *natureza interna*, ele deve cuidar para separar seu corpo externo de toda a influência estranha: ninguém mais, além dele, deve beber ou comer em sua tigela. Deve evitar contato corporal (i.e., ser tocado ou tocar) tanto com seres humanos quanto com animais.
(Não são permitidos animais de estimação, e é proibido inclusive tocar certas árvores e plantas. Um discípulo tem que viver, por assim dizer, em sua própria atmosfera, de modo a individualizá-la para propósitos ocultos.)

9. A mente deve permanecer impassível a tudo o que não sejam as verdades universais da Natureza, para que a "Doutrina do Coração" não se torne apenas a "Doutrina do Olho" (i.e., ritualismo exotérico vazio)[30].

10. Nenhum alimento animal de qualquer espécie, nada que contenha vida em si, deve ser consumido pelo discípulo. Não deve ser

---

[29] *A Ciência do Yoga* (Seção III), de I.K. Taimini, Editora Teosófica. (N.E.)

[30] As duas escolas da doutrina do Buda, a esotérica e a exotérica, chamam-se respectivamente a doutrina do "Coração" e a doutrina do "Olho". (N.E.)

usado vinho, álcool ou ópio, pois estes são como os *Lhamaym* (maus espíritos), que se prendem ao incauto e devoram sua compreensão.

(Presume-se que o vinho e o álcool contenham e preservem o mau magnetismo de todos os homens que ajudaram na sua fabricação; e presume-se que a carne de cada animal preserve as características psíquicas de sua espécie.)

11. A meditação, a abstinência, a observação dos deveres morais, pensamentos gentis, boas ações e palavras amáveis, assim como boa vontade para com todos e um total esquecimento do eu, são os meios mais eficazes de se obter conhecimento e preparar-se para a recepção da sabedoria superior.

12. Somente devido à estrita observância das regras precedentes pode o *Lanu* esperar adquirir, em seu devido tempo, os *Siddhis* dos *Arhats*, o crescimento que o faz gradualmente se tornar Uno com o TODO UNIVERSAL.

O primeiro grupo de regras não precisa de comentários, pois são de evidente aplicação universal e diferem apenas na forma de sua expressão daquelas que foram dadas em livros posteriores.

O segundo grupo é obviamente de natureza muito diferente. É claramente formulado para estudantes orientais e principalmente para aqueles dentre eles que são capazes de devotar suas vidas inteiras ao seu estudo e vivem reclusos do mundo em um monastério ou comunidade oculta. O mero fato de haver sessenta e uma outras regras que seriam sem sentido para discípulos europeus mostra que elas não são delineadas para todos nem necessárias para o progresso na Senda, já que muitos a trilharam sem terem conhecimento delas. Elas são, entretanto, de grande interesse e valor como recomendações. As regulações morais e éticas são familiares para nós, assim como a insistência na necessidade de perfeita harmonia e mútuo entendimento entre os discípulos que precisam instruir-se e trabalhar juntos. É para esse último objetivo que a maioria das regras aqui citadas são direcionadas e, no caso de um grupo de estudantes, dificilmente se pode exagerar sua importância. Na vida ocidental, temos insistido tão fortemente no individualismo e no direito indiscutível de cada pessoa em viver sua própria vida – até onde não incomode outro – que nos esquecemos, em grande medida, da possibilidade de uma união realmente íntima. No lugar de estarmos unidos como os dedos de uma mão, vivemos juntos como bolinhas de gude em uma sacola, o que está longe do ideal do ponto de vista interno.

Pode se supor que estes últimos apelos para o companheirismo íntimo são inconsistentes com a regra 8, em que o *chela* é instruído a evitar contato com outros. Não é isso, pois a diretiva se refere a questões completamente diferentes. A sugestão para que cada um tenha sua própria tigela (sim, e seu próprio prato, faca, garfo e colher também) é excelente, pois o nosso sistema atual de uso promíscuo de talheres e pratos mal lavados é revoltante para pessoas de bom gosto. A prevenção de contato desnecessário com outros tem suas vantagens, pois a mistura indiscriminada de auras é altamente indesejada. Na vida indiana ociosa dos velhos tempos era muito fácil escapar de proximidades desconfortáveis; agora trens e linhas férreas foram introduzidos e a pressa das modernas atividades compele as pessoas a usá-los. Mesmo no Oriente imemoriável é de alguma forma mais difícil, mas na Europa é praticamente impossível. Por isso é que um método diferente de lidar com esse problema de vizinhança nos é agora oferecido.

Podemos pronta e efetivamente nos proteger contra magnetismos indesejáveis pela formação de uma concha ao redor de nossos corpos, isolando-os. Essa concha pode ser de matéria etérica, astral ou mental, de acordo com o propósito para o qual é requerida. A descrição de seus vários tipos e a forma de produzi-las são encontradas em meu livro *O Lado Oculto das Coisas*, que também inclui a bela história dos monges alexandrinos, demonstrando que há outra maneira de nos protegermos de influências maléficas, que é ainda melhor que a formação de uma concha – por preencher o coração com o Amor Divino, que se irradia perpetuamente por todas as direções em torrentes de amor para nossos semelhantes, de tal forma que esta poderosa corrente atua como o mais perfeito escudo contra a entrada de qualquer corrente de fora.

O regulamento contra se ter animais de estimação deixa de fora o fato de que apenas por associação com o homem essas criaturas podem ser individualizadas. Parece considerar apenas a possibilidade de o homem se permitir ser afetado adversamente pelo animal, e esquece por completo a benéfica influência que o homem pode intencionalmente trazer para nosso irmão mais novo. Provavelmente, nas eras remotas em que essas regras foram formuladas, não existiam animais suficientemente desenvolvidos para alcançar a individualização.

Quando escreve sobre o progresso do discípulo, Madame Blavatsky se posiciona fortemente contra o casamento, sustentando que não é possível dedicar-se ao mesmo tempo ao Ocultismo e ao cônjuge. Vem à mente que, se o cônjuge compartilhar da devoção pelo Ocultismo, essa severa restrição não será mais aplicável. Enquanto é verdade que o solteiro é de certa maneira mais livre – como, por exemplo, para largar sua ocupação e começar novo trabalho em algum país estrangeiro, o que ele dificilmente poderia fazer se tivesse a responsabilidade de uma esposa e de uma família –, não se deve esquecer que o homem casado tem a oportunidade de servir à Causa de outra maneira, provendo veículos apropriados e ambiente favorável para os muitos Egos avançados que estão esperando para encarnar. Ambos os tipos de trabalho são necessários, e há espaço entre as categorias de discípulos tanto para casados como para solteiros. Não vimos qualquer condenação para o estado de casado em nenhum dos três grandes livros-guia que nos foram dados para nos iluminar em nosso caminho. O mais recente

Os Mestres e a Senda

81

e simples desses livros-guias é o pequeno e maravilhoso livro do Sr. J. Krishnamurti *Aos Pés do Mestre*[31].

Aos Pés do Mestre

Embora tenha sido o Sr. Krishnamurti quem colocou esse livro perante o mundo, as palavras que ele contém são inteiramente do Mestre Kuthumi. Diz o autor em seu Prólogo: "Estas palavras não são minhas; são do Mestre que me ensinou". Quando o livro foi escrito, o corpo do Sr. Krishnamurti tinha treze anos de idade, e era necessário para os planos do Mestre que os requisitos de conhecimento para a Iniciação fossem transmitidos para ele o mais rápido possível. As palavras contidas no livro são as que o Mestre escolheu para tentar transmitir toda a essência dos ensinamentos necessários na forma mais simples e breve. Para as exigências desse caso particular, jamais poderíamos ter obtido uma declaração tão concisa e ainda assim tão completa, tão simples e tão inclusiva. Muitos livros foram escritos expondo os detalhes dos estágios dessa senda preparatória, e tem havido muita argumentação sobre as exatas nuances dos significados de palavras sânscritas e em páli. Porém, neste pequeno manual, o Mestre corajosamente deixa tudo isso de lado e dá apenas a essência do ensinamento, expressa na medida do possível em termos modernos e ilustrada com a vida moderna.

Por exemplo, ele traduz as quatro qualificações *Viveka*, *Vairāgya*, *Shatsampatti* e *Mumukshutva* como Discernimento, Ausência de Desejos, Boa Conduta e Amor. De maneira alguma a palavra inglesa *"love"* [amor] poderia ser usada como tradução literal da palavra em sânscrito *"mumukshutva"*, pois esta inquestionavelmente significa simplesmente o desejo por libertação. O Mestre aparentemente argumenta que o desejo intenso por libertação é o desejo de escapar de todas as limitações mundanas, de tal forma que, mesmo

---

[31] *Aos Pés do Mestre*, de J. Krishnamurti, Editora Teosófica. (N.E.)

quando em meio a elas, pode-se ser absolutamente livre do mínimo sentimento de apego. Tal liberdade só pode ser atingida pela união com o Supremo, com Aquele que está por trás de tudo, em outras palavras, com a união com Deus – e Deus é Amor. Dessa forma, é apenas nos tornando completamente permeados pelo Amor Divino que a liberdade pode se tornar possível para nós.

Não há descrição mais bela e satisfatória sobre as qualificações que aquela dada neste livro, e pode-se dizer com convicção que qualquer um que seguir completamente seus ensinamentos irá certamente passar imediatamente pelo portal da Iniciação. Trata-se de um caso muito excepcional em que o Mestre ocupa tanto de seu tempo ensinando diretamente um único indivíduo; no entanto, por meio do Sr. Krishnamurti, o ensinamento tem chegado a dezenas de milhares de outras pessoas, ajudando-as enormemente.

A história de como esse pequeno livro foi escrito é comparativamente simples. Toda noite eu tive que levar esse garoto em seu corpo astral até a casa do Mestre, para que instruções lhe fossem dadas. O Mestre devotava em torno de quinze minutos cada dia para falar com ele, mas no final de cada preleção ele sempre reunia em algumas poucas frases os principais pontos do que ele havia falado, fazendo, dessa forma, um pequeno e fácil resumo, que era repetido ao garoto para que ele o memorizasse. Ele se lembrava desse resumo pela manhã e o escrevia. O livro consiste dessas frases, da síntese do ensinamento do Mestre, feitas pelo próprio Mestre e em suas palavras. O garoto as escreveu com certa dificuldade, pois seu inglês não era, até então, muito bom. Ele sabia de todas essas coisas de cor e não se preocupava particularmente com as notas que ele havia feito. Um tempo depois ele foi até Benares com a Dra. Annie Besant. Enquanto ele estava lá, estando eu em Adyar, ele me pediu para coletar e enviar para ele todas as notas que ele havia feito sobre o que o Mestre lhe havia dito. Eu arrumei as notas da melhor forma que pude e as datilografei; e no devido tempo o livro foi publicado.

Numerosas pessoas, literalmente milhares, escreveram para relatar o quanto suas vidas haviam sido modificadas por esse livro, como tudo havia se tornado diferente para elas ao lê-lo. Ele foi traduzido para vinte e sete línguas. Houve cerca de quarenta edições, ou mais, e acima de cem mil cópias foram impressas[32]. Um maravilhoso trabalho tem sido feito por meio dele. Há também outros livros que o discípulo achará da maior utilidade em seus esforços para entrar nesta Senda: *A Voz do Silêncio* e *Luz no Caminho* nos foram dados para esse propósito; os maravilhosos livros da Dra. Besant *Do Recinto Externo ao Santuário Interno* e *O Caminho do Discipulado*[33] também serão de inestimável valor. Desde que a primeira edição deste livro foi publicada, a Dra. Besant e eu conjuntamente publicamos três volumes intitulados *Talks on the Path of Occultism* [Conversas sobre a Senda do Ocultismo], que constituem um comentário aos três clássicos acima mencionados[34].

A Atitude do Discípulo

Com esses livros à sua frente, o discípulo não é deixado na dúvida sobre o que deve fazer. Ele deve obviamente fazer esforços no curso de duas linhas particulares: o desenvolvimento de seu próprio caráter e a realização de um claro trabalho para outros. Evidentemente, o que lhe é apresentado nestes ensinamentos implica em uma atitude integralmente diferente perante a vida em geral, expressa por um dos Mestres na frase: "Aquele que pretende trabalhar conosco e

---

[32]Desde que esse livro foi escrito, em 1925, mais edições e muitas dezenas de milhares de cópias foram impressas de Aos Pés do Mestre.

[33]Ambos publicados pela Editora Pensamento. (N.E.)

[34]O autor se refere a: *A Voz do Silêncio*, de H.P.B.; *Luz no Caminho*, de Mabel Collins; e *Aos Pés do Mestre*, de J. Krishnamurti; sendo os três publicações da Editora Teosófica. (N.E.)

para nós deve deixar o seu próprio mundo e vir para o nosso". Isso não significa – como usualmente é suposto por estudantes da literatura oriental – que o discípulo deva abandonar o mundo ordinário de vida física e afazeres e se retirar para a selva, a caverna ou a montanha; mas quer dizer que ele deve abandonar toda a atitude mental mundana e adotar, em seu lugar, a atitude do Mestre.

O homem do mundo pensa nos eventos da vida principalmente em relação àquilo que afeta a ele e a seus interesses pessoais; o Mestre pensa neles *unicamente* no que afetam a evolução do mundo. O que, de alguma forma, no seu todo, tende ao progresso e ajuda a humanidade ao longo de sua jornada é bom e deve ser apoiado; aquilo que, de alguma forma, impede essa evolução é indesejável e deve sofrer oposição ou ser deixado de lado. O que é bom é o que ajuda na evolução; o que é ruim é o que a retarda. Aqui, temos um critério muito diferente do usado no mundo externo, um critério fundamental pelo qual podemos rapidamente decidir ao que devemos dar suporte e ao que devemos oferecer resistência. Podemos aplicá-lo a qualidades em nosso próprio caráter, assim como a eventos externos. Seremos de utilidade ao Mestre na medida em que possamos trabalhar com ele, não importa o quão simplória seja a maneira; trabalharemos melhor com ele nos fazendo parecidos com ele, para que possamos ver o mundo como ele o vê.

AS TRÊS PORTAS

Há um poema que diz:

> Três portas há para o templo
> Saber, trabalhar e orar;
> E aqueles que esperam do lado de fora do portão
> Podem entrar por qualquer um dos três caminhos.

Sempre há os três caminhos. Um homem pode chegar aos pés do Mestre pelo estudo profundo, pois, dessa forma, ele consegue saber e sentir. Certamente o Mestre pode ser alcançado por uma devoção profunda, longa e continuada, pelo constante erguimento da alma em sua direção. Há ainda o método de se lançar em uma efetiva atividade para ele; mas deve ser algo explicitamente feito para ele com o seguinte pensamento em mente: "Se houver crédito e glória neste trabalho, eu não a quero. Eu o faço em nome de meu Mestre; que dele sejam a glória e o louvor". O poema citado acima também diz: "Pode haver aquele que não ora nem estuda, mas, mesmo assim, pode trabalhar bem". Isso é verdade. Há aqueles que não conseguem fazer muita coisa com a meditação, e quando eles tentam estudar encontram muita dificuldade. Eles devem continuar tentando fazer ambas as coisas, porque temos que desenvolver todos os lados de nossa natureza, mas acima de tudo eles devem se arremessar ao trabalho e fazer algo por seus semelhantes.

Esse é o apelo de maior certeza: fazer algo em seu nome, fazer uma boa ação pensando nele, lembrando que Ele é muito mais sensível ao pensamento que as pessoas comuns. Se uma pessoa pensar em um amigo a distância, seu pensamento irá até esse amigo e o influencia, de forma que o amigo pensará no emissor do pensamento, a menos que sua mente esteja muito engajada com outra coisa no momento. Porém, não importa o quanto um Mestre esteja ocupado, um pensamento dirigido a Ele deixa uma impressão; embora, no momento, Ele possa não se dar conta, mesmo assim o toque está lá, e Ele terá ciência dele e enviará seu amor e sua energia em resposta.

O Trabalho do Mestre

Às vezes pergunta-se sobre que trabalho em particular deve ser feito. A resposta é que todo bom trabalho é trabalho do Mestre. Todos podem encontrar algo bom que sejam capazes de fazer.

Além disso, algumas das atividades do discípulo devem consistir em se preparar para maior responsabilidade no futuro. Os deveres da vida comum frequentemente combinam um pouco dessas duas coisas, pois eles provêm de esplêndido treinamento e educação aqueles que o fazem; e também oferecem muitas ocasiões para ajudar outras pessoas no progresso de caráter e ideias, o que é muito enfaticamente assunto do Mestre. Todas as variadas atividades da vida diária vêm de nosso esforço para servir ao Mestre, quando aprendermos a fazer tudo em seu nome e para ele.

> O curso comum da vida,
> A volta diária que nós penosamente damos,
> As tarefas que nos parecem tão enfadonhas,
> Possa tudo ser feito para Deus.
> De tudo possa Ele participar;
> Nada pode ser tão insignificante
> Que, com esse matiz, por Seu amor,
> Não cresça brilhante e límpido.
>
> Um servo com essa cláusula
> Faz da labuta algo divino.
> Quem varre uma sala, por Suas leis,
> Refina esse pequeno ato.
> (George Herbert – 1593)

O trabalho do Mestre não é algo peculiar e à parte de nosso próximo. Criar uma boa família que o servirá a seu tempo, ganhar dinheiro para ser usado em seu serviço, conquistar poder para ajudá-lo – tudo isso pode fazer parte do trabalho. Mesmo assim, ao executá-lo, o discípulo deve estar sempre prevenido contra a autoilusão, deve ver se não está disfarçando com a santidade do nome do Mestre o que seja, no fundo, um desejo egoísta para exercer poder e manusear dinheiro. O discípulo do Mestre tem que olhar em volta e ver o que há para ser feito que esteja ao seu alcance. Ele não deve preterir uma tarefa mais simplória, pensando: "Eu sou bom demais para isso". Nos interesses do Mestre, nenhuma parte é mais importante do que outra, embora algumas partes sejam mais difíceis que outras e, dessa forma, requeiram treinamento especial e faculdades ou habilidades não usuais.

Ao mesmo tempo, estão sendo feitos certos esforços coordenados nos quais os Mestres têm especial interesse. Entre os principais está a Sociedade Teosófica, que foi fundada por ordem deles e para seus propósitos. Assim, inquestionavelmente qualquer coisa que alguém possa fazer por sua Loja Teosófica é a melhor coisa a fazer. Pode acontecer, muito facilmente, que não surja oportunidade para fazê-lo. Esse alguém deve então encontrar alguma outra forma de serviço.

De maneira não tão organizada também há uma grande quantidade de trabalho a ser feito. Por exemplo, a influência da beleza na vida humana é imensuravelmente edificante, pois a beleza é a manifestação de Deus na Natureza. Para citar um exemplo, os jardins que margeiam as ruas de todos aqueles que estão se empenhando nestas linhas devem ser notáveis pelo bom gosto e beleza. Muitas pessoas são desleixadas nesses pequenos assuntos, são desordenadas; elas deixam entulhos por onde andam, mas tudo isso indica um caráter muito destoante do espírito do Mestre.

Se nós trabalharmos nas mesmas linhas de trabalho do Mestre, entraremos cada vez mais em simpatia com ele, e nossos pensamentos se tornarão cada vez mais como os dele. Isso irá nos levar para mais próximo dele, tanto em pensamento como em atividade; e assim procedendo, rapidamente iremos atrair sua atenção, pois ele está a todo o tempo observando o mundo para encontrar aqueles que sejam úteis em seu trabalho. Uma vez nos tendo notado, ele prontamente nos levará para mais perto de si, para uma observação mais próxima e detalhada. Isso é geralmente feito nos levando a entrar em contato com alguém que já seja seu discípulo. Dessa forma, é totalmente desnecessário fazer qualquer esforço direto para atrair sua atenção.

Ninguém é Negligenciado

Madame Blavatsky nos explicou que quando uma pessoa se une externamente à Sociedade Teosófica, o Mestre o observa; e que em muitos casos os Grandes Seres guiaram pessoas até a Sociedade por causa de suas vidas prévias. Portanto, parece que eles geralmente sabem bastante sobre nós antes que nós saibamos qualquer coisa sobre eles. O Adepto nunca se esquece de nada. Ele aparenta estar sempre em completa posse de tudo o que lhe aconteceu; então, se ele olhar mesmo de relance para uma pessoa, ele jamais irá daí em diante negligenciar essa pessoa.

Quando o estudante compreender isso, ele não mais perguntará: "O que eu posso fazer para atrair a atenção do Mestre?" Ele saberá que é bastante desnecessário que tentemos fazê-lo, e não há o menor receio de que alguém seja negligenciado.

Eu me lembro muito bem de um incidente nos primeiros dias de minha própria conexão com os Grandes Seres, que toca nesse ponto. Eu conheci no plano físico um homem de grande erudição e do mais santo caráter, que acreditava completamente na existência dos Mestres e que devotou sua vida para o único objetivo de se qualificar para seus serviços. Ele me parecia ser um homem, em todos os aspectos, tão inteiramente capacitado para o discipulado, tão obviamente melhor que eu em tantas formas, que eu não podia entender como ele ainda não havia sido reconhecido. Assim, sendo ainda jovem no trabalho e ignorante, um dia, quando uma boa oportunidade me foi oferecida, muito humildemente e já pedindo desculpas, eu mencionei o seu nome para o Mestre, com a sugestão de que ele talvez se provasse um bom instrumento. Um sorriso amável e espirituoso se abriu no rosto do Mestre enquanto ele dizia:

"Ah, você não precisa se preocupar em que seu amigo esteja despercebido; ninguém jamais poderá ser negligenciado. Mas, neste caso, ainda há um certo *karma* para ser trabalhado, o que impossibilita, no momento, aceitar sua sugestão. Logo o seu amigo vai morrer no plano físico, e logo retornará para ele novamente; então a expiação estará completa, e o que você deseja para ele terá se tornado possível."

Depois, com a suave amabilidade que é sempre tão preeminente uma característica sua, ele fundiu minha consciência com a dele de uma maneira ainda mais íntima e elevou-a a um plano mais elevado do que eu poderia então alcançar, e a partir dessa elevação ele me mostrou como os Grandes Seres olham para o mundo. Toda a Terra se lançou diante de nós com todos os seus milhões de almas, não desenvolvidas, em sua maioria, e por isso indiscerníveis. Porém, dentre toda essa multidão, onde quer que houvesse uma que estivesse se aproximando, mesmo a uma grande distância, do ponto no qual ela pudesse ser utilizada de alguma maneira, ela se destacava das demais assim como a chama de um farol se destaca na escuridão da noite. Disse o Mestre:

"Agora você vê o quão completamente impossível seria que qualquer um ficasse despercebido, mesmo estando a uma grande distância da possibilidade de aceitação como um 'probacionário'."

Não podemos fazer nada em nosso benefício, além de continuamente trabalharmos na melhoria de nosso caráter e de nos esforçarmos de toda forma possível pelo estudo das obras teosóficas, pelo autodesenvolvimento e pela devoção altruísta no interesse de outros, para nos prepararmos para a honra que desejamos, tendo em nossas mentes a total certeza de que assim que estivermos prontos, o reconhecimento certamente virá. Mas até que possamos ser usados de forma econômica – isto é, até que a energia consumida conosco traga em seguida, por nossas ações, pelo menos o mesmo que traria se fosse gasta de qualquer outra forma – , seria uma violação do dever por parte do Mestre nos atrair para uma relação mais próxima com ele.

Podemos ter certeza de que na realidade não existem exceções para essa regra, mesmo que às vezes pensemos ter visto alguma. Um homem pode ser colocado em provação por um Adepto enquanto ele ainda tenha algumas faltas óbvias, mas podemos ter certeza de que em tais casos existem boas qualidades por baixo da superfície que mais que contrabalançam os defeitos aparentes. Somente o Mestre pode julgar o alcance de nossas faltas em nossa utilidade a ele. Não podemos prever exatamente em que medida qualquer de nossas faltas afetaria seu trabalho; porém ele, olhando de cima essa questão, pode ver claramente todos os fatores no caso, de tal forma que sua decisão é sempre justa e de melhor benefício para todos. Considerações sentimentais não têm lugar no Ocultismo, o que tem sido definido como apoteose do senso comum, trabalhando sempre para o bem maior do maior número. Com isso, aprendemos sobre muitos fatos e forças novas e remodelamos nossas vidas de acordo com esse conhecimento adicional.

Isso, afinal, não difere de forma alguma de nossa prática (ou no que *deveria* ser a nossa prática) no plano físico. Novas descobertas científicas estão constantemente sendo feitas; nós as usamos e adaptamos nossas vidas a elas. Por que não faríamos o mesmo quando as descobertas são em planos superiores e conectadas com a vida interior? Entender as leis da Natureza e viver em harmonia com elas é o caminho para o bem-estar, para a saúde e para o progresso, tanto espiritual quanto físico.

Outra consideração que às vezes entra em jogo é a atuação da lei do *Karma*. Como o restante de nós, os Grandes Mestres de Sabedoria possuem uma extensa série de vidas por trás de si. Nestas vidas eles, como outros, fizeram certos laços *kármicos*; assim, às vezes acontece de um indivíduo em particular ter um crédito com eles por um serviço prestado há muito tempo. Nas séries de vidas passadas que examinamos, em alguns momentos nos deparamos com casos de tais ligações *kármicas*.

A RESPONSABILIDADE DO INSTRUTOR

É obviamente necessário que o Mestre tenha cautela na seleção de candidatos ao Discipulado, não apenas porque seu próprio trabalho pode ser prejudicialmente afetado por um discípulo indigno, mas também porque o instrutor tem uma responsabilidade explícita pelos erros do *chela*. Madame Blavatsky escreveu sobre esse assunto:

> Além do mais, há um fato importante do qual o estudante deve inteirar-se. Que vem a ser a enorme e quase ilimitada responsabilidade assumida pelo instrutor por causa do discípulo. Dos gurus do Oriente, que ensinam aberta ou secretamente, até os poucos cabalistas nas terras do Ocidente, que arcam com a responsabilidade de ensinar os rudimentos da Ciência Sagrada aos seus discípulos – esses Hierofantes Ocidentais, geralmente eles mesmos ignorantes do perigo em que incorrem –, cada um e todos aqueles "Instrutores" estão sujeitos à mesma e inviolável lei. Do momento em que começam a *realmente* ensinar, a partir do momento que conferem *qualquer* poder – seja psíquico, mental ou físico – aos seus discípulos, assumem para si próprios todos os pecados daquele discípulo, de acordo com as Ciências Ocultas, sejam de omissão ou comissão, até o momento em que a iniciação torne o discípulo um Mestre e por sua vez responsável por si. [...] Desse modo fica claro por que os "Instrutores" são tão reticentes, e por que se requer dos *Chelas* servir durante um período probacionário de sete anos de modo a provarem sua aptidão e desenvolverem as qualidades necessárias para a segurança tanto do Mestre quanto do discípulo.[35]
>
> Tomando pelas mãos o estudante, o Guru Espiritual o conduz e lhe apresenta um mundo inteiramente desconhe-

---

[35] *Ocultismo Prático*. [De H.P. Blavatsky, Editora Teosófica. (N.E.)]

cido a ele. [...] Mesmo na vida comum diária, os pais, as amas, os tutores e os instrutores são geralmente responsabilizados pelos hábitos e pela ética futura de uma criança. [...] Enquanto o discípulo seja demasiado ignorante para ter certeza de sua visão e de seus poderes de discernimento, não é natural que seja o guia o responsável por seus pecados, aquele que o tenha levado àquelas perigosas regiões?[36]

Como veremos em capítulos subsequentes, quando um homem entra em relação íntima com o Mestre, ele adquire muito mais poder do que tinha antes. Aquele que se torna um discípulo de um Mestre pode, assim, fazer muito mais boas ações, mas ele também poderia causar muito mais danos se ocorresse de ele deixar sua força ir na direção errada. Muito frequentemente, o jovem discípulo não se dá conta do poder de seus próprios pensamentos. O homem da rua pode estar pensando algo tolo ou falso sem produzir nenhum efeito sério, pois ele não sabe como pensar vigorosamente; ele pode pensar mal de alguém sem produzir qualquer grande impressão sobre essa pessoa. Porém, se um discípulo – que possui o poder do Mestre e que treinou a si próprio com longas práticas e meditação para usar o pensamento – se desentender com outra pessoa e pensar nela de forma maléfica, sua forte corrente de pensamento agiria prejudicialmente nessa pessoa, podendo até afetar seriamente e por completo todo o curso de sua vida futura.

Se a vítima realmente tiver a qualidade indesejável atribuída a ela, o pensamento potente do discípulo irá intensificá-la. Se tal qualidade não existir, a mesma forma-pensamento irá sugeri-la e poderá facilmente despertá-la, se estiver latente, podendo até plantar suas sementes, se não houver ainda sinal dela. Às vezes, a mente de um ser humano está em uma condição de equilíbrio entre uma direção benéfica e uma maléfica e, quando este é o caso, o impacto de uma vívida forma-pensamento vinda de fora pode ser o suficiente

---

[36] *Lucifer*, volume II, p. 257.

para virar a balança e levar o irmão mais fraco a embarcar em uma linha de ação cujo resultado, para o bem ou para o mal, pode se estender por muitas encarnações. Quão cuidadoso, portanto, deve ser o discípulo para perceber que o poder de pensamento aprimorado, a partir de sua conexão com o Mestre, tem que ser usado sempre para fortalecer e nunca para enfraquecer aqueles para os quais é direcionado!

Tudo depende da forma pela qual o pensamento é lançado. É claro que estamos presumindo que a intenção do discípulo é sempre a mais nobre, mas sua execução pode ser defectiva. Supondo, por exemplo, que um irmão mais fraco seja habituado ao vício do alcoolismo. Se ocorrer de os pensamentos do discípulo se direcionarem para este homem, suas reflexões podem obviamente tomar várias linhas diferentes. Vamos confiar que não haveria o risco de ele desprezar o homem por sua fraqueza ou de diminuí-lo com aversão ou repulsa. Porém, é bem possível que ele pense: "Que crime terrível é a embriaguez desse homem; como é terrível o seu efeito sobre sua esposa e sobre seus filhos! Como ele pode ser tão imponderado, tão egoísta, tão cruel?" Todas as palavras são verdadeiras; realmente um pensamento razoável, totalmente justificável pelas circunstâncias, e não é de forma alguma rude, mas *não auxilia a vítima*. Não importa o qual correto e impecável é o sentimento, a ideia proeminente é de censura ao pecador, e o efeito dessa forma-pensamento é o de esmagá-lo ainda mais na lama. Por que não tomar uma linha muito mais forte de ação mental: "Eu invoco o Deus que está dentro desse homem; eu clamo ao Ego para que afirme a si mesmo, para que conquiste a fraqueza do eu inferior, para dizer 'eu posso e eu irei'"? Se isso for feito, a ideia predominante não será de censura, mas de encorajamento; e o efeito não será o de deprimir o sofredor, mas o de ajudá-lo a se erguer da lama de sua desesperança para o solo firme do vigor e da liberdade.

Ideias Errôneas

Outra qualidade muito essencial para o aspirante é uma mente aberta e liberta de qualquer tipo de fanatismo. Madame Blavatsky certa vez nos disse que seu Mestre comentou o fato de que crenças errôneas são algumas vezes grandes obstáculos. Como exemplo, ele disse que havia centenas de milhares de indianos *sannyasis* que viviam as vidas mais puras e estavam bem preparados para o discipulado, exceto pelo fato de seus pensamentos errôneos arraigados em certos assuntos tornarem impossível até mesmo que os Mestres penetrassem em suas auras. Tais pensamentos, ele disse, atraem em volta dessas pessoas certos elementais indesejáveis, da mais desagradável influência, que reagem sobre elas e intensificam seus equívocos, de tal forma que até que elas desenvolvam a razão e a intuição o suficiente para se livrarem destes elementais, elas são praticamente impermeáveis a sugestões.

Dizem que um homem honesto é o trabalho mais nobre de Deus; e o coronel Ingersoll uma vez disse, parodiando este provérbio ao invertê-lo, que um Deus honesto era o trabalho mais nobre de um homem. Ele quis dizer que cada homem chega à sua concepção de Deus pela personificação das qualidades dignas de admiração em si mesmo, elevando-as então à maior potência. Dessa forma, se um homem tem uma concepção nobre de Deus, isso mostra que há muita nobreza em sua própria natureza, mesmo que ele nem sempre viva de acordo com seus ideais.

Porém, uma concepção errônea de Deus é um dos mais sérios obstáculos que um homem pode sofrer. A ideia de Jeová do Antigo Testamento, sedento por sangue, invejoso, malvado e cruel, tem sido responsável por uma quantidade incalculável de danos ao mundo. Qualquer pensamento sobre Deus que induza ao *temor* a ele é absolutamente desastroso e impede toda a esperança de progresso real, trancando o homem na mais escura masmorra, ao invés de levá-lo adiante na glória da luz do sol. Ele atrai ao seu redor uma hoste de elementais que se deleitam com o medo, riem sarcasticamente dele e intensificam esse pensamento por todos os meios a seu alcance. Quando um homem está nessa terrível condição, é quase impossível ajudá-lo. Portanto, ensinar a um homem (mais ainda, a uma criança) tal doutrina de blasfêmia é um dos piores crimes que qualquer um pode cometer. O discípulo deve estar completamente livre de todas as superstições limitantes desse tipo.

O Efeito da Meditação

Lembre-se também de que todos aqueles que meditam no Mestre fazem uma conexão definitiva com ele, a qual se mostra para clarividentes como uma espécie de linha de luz. O Mestre sempre sente de forma inconsciente a vibração de tal linha e envia em resposta uma constante corrente de magnetismo, que continua fluindo muito depois de ter terminado a meditação. A prática metódica de tal meditação e de concentração é, portanto, de grande ajuda para o aspirante, e a regularidade é um dos fatores mais importantes para produzir o resultado. Deverá ocorrer diariamente no mesmo horário; e temos de perseverar firmemente nela, mesmo que nenhum efeito óbvio seja produzido. Especialmente quando nenhum resultado aparecer, devemos ficar atentos para evitar a depressão, pois isso torna mais difícil que a influência do Mestre atue sobre nós, além de demonstrar que estamos pensando mais em nós mesmos do que nele.

Ao começar essa prática de meditação, é desejável vigiar de perto seus efeitos físicos. Os métodos prescritos por aqueles que entendem do assunto nunca devem causar dores de cabeça ou outras dores, embora tais resultados às vezes ocorram em casos particulares. É verdade que a meditação gera tensão no pensamento e na atenção um pouco além de seu ponto costumeiro em qualquer indivíduo, mas ela deve ser tão cuidadosamente feita, tão livre de qualquer tipo de excesso, que não cause nenhum efeito físico adverso. Algumas vezes as pessoas meditam com demasiada tenacidade e por tempo demais, ou quando o corpo não está em adequada condição de saúde; a consequência é algum sofrimento. É desastrosamente fácil pressionar o cérebro físico de alguém um pouco além do limite; e quando isso acontece, é frequentemente difícil recuperar o equilíbrio. Algumas vezes uma condição produzida em alguns dias pode levar anos para ser consertada. Assim, qualquer um que comece a sentir qualquer efeito desagradável deve interromper imediatamente a prática por um tempo e tratar de sua saúde física; e se possível consultar alguém que conheça mais sobre o assunto.

DIFICULDADES COMUNS

As pessoas muito frequentemente vêm ou escrevem à Dra. Besant ou a mim e dizem: "Por que o Mestre não se utiliza de *mim*? Eu sou zeloso e devotado a ele. Eu quero tanto ser usado. Eu quero que ele me leve e me ensine. Por que ele não faz isso?"

Pode haver muitas razões para ele não fazer isso. Algumas vezes a pessoa, que assim questiona, tem alguma falta proeminente que por si só já é uma razão suficiente. Não raramente, eu lamento dizer, é o orgulho. Uma pessoa pode ter um conceito tão bom de si mesma que não está habilitada à instrução, embora ache que esteja. Muito frequentemente, em nossa civilização, a deficiência é a irritabilidade. Uma pessoa boa e merecedora pode ter os nervos tão alterados que lhe seja impossível ser atraída para o contato íntimo e constante com o Mestre. Às vezes o impedimento é a curiosidade. Alguns ficam surpresos ao ouvir que essa é uma falta grave, mas ela certamente é — curiosidade sobre assuntos de outras pessoas, especialmente quanto à sua posição oculta ou desenvolvimento. Seria quase impossível que um Mestre pudesse atrair para perto de si alguém com essa falha.

Outro obstáculo comum é a facilidade de se ofender. Muitos aspirantes bons e sérios são tão facilmente ofendidos que praticamente não têm utilidade no trabalho, pois não podem se associar a outras pessoas; terão que esperar até terem aprendido a se adaptar e a cooperar com quem quer que seja.

Muitas das pessoas que fazem o questionamento possuem falhas desse tipo, e não gostam quando suas falhas lhe são apontadas. Elas geralmente não acreditam que as possuem, e imaginam que estejamos errados; em raros casos elas estão dispostas a se beneficiar com a sugestão.

Eu me lembro muito bem de uma senhora vir até mim em uma cidade americana e me perguntar: "Qual é o problema comigo? Por que eu não posso chegar mais perto do Mestre?" "Você quer mesmo saber?", eu perguntei. Sim, certamente, ela realmente queria saber. Ela me suplicou que eu a examinasse ocultamente, clarividentemente ou de qualquer forma que eu quisesse, a todos os seus veículos e vidas passadas, e desse assim a solução. Eu confiei em sua palavra e disse: "Bem, se você quer mesmo saber, há muito ego em seu cosmo. Você está pensando muito em si mesma e não o suficiente no trabalho".

É claro que ela ficou terrivelmente ofendida; saiu indignada da sala e disse que não estimava muito a minha clarividência. Essa senhora teve coragem para retornar dois anos depois e falar: "O que você me disse é mesmo verdade, e eu vou me esforçar e pôr isso em ordem". Essa história tem se repetido muitas vezes, exceto que esse fora o único caso em que uma pessoa voltou e reconheceu o erro. Inquestionavelmente, o discípulo que estiver disposto a se ver como os outros o veem poderá aprender muito, o que o ajudará a progredir. Eu me lembro de que um dos Mestres uma vez comentou que a primeira obrigação de um *chela* é a de ouvir sem raiva qualquer coisa que o guru fale. Ele deve estar ansioso para mudar a si mesmo, para se livrar de suas falhas. Madame Blavatsky disse: "O *Chelado* tem sido definido por um Mestre como um solvente psíquico, que corrói todas as impurezas, deixando apenas o mais puro ouro".

O egocentrismo é apenas outra forma de orgulho, e está muito proeminente nos dias atuais. A personalidade que estivemos construindo por milhares de anos cresceu forte e frequentemente arrogante; é um das tarefas mais difíceis reverter esta atitude e compeli-la a adquirir o hábito de olhar as coisas do ponto de vista dos outros. Devemos certamente sair do centro de nosso próprio círculo, como expliquei em *A Vida Interna*[37], se quisermos chegar ao Mestre.

Às vezes acontece, entretanto, de aqueles que questionam não terem nenhum defeito marcante em particular; e quando alguém os examina, pode apenas dizer: "Eu não vejo nenhuma razão definida, nenhuma falta que o esteja segurando, mas você vai ter que crescer um pouco em tudo". Isso é uma coisa insuportável de se dizer a alguém, mas é fato. Eles não são ainda grandes o suficiente e precisam crescer antes de serem merecedores.

Uma coisa que frequentemente impede as pessoas de entrarem em contato com os Mestres é a falta de fé e de vontade. A menos que a pessoa tente vigorosamente, com toda a crença que possa, com a determinação de que um dia há de ter êxito – e que esse dia há de chegar o mais rápido possível –, é quase certeza que ela não irá conseguir. Mesmo sabendo que em alguns de nós há falhas, ainda assim eu realmente acredito que ao menos existam entre nós alguns casos em que é somente a ausência dessa intensa determinação que nos detém.

É necessária alguma força e grandeza para nos colocarmos numa atitude em direção ao trabalho que o próprio Mestre adota, pois, além de qualquer defeito que tivermos, temos toda a pressão dos pensamentos do mundo contra nós. Madame Blavatsky nos deu a mais completa exortação sobre ambas as dificuldades. Ela escreveu:

---

[37] *A Vida Interna*, de C.W. Leadbeater, Editora Teosófica. (N.E.)

Assim que alguém assume o compromisso como "Probacionário", certos efeitos ocultos acontecem. O primeiro é a exteriorização de tudo aquilo que está latente na natureza do homem – suas faltas, hábitos, qualidades ou desejos reprimidos, sejam eles bons, ruins ou indiferentes. Por exemplo, se um homem for vaidoso, sensualista ou ambicioso [...], estes vícios certamente aparecerão, mesmo que ele os tenha escondido ou reprimido com sucesso até o momento. Eles virão à tona incontrolavelmente, e ele vai ter que lutar cem vezes mais arduamente que antes até que aniquile todas essas tendências em si mesmo.

Por outro lado, se ele for bom, generoso, casto e abstêmio, e tiver qualquer virtude latente ou encoberta em si, ela irá à tona de forma irreprimível assim como o resto. [...] Essa é uma lei imutável no domínio do oculto.[38]

O leitor se lembra do antigo provérbio: "Deixe dormir os cães que estão deitados"[39]? Há um mundo de significado oculto nele. Nenhum homem ou mulher conhece sua força moral até que seja testado. Milhares passam pela vida de forma respeitável porque nunca foram colocados à prova. [...] Aquele que se compromete em se submeter à provação do *Chelado*, por esse mesmo ato, desperta [...] todas as paixões que dormem em sua natureza animal. [...] O *chela* é chamado a enfrentar não apenas todas as maléficas propensões latentes de sua natureza, mas também o ímpeto das forças maléficas acumuladas pela comunidade e nação à qual pertence. [...] Se ele estiver contente em caminhar com seus vizinhos e for quase como eles são – talvez um pouco melhor ou pior que a média –, ninguém poderá ensiná-lo. Mas digamos que ele foi capaz de detectar os fúteis logros da vida social – de hipocrisia, egoísmo, sensualidade, cobiça e outras características nocivas – e ele se determinou a se posicionar a um nível mais elevado. Imediatamente ele será odiado, e todos aqueles de natureza maléfica, fanática ou maliciosa enviarão para ele uma corrente oposta de força de vontade.[40]

---

[38] *A Doutrina Secreta* [de H.P. Blavatsky, Editora Pensamento. (N.E.)]
[39] No original: "Let sleeping dogs lie". (N.E.)
[40] *Five Years of Theosophy*, 2ª edição, p. 35.

Aqueles que fluírem com a corrente da evolução e alcançarem este estágio em um futuro muito distante, o acharão muito mais fácil, pois a opinião popular da época estará em harmonia com estes ideais. No entanto, temos agora que resistir ao que os cristãos chamariam de tentações, à contínua pressão de opiniões externas, pois milhões de pessoas ao nosso redor estão produzindo seus pensamentos individuais. Enfrentar isso exige real esforço, verdadeira coragem e perseverança. Temos que nos manter de forma obstinada na tarefa; embora possamos falhar várias vezes, não devemos desistir, mas levantar e seguir em frente.

Os corpos astral e mental de um aspirante devem continuamente exibir quatro ou cinco grandes e brilhantes emoções: amor, devoção, simpatia e aspiração intelectual; mas no lugar de grandiosos sentimentos vibrando esplêndida e claramente em finas cores, geralmente vemos o corpo astral manchado com turbilhões vermelhos, marrons, cinzas e pretos, frequentemente uma centena ou mais. Eles se parecem com uma massa de verrugas em um corpo físico, impedindo a pele de ser sensitiva como deveria. O candidato deve providenciar que isso seja removido e que o usual emaranhado de emoções mesquinhas seja inteiramente varrido para longe.

A Devoção Deve Ser Completa

Não pode haver meias medidas nessa Senda. Muitas pessoas estão na posição dos difamados indivíduos Ananias e Safira[41]. Lembremonos como eles (de forma alguma anormal ou de maneira condenável) queriam manter algo para o qual pudessem voltar, já que não tinham certeza de que o novo movimento cristão seria bem sucedido. Eles estavam muito entusiasmados e queriam dar tudo de si, mas sentiram que seria um sábio caminho se mantivessem um pouco na retaguarda, caso

---

[41] A história de Ananias e Safira é relatada na Bíblia, no livro de Atos dos Apóstolos. (N.E.)

Os Mestres e a Senda   101

o movimento falhasse. Por isso eles não podem ser condenados, mas o que eles realmente fizeram de mais prejudicial e impróprio foi que, embora mantendo algo para si, eles não admitiram o fato, fingindo que tinham dado tudo. Existem muitos hoje que seguem o seu exemplo. Eu espero que a história não seja verdadeira, pois o Apóstolo foi certamente um tanto quanto severo com eles.

Não damos tudo, mas mantemos um pouco de nós mesmos – não estou falando de nosso dinheiro, mas de sentimentos pessoais recônditos, que nos impedem de chegar aos pés do Mestre. No Ocultismo isso não será o bastante. Devemos seguir o Mestre sem reservas, sem dizer dentro de nós: "Eu seguirei o Mestre desde que ele não queira que eu trabalhe com tal e tal pessoa; eu seguirei o Mestre desde que eu seja reconhecido e mencionado nos escritos!" Não devemos criar condições. Não quero dizer que devamos abandonar nossas obrigações comuns do plano físico, mas simplesmente que todo o nosso ser deva estar à disposição do Mestre. Devemos estar preparados para nos submeter a qualquer coisa, ir a qualquer lugar – não como um teste, mas porque o amor pelo trabalho é a maior coisa de nossas vidas.

Às vezes as pessoas perguntam: "Se eu fizer todas essas coisas, quanto tempo vai levar até que o Mestre me tome em provação?" Não haverá atrasos, mas há muitas virtudes na palavra "se" nessa questão. Não é tão fácil fazê-las perfeitamente e, já que isso é requerido, sem dúvidas leva um longo tempo para que possamos ter esperanças de entrar para o discipulado. Porém, disse um dos Mestres: "Aquele que faz o seu melhor, faz o suficiente para nós". Se alguém não se delicia no serviço por conta do próprio serviço, mas está apenas procurando a recompensa de reconhecimento, não tem de fato o espírito correto. Se a pessoa tiver a atitude correta, seguirá sem se cansar com o bom trabalho, deixando que o Mestre anuncie sua satisfação quando e como ele escolher.

Nossos irmãos hindus possuem uma tradição muito correta nesse assunto. Eles iriam dizer: "Vinte ou trinta anos de serviço são como nada. Há muitos na Índia que têm servido por toda sua vida e nunca tiveram reconhecimento aparente, embora internamente eles estejam sendo guiados por um Mestre". Encontrei um desses casos há alguns anos. Tive que fazer uma pesquisa em relação a alguns de nossos irmãos indianos sobre esse assunto, e a resposta do Mestre foi: "Por quarenta anos eu tenho mantido estes homens em observação. Deixe eles se contentarem com isso"; e eles estavam mais que satisfeitos. Desde então, posso mencionar que eles receberam bem mais que reconhecimento e se tornaram Iniciados. Nosso irmão indiano sabe dentro de si que o Mestre está ciente de seus serviços; e o discípulo não se importa se o Mestre decide ou não reconhecer. Ele ficaria, é claro, extremamente feliz se o Mestre o notasse, mas se isso não ocorre, ele segue adiante da mesma forma.

Capítulo 4

PROVAÇÃO

A Imagem Viva

Afora as classes de zelosos estudantes e trabalhadores dos tipos que eu já descrevi, o Mestre, em muitas ocasiões, tem selecionado seus discípulos. Mas antes de aceitá-los de forma definitiva, ele toma precauções especiais para garantir que sejam realmente do tipo de pessoas que ele possa atrair para seu contato íntimo. Esse é o objetivo do estágio chamado de Provação. Quando ele pensa em um homem como provável discípulo, ele usualmente pede a alguém a quem já esteja proximamente conectado para trazer o candidato através do astral. Não há geralmente uma cerimônia relacionada a esse passo. O Mestre dá algumas palavras de aconselhamento, conta ao novo discípulo o que será esperado dele e, frequentemente, à sua maneira graciosa, ele encontra um motivo para parabenizá-lo pelo trabalho que já tenha realizado.

Ele então faz uma imagem viva do discípulo – quer dizer, ele molda a partir de matéria mental, astral e etérica uma contraparte exata dos corpos causal, mental, astral e etérico do neófito, deixando à mão essa imagem para que ele possa olhá-la periodicamente. Cada imagem é magneticamente atraída para a pessoa que a representa, para que toda variação de pensamento e sentimento seja reproduzida de forma precisa por vibrações simpáticas. Assim, com um único olhar na imagem, o Mestre pode ver simultaneamente se houve, desde o período que ele a olhou pela última vez, algum tipo de distúrbio nos corpos que a imagem representa — se o homem se enfureceu ou se permitiu ser a presa de sentimentos impuros, preocupação, depressão ou qualquer coisa do tipo. Somente quando ele tenha observado por um tempo considerável que nenhuma excitação séria ocorreu nos veículos representados pela imagem, ele admitirá o discípulo numa relação mais próxima com ele.

Quando o discípulo é aceito, ele será atraído a uma união com o Mestre mais próxima do que possamos imaginar ou entender. O Mestre intenciona fundir sua aura com a dele, para que por ela suas forças possam agir continuamente sem atenção especial de sua parte. Mas uma relação tão íntima como essa não pode atuar em uma direção apenas; se entre as vibrações do discípulo houver alguma que possa causar distúrbios nos corpos mental e astral do Adepto, uma vez que elas reagem sobre ele, tal união será impossível. O futuro discípulo terá que esperar até que tenha se livrado dessas vibrações. Um discípulo em provação não é necessariamente melhor que outras pessoas que não estejam em provação; ele apenas está mais adequado, de alguma forma, ao trabalho do Mestre, e é aconselhável sujeitá-lo ao teste do tempo, pois muitas pessoas, tomadas pelo entusiasmo, a princípio parecem ser as mais promissoras e ansiosas por servir, mas infelizmente se cansam depois de algum tempo e escorregam de volta. O candidato deve dominar qualquer falha emocional que possa ter, e seguir trabalhando firme até que se torne suficientemente calmo e puro. Quando por um longo tempo não houver ocorrido perturbação na imagem viva, o Mestre então percebe haver chegado o momento em que poderá atrair o discípulo para mais próximo de si de forma útil.

Não devemos pensar na imagem viva como algo que registra apenas defeitos ou distúrbios. Ela reflete a total condição da consciência mental e astral do discípulo; assim ela registrará muito da benevolência e da alegria, e irradiará paz na Terra e boa vontade aos homens. Nunca esqueçamos de que não apenas a bondade passiva – mas também a ativa – são sempre pré-requisitos para o avanço. Não ferir já é muito, mas lembre-se de que está escrito sobre nosso Grande Exemplo que ele saiu por toda a parte fazendo o bem. Quando o Senhor Buda foi solicitado a resumir a inteireza de seus ensinamentos em um verso, ele começou dizendo: "Pare de fazer o mal"; e imediatamente continuou: "Aprende a fazer o bem".

Se um discípulo em provação faz algo excepcionalmente bom, por um momento o Mestre dá um pouco mais de atenção a ele e, se ele achar que deve, pode enviar uma onda de encorajamento de algum tipo ou pode colocar algum trabalho no caminho do discípulo para ver como ele procede. Geralmente, entretanto, ele delega essa tarefa para um de seus discípulos mais velhos. Devemos oferecer oportunidades para o candidato, mas fazer isso é uma grande responsabilidade. Se a pessoa aproveitar a oportunidade, está tudo bem; mas se ela não a aproveitar, isso contará como uma nota ruim para ela. Deveríamos frequentemente dar oportunidades às pessoas – é muito bom quando elas as aproveitam –, mas hesitamos porque, se elas não as aproveitarem, será um pouco mais difícil oferecê-las numa próxima vez.

Nota-se, assim, que a conexão entre o discípulo em provação e seu Mestre é principalmente de observação, e talvez de utilização ocasional do discípulo. Não é costume dos Adeptos empregar testes especiais; e em geral, quando um adulto é posto em provação, é deixado que ele siga o curso ordinário de sua vida. A forma como a imagem viva reproduz suas respostas às provas e problemas do dia a dia fornece suficiente indicação de seu caráter e progresso. Quando, a partir daí, o Mestre conclui que a pessoa será um discípulo satisfatório, ele o atrai para perto e o aceita. Em alguns casos, apenas algumas semanas são necessárias para determinar isso; às vezes o período se estende por anos.

O Efeito da Crueldade em Crianças

No capítulo "Pelas Nossas Relações com as Crianças" em *O Lado Oculto das Coisas*[42], tratei extensivamente sobre o que é necessário para o treinamento de crianças. Elas devem preservar tudo o que há de melhor do que trazem do passado e devem desenvolver, em completo florescimento, as muitas características de sua natureza, que, no entanto, são em geral brutalmente destruídas por adultos incompreensivos. No referido capítulo tratei, entre outras coisas, dos efeitos devastadores do medo induzido às crianças pela grosseria e pela crueldade. Sobre esse assunto, gostaria de acrescentar aqui menções sobre uma experiência que ilustra os indescritíveis e terríveis resultados que algumas vezes seguem seu despertar. Os pais que têm filhos em idade escolar não podem ser descuidados ao selecionar, em sua pesquisa, para qual instrutor confiar seus filhos, evitando que um dano inextirpável seja feito aos pequenos pelos quais são responsáveis.

Tempos atrás, um chocante caso de infortúnio com tal brutalidade chamou muito minha atenção. Eu tive a grande honra de estar presente durante a Iniciação de um de nossos membros mais jovens, sendo o próprio Senhor Maitreya o Iniciador nessa ocasião. No decorrer da cerimônia o candidato, como é usual, tinha que responder a muitas perguntas que abrangiam a melhor maneira em que pode chegar o auxílio, tratando-se de situações difíceis ou inusitadas. Foi adicionada uma questão especial sobre se ele perdoaria

---

[42] Capítulo XXII de *O Lado Oculto das Coisas*. A ser editado em 2016 pela Editora Teosófica. (N. E.)

e ajudaria um homem que o havia tratado com terrível aspereza e crueldade em sua tenra infância.

O Iniciador fez a imagem de uma aura com maravilhosos toques ou traços de admiráveis cores, de luz em sua superfície, como se brotasse dela, e então, atraindo-o novamente, disse: "Estas são as sementes das mais altas e nobres qualidades do gênero humano, frágeis, delicadas como seda, a serem desenvolvidas apenas em uma atmosfera do mais profundo e puro amor, sem nenhum toque de medo ou depreciação. Aquele que, estando preparado, possa desabrochá-las e fortalecê-las por inteiro alcançará o *Adeptado* nessa mesma vida. Este era o destino que esperávamos para você, mas aqueles a quem eu o confiei (por eles o terem oferecido para os meus serviços antes mesmo do seu nascimento) deixaram que você caísse nas mãos dessa pessoa, que era tão absolutamente indigna de tal confiança. Essa era a sua aura antes que a influência maligna de sua perversidade caísse sobre você. Agora veja o que lhe causou sua crueldade".

Então a aura mudou e se contorceu horrivelmente. Quando ela se aquietou novamente, todos os pequenos belos traços tinham desaparecido, e em seu lugar havia inúmeras cicatrizes. O Senhor explicou que o dano causado não poderia ser anulado na presente vida, e disse: "Espero que nessa vida você atinja a posição de *Arhat*; mas para a consumação final, devemos esperar um pouco. Aos nossos olhos, não há maior crime do que o de restringir o progresso de uma alma".

Enquanto o candidato via sua aura contorcida e rija, via também todos os seus justos frutos impiedosamente destruídos pela brutalidade desse homem; ele sentiu novamente por um momento o que ele havia esquecido há muito tempo: a agonia de um pequeno garoto enviado para longe de casa, o medo e a depreciação sempre à volta, o horror inconcebível, o sentimento de indignação flamejante do qual não há escapatória ou reparação, o senso doentio do mais completo desamparo no domínio de um cruel tirano, o ressentimento impulsivo por sua injustiça perversa, sem esperança, sem ponto de apoio em nenhum lugar do abismo, nenhum Deus a quem apelar. Vendo isso em sua mente, eu, que assistia, entendi um pouco sobre a terrível tragédia na infância e o porquê de seus efeitos irem tão longe.

Não é apenas ao se aproximar o *Adeptado* que esse pecado repugnante de crueldade para com crianças lhes impede o progresso. Todas as novas e superiores qualidades que deveriam agora estar se revelando mostram-se em leves e delicados brotos de uma natureza similar, embora a um nível inferior do descrito acima. Em milhares de casos, elas são impiedosamente esmagadas pela ferocidade insensata de pais e professores, ou reprimidas pela intimidação de garotos maiores na escola. Dessa forma, muitas pessoas permanecem no mesmo nível por muitas encarnações, enquanto seus atormentadores retrocedem na evolução. Há certamente vários Egos encarnando que, embora estejam muito abaixo das grandes alturas da Iniciação, mesmo assim estão se expandindo rapidamente, e agora precisam adicionar a seus caracteres algumas dessas mais avançadas e delicadas revelações. Para o adiantamento intencionado por eles, a brutalidade também seria fatal.

Eu não havia sido informado, até a ocasião mencionada acima, que a última vida na qual é atingido o *Adeptado* deve ocorrer em ambiente absolutamente perfeito na infância; e a lógica da ideia fica óbvia quando ela é posta diante de nós. Essa deve ser a principal razão para que tão poucos estudantes obtenham o *Adeptado* em corpos europeus, pois estamos muito atrás do resto do mundo nesse particular. Em qualquer grau, é suficientemente claro que nada, a não ser o mal, poderá advir desse pavoroso costume da crueldade. Certamente, devemos trabalhar sempre que possível para suprimi-

Os Mestres e a Senda 109

lo e, como mencionado no início, sermos especialmente cuidadosos para assegurar que qualquer criança pela qual estejamos de alguma forma responsável não seja colocada em risco quanto a esse crime em particular.

O Mestre das Crianças

O Senhor Maitreya tem frequentemente sido chamado de "Instrutor de Deuses e de Homens". Esse fato é expresso de forma diferente ao se dizer que no grande reino dos trabalhos espirituais ele é um Ministro para Religião e Educação. Não somente, a determinados intervalos, quando ele considera necessário, ele próprio encarna ou envia um discípulo para declarar a eterna verdade de forma renovada – como se diz, para fundar uma nova religião –, como também ele está constantemente no comando de *todas* as religiões; e todo novo e belo ensinamento enviado por qualquer uma delas, nova ou antiga, é sempre inspirado por ele. Conhecemos pouco sobre os métodos de instrução ao redor do mundo que ele adota. Há muitas maneiras de ensinar além da palavra falada; e certamente é seu constante e diário empenho erguer as concepções intelectuais de milhões de anjos e de homens.

Seu braço direito em todo esse maravilhoso trabalho é seu assistente e destinado sucessor, o Mestre Kuthumi, assim como o assistente e destinado sucessor do Senhor *Vaivasvata Manu* é o Mestre Morya. Portanto, porque o Mestre Kuthumi é o Instrutor ideal, é para ele que devemos levar aqueles que a serem postos em provação ou aceitos no primeiro estágio. Pode ser que mais adiante na vida eles sejam usados por outros Mestres para outras parcelas do trabalho, mas em qualquer grau todos eles (ou quase todos) começam sob a tutela do Mestre Kuthumi. Tem sido parte de meu serviço por muitos anos me empenhar para treinar nos retos preceitos qualquer jovem que o Mestre considere promissor. Ele os traz ao meu encontro no plano físico, e usualmente dá breves diretivas sobre quais qualidades ele quer desenvolver neles e sobre quais instruções devem ser dadas para eles. Naturalmente, em sua infinita sabedoria, ele não interage com esses cérebros e corpos mais jovens exatamente da mesma maneira como o faz com pessoas mais velhas.

No caso de pessoas mais velhas postas em provação, é deixado, em grande medida, que elas encontrem o trabalho mais adequado para elas próprias; porém com o jovem, ele coloca bem definidamente algum trabalho em seu caminho e observa como ele o desempenha. Ele se digna às vezes a dar especiais mensagens de encorajamento e instrução a esses jovens, e mesmo a dar conselhos em seus treinamentos. A seguir temos algumas dessas mensagens.

Conselhos do Mestre

Sei que seu único objetivo na vida é o de servir à Fraternidade; entretanto, não se esqueça de que há passos superiores diante de você e que o progresso na Senda significa vigilância sem descanso. Você não deve apenas estar sempre *pronto* para servir; você deve estar sempre atento às oportunidades, ou melhor, *criar* oportunidades para ser útil em pequenas coisas, de forma que, quando vier o grande trabalho, não falhará em distingui-lo.

Nunca, em nenhum instante, se esqueça de sua conexão oculta; ela deve ser uma inspiração sempre presente para você, não apenas um escudo aos pensamentos tolos que flutuam ao nosso redor, mas um constante estímulo para atividade espiritual. A tolice e a mesquinhez da vida comum devem ser insuportáveis para nós, embora não acima de nossa compreensão e compaixão. A inefável bem-aventurança do *Adeptado* ainda não é sua, mas lembre-se de que você já é uno com aqueles que vivem essa vida superior; você é distribuidor de seus raios solares nesse mundo inferior. Assim, em seu nível, você também deve ser um sol radiante de amor e alegria. O mundo pode ser depreciativo, incompreensível, mas o seu dever é brilhar.

Não durma sobre seus louros. Há picos ainda mais elevados a conquistar. A necessidade de desenvolvimento intelectual não deve ser esquecida; e devemos ampliar em nós mesmos simpatia, afeição e tolerância. Cada um deve se dar conta de que existem outros pontos de vista além dos seus, que podem ser igualmente dignos de atenção. Toda aspereza e descortesia ao comunicar-se, toda tendência para discussão devem desaparecer completamente. Aquele que é inclinado a isso deve vigiar o impulso quando ele vier; deve falar pouco e sempre com delicadeza e cortesia. Nunca fale sem antes pensar se aquilo que você vai falar é gentil e cordato. Aquele que tentar desenvolver o amor em si mesmo será poupado de muitos erros. O amor é a suprema virtude, sem a qual todas as outras qualificações apenas irrigarão a areia.

Pensamentos e sentimentos indesejáveis devem ser rigorosamente excluídos; você deve ser diligente até que eles se tornem impossíveis para você. Toques de irritação agitam o calmo mar da consciência da Fraternidade. O orgulho deve ser eliminado, pois ele é uma séria barreira ao progresso. É necessária a delicadeza requintada de pensamentos e de fala – o raro aroma de tato perfeito que nunca pode estremecer ou ofender. Isso é difícil de vencer, mas você pode chegar lá se o desejar.

O efetivo serviço, não apenas divertimento, deve ser o seu alvo. Pense não naquilo que você quer fazer, mas naquilo que você pode fazer para ajudar outra pessoa. Esqueça-se de si mesmo e considere os outros. Um discípulo deve ser consistentemente gentil, comprometido e útil – não aqui e ali, mas todo o tempo. Lembre-se, todo o tempo que não é gasto em serviço (ou se preparando para o serviço) é, para nós, tempo perdido.

Quando você perceber aflições em si mesmo, leve-as em consideração de forma vigorosa e efetiva. Persevere e terá sucesso. É uma questão de força de vontade. Fique atento às oportunidades e sugestões; seja eficiente. Eu estou sempre pronto para ajudá-lo, mas não posso fazer o trabalho *por* você; o esforço deve vir de *sua* parte. Tente se desenvolver em todos os aspectos e viver uma vida da mais alta devoção ao serviço.

Você fez bem, mas quero que você faça ainda melhor. Eu o testei ao dar-lhe oportunidades de prestar ajuda, e até agora você as aproveitou nobremente. Assim, devo lhe proporcionar mais e melhores oportunidades; e seu progresso dependerá de seu reconhecimento dessas oportunidades e de seu aproveitamento delas. Lembre-se de que a recompensa por um trabalho bem sucedido é sempre a oferta de mais trabalho. Essa lealdade ao que lhe parecem ser pequenas coisas o conduz ao trabalho em questões de grande importância. Eu espero que você logo seja atraído para mais perto de mim, e assim irá ajudar seus irmãos ao longo da Senda que leva aos pés do Rei. Seja grato por ter um grande poder de amar, por saber como inundar seu mundo com a luz solar, por servir com a generosidade da realeza, por expandir magnanimidade como um rei. Isso realmente é bom, mas tome cuidado para que no coração deste grande fluxo de amor não tenha nem o menor toque de orgulho, que pode se espalhar como uma mancha quase invisível de decomposição, infectando e corrompendo todo o desabrochar. Lembre-se do que escreveu nosso grande Irmão: "Seja humilde enquanto ainda não tiver atingido a sabedoria; seja ainda mais humilde quando tiver maestria sobre a sabedoria". Cultive a fragrância mais modesta da planta da humildade, até que o seu aroma mais doce permeie todas as fibras do seu corpo.

Quando você tentar a unificação, não é suficiente atrair outros a si próprio, envolvê-los em sua aura, fazer que *eles* sejam unos *consigo*. Isso já é um grande passo, mas você deve ir ainda mais além e fazer a *si* mesmo uno com cada um *deles*. Você deve entrar no coração de cada um de seus irmãos e compreendê-los; nunca por curiosidade, pois o coração de um irmão é um lugar secreto e sagrado. Ninguém deve procurar bisbilhotá-lo ou julgá-lo, mas empenhar-se de forma reverente por compreendê-lo, com simpatia, e ajudá-lo. É fácil criticar os outros a partir de nossos próprios pontos de vista; difícil é conhecê-los e amá-los, mas essa é a única forma de trazê-los consigo. Preciso que você cresça rápido para que eu possa usá-lo no Grande Trabalho; é para assim ajudá-lo que lhe dou a minha bênção.

Filha, você fez bem em exercer sua influência para aprimorar, até onde foi possível, os elementos mais grosseiros à sua volta e ajudar outra alma pura em seu caminho até mim; isso sempre será uma estrela brilhante em sua coroa de glória. Continue ajudando essa alma e veja se não há outras estrelas que você possa prontamente adicionar a essa coroa. Esse seu bom trabalho me permitiu atraí-la para mais perto de mim mais cedo do que ocorreria sem ele. Não há outro método mais certo de rápido progresso do que o de devotar a si mesmo em ajudar outros a se elevarem na Senda. Você também foi afortunada em encontrar um velho amigo, pois duas pessoas que podem realmente trabalhar juntas são mais eficientes do que se estivessem empregando a mesma força separadamente. Você começou bem, continue se movendo na mesma linha com agilidade e certeza.

Eu lhe dou as boas vindas, o mais recente recruta de nosso glorioso grupo. Não é fácil para você se esquecer de si mesmo completamente, entregar-se sem reservas ao trabalho para o mundo; no entanto, é isto que é requisitado de nós – que vivamos apenas para sermos bênçãos para os outros e que façamos o trabalho que nos é dado a fazer. Você fez um bom começo no processo de autodesenvolvimento, mas ainda há muito mais a fazer. Reprima até a sombra mais sutil de irritabilidade, e esteja sempre pronto para receber conselhos e instruções; cultive a humildade e o autossacrifício, e preencha-se do mais ardente entusiasmo para o serviço. Assim você será um instrumento adequado nas mãos do Grande Mestre, um soldado no exército daqueles que salvam o mundo. Para ajudá-lo nisso, eu agora o tomo como discípulo em provação.

Estou satisfeito com você, mas quero que faça ainda mais. Pois você, minha criança, tem a capacidade de fazer rápido progresso, e quero que você faça disso um objetivo que você esteja determinado a atingir, custe o que custar. Alguns dos obstáculos que você é instruído a superar podem parecer, para você, sem importância, mas na realidade não o são. Eles são os indicadores de superfície de uma condição interna que deve ser alterada. Isso significa uma mudança radical que não lhe será fácil fazer, mas o esforço vale a pena. As regras que quero que você tome para si mesmo são estas:

1. Esqueça-se de si mesmo e dos desejos de sua personalidade. Lembre-se apenas de servir aos outros, devotando sua força, seus pensamentos e seu entusiasmo inteiramente a isso.
2. Não dê opinião sobre nenhum assunto, a menos que lhe seja diretamente solicitado.
3. Antes de falar, sempre considere de que maneira o que você diz afetará os outros.
4. Nunca revele ou comente as fraquezas de outro irmão.
5. Lembre-se que você ainda tem muito a aprender e, dessa forma, está sempre sujeito a cometer erros. Então, fale com a modéstia apropriada.
6. Quando chamado, mova-se *imediatamente*, sem esperar terminar o que você ocasionalmente estiver lendo ou fazendo. Se você estiver realizando uma obrigação importante, explique muito gentilmente do que se trata.
    Eu espero trazê-lo para perto de mim. Se você manter essas regras, logo poderei fazê-lo. Por enquanto, minhas bênçãos recaem sobre você.

Sejam como Pequenas Crianças

Muitos dos que lerem essas instruções podem ficar surpresos por sua extrema simplicidade. Eles podem até desprezá-las por serem pouco adequadas para guiar e ajudar as pessoas na imensa complexidade de nossa moderna civilização. Porém, aquele que assim pensa se esquece de que é essencial na vida do discípulo que ele ponha de lado de toda essa complexidade; de que ele deve, como diz o Mestre, "sair de seu mundo e entrar no nosso", adentrar um mun-

Os Mestres e a Senda

do de pensamento em que a vida é simples e tem uma única direção, em que o certo e o errado estão mais claramente definidos, em que as questões diante de nós são diretas e inteligíveis. É a vida simples que o discípulo deve viver; é a própria simplicidade que ele atinge que torna o processo superior possível para ele. Fizemos de nossas vidas um emaranhamento e uma incerteza, uma massa de confusão, uma tempestade de contracorrentes, em que o mais fraco fracassa e afunda. Porém, o discípulo do Mestre deve ser forte e sensato; deve tomar sua vida em suas próprias mãos e torná-la simples com uma simplicidade divina. Sua mente deve deixar de lado todas essas confusões e desilusões criadas pelo homem, e ir reta como uma flecha ao seu alvo. "A menos que vos convertais e vos torneis como pequenas crianças, não entrareis no reino dos céus." O reino dos céus, lembrem-se, é a Grande Fraternidade Branca de Adeptos[43].

Vemos nestes extratos o quão elevado é o ideal que o Mestre coloca perante seus discípulos; e talvez esse ideal possa parecer a alguns deles aquilo que em Teologia se chama "conselho de perfeição" – quer dizer, um objetivo ou condição ainda impossível de se alcançar perfeitamente, mas que, mesmo assim, devemos continuamente buscar. Todos os aspirantes estão mirando alto, mas nenhum pode ainda alcançar aquilo em que mira, pois, se não fosse assim, não necessitariam estar em uma encarnação física. Estamos muito longe de ser perfeitos, mas os jovens que podem ser conduzidos para perto dos Grandes Seres têm a mais prodigiosa oportunidade, exatamente por sua juventude e plasticidade. É muito mais fácil para eles eliminar aquilo que não é exatamente o que eles devem ser do que para pessoas mais velhas. Se eles puderem cultivar o hábito de tomar o reto ponto de vista, de agir pelas retas razões e de ter a reta atitude por toda a vida, eles serão continuamente atraídos para mais e mais perto do ideal do Mestre. Se o discípulo que é posto em provação

[43] Veja *The Hidden Side of Christian Festivals* [O Lado Oculto dos Festivais Cristãos], pp. 12 - 446.

pudesse ver, enquanto acordado em seu corpo físico, a imagem viva que o Mestre fez, ele iria entender de forma muito mais completa a importância do que possam parecer detalhes menores.

EFEITOS DA IRRITABILIDADE

A irritabilidade é uma dificuldade comum. Como já expliquei, ficar irritado é algo que pode acontecer com qualquer um vivendo na presente civilização, em que as pessoas estão sempre muito tensionadas. Vivemos em grande medida em uma civilização de barulhos torturantes; e acima de tudo, o barulho abala os nervos e causa irritação. A experiência de ir para a cidade e voltar para casa se sentindo saturado e cansado é comum em pessoas sensitivas. Muitas outras coisas contribuem, mas a fadiga se dá principalmente devido ao barulho constante e pela pressão de tantos corpos astrais vibrando em diferentes ritmos, todos excitados e perturbados por coisas triviais. Isso torna muito difícil evitar a irritação – especialmente para o discípulo, cujos corpos estão muito mais tensionados e sensitivos que os de um homem comum.

Claro que esse mau humor é de alguma forma superficial; ele não penetra fundo, mas é melhor evitar até uma irritação superficial o tanto quanto possível, pois seus efeitos duram muito mais tempo do que usualmente nos damos conta. Se há uma forte tempestade, é o vento que primeiro mexe as ondas, mas elas continuarão intensas por muito tempo depois que o vento se extingue. Esse é o efeito produzido na água, que é comparativamente pesada. Porém, a matéria do corpo astral é de longe mais sutil que a água; e as vibrações postas em ação a penetram muito mais profundamente e, dessa forma, produzem um efeito mais duradouro. Alguns sentimentos desagradáveis, leves e temporários, que saiam da mente por dez minutos, talvez possam ainda produzir efeitos no corpo astral por quarenta e oito horas. As vibrações não se apaziguam novamente por um período considerável de tempo.

Quando uma imperfeição como essa é reconhecida, ela pode ser muito efetivamente removida não focando a atenção sobre ela, mas com o empenho no desenvolvimento da virtude oposta. Uma forma de lidar com ela é colocar o pensamento com firmeza contra ela, mas não há dúvida de que esse curso de ação levanta oposição nos elementais mentais e astrais. Assim, frequentemente um método melhor é tentar desenvolver consideração pelos outros, baseado, claro, fundamentalmente em seu amor por eles. Um homem que é pleno de amor e consideração não se permitirá falar de forma irritada com outros ou mesmo pensar assim sobre eles. Se o homem puder ser preenchido por essa ideia, o mesmo resultado será obtido sem levantar a oposição dos elementais.

Egoísmo

Há várias outras formas de egoísmo que podem atrasar o progresso do discípulo muito seriamente. A displicência é uma delas. Vi alguém desfrutando tanto de um livro, que deixou de ser pontual para não interromper seu deleite; outro talvez escreva incorretamente, despreocupado com a inconveniência e com o dano aos olhos e ao ânimo de quem terá que ler sua caligrafia. Pequenas negligências tendem a nos deixar menos sensíveis às influências superiores, tornam a vida desordenada e feia para outras pessoas, e destroem o autocontrole e a eficiência. Se quisermos realizar um trabalho satisfatório, a eficiência e a pontualidade serão essenciais. Muitas pessoas são ineficientes; quando lhes é dado um trabalho, não o levam até o fim, criando todo tipo de desculpa; ou quando lhe requerem algum tipo de informação, elas não sabem como encontrá-la. As pessoas diferem muito a esse respeito. Podemos fazer uma pergunta a alguém e ele responder: "Eu não sei"; mas outro irá dizer: "Bem, eu não sei, mas irei descobrir", e retorna com a informação solicitada. Da mesma forma, uma pessoa vai fazer algo e volta falando que não foi capaz de fazê-lo, mas outra tenta até conseguir.

Entretanto, em todo bom trabalho o discípulo deve sempre pensar no benefício que resultará aos outros e na oportunidade de servir ao Mestre nessas questões – que são grandes em valor espiritual, mesmo quando pequenas materialmente – e não no bom *karma* que resultará para si, o que seria apenas outra forma muito sutil de egocentrismo. Lembre-se de como disse o Cristo: "Cada vez que o fizestes a um desses meus irmãos mais pequeninos, a mim o fizestes"[44].

Outros efeitos sutis do mesmo tipo são vistos na depressão, na inveja ou na afirmação agressiva de seus direitos. Disse um Adepto: "Pense menos em seus direitos e mais em seus deveres". Há algumas ocasiões, ao lidar com o mundo exterior, em que o discípulo achará necessário afirmar gentilmente o que precisa, mas entre seus companheiros discípulos não existem tais coisas como direitos, mas apenas oportunidades. Se um homem se sente incomodado, ele começa a projetar de si sentimentos agressivos; ele pode não chegar até o ódio propriamente dito, mas ele está produzindo um brilho opaco em seu corpo astral e afetando também o corpo mental.

Preocupação

Distúrbios similares são frequentemente produzidos no corpo mental e são igualmente desastrosos em seus efeitos. Se um homem permite a si mesmo se preocupar imensamente com algum problema, voltando-se continuamente a ele em sua mente sem chegar a nenhuma conclusão, ele causa, dessa forma, algo como uma tempestade em seu corpo causal. Devido à extrema leveza das vibrações nesse nível, a palavra "tempestade" expressa apenas parcialmente essa realidade; chegaremos de alguma forma mais perto do efeito produzido se pensarmos como uma porção danificada no

---

[44]Mateus XXV: 40. (N.E.)

corpo mental, como uma irritação produzida por atrito. Às vezes encontramos pessoas argumentativas, pessoas que têm que debater sobre tudo, e aparentemente amam tanto o exercício que raramente se preocupam em que lado do problema estão engajadas. Uma pessoa assim tem seu corpo mental em uma condição de perpétua inflamação, e essa inflamação pode se romper a qualquer momento, pela mais leve provocação, em um verdadeiro ferimento aberto. Para tal pessoa, não há qualquer esperança de progresso oculto até que leve equilíbrio e bom senso à sua condição doentia.

Felizmente, para nós, as boas emoções persistem por mais tempo que as más, pois elas trabalham na parte mais sutil do corpo astral; o efeito de um sentimento de amor ou forte devoção permanece no corpo astral muito depois de a ocasião que o causara ter sido esquecida. É possível, mesmo sendo incomum, haver dois conjuntos de vibrações ocorrendo fortemente no corpo astral ao mesmo tempo – por exemplo, amor e raiva. No momento em que sente intensa raiva, um homem provavelmente não terá nenhum sentimento de afeição, a menos que a raiva seja de nobre indignação; nesse caso, os resultados posteriores ocorreriam lado a lado, porém um em nível superior ao outro, e dessa forma persistindo por mais tempo.

Riso

É muito comum os jovens serem alegres, gostarem de se divertir, de ler e ouvir sobre coisas divertidas e rir dessas coisas – é muito bom e não há mal nisso. Se as pessoas pudessem ver as vibrações provocadas por uma risada jovial e agradável, elas entenderiam de uma vez que agitar o corpo astral de alguma forma é o mesmo que balançar o fígado numa cavalgada – faz verdadeiramente bem, e não mal. Porém, se os resultados de algumas das histórias menos agradáveis que pessoas com mentes tolas têm o hábito de contar lhes fossem visíveis, elas compreenderiam a terrível diferença; tais pensamentos como um todo são infortúnios, e as formas produzidas por eles permanecem aderidas por um longo tempo no corpo astral, atraindo todos os tipos de entidades repugnantes. Aqueles que se aproximam dos Mestres devem estar inteiramente livres dessas grosserias, assim como de tudo aquilo que é violento e rude; e os mais jovens devem estar constantemente em guarda contra um relapso infantil ou tolo.

Há algumas vezes uma tendência à risada fútil, que deve ser evitada a todo custo, já que tem um péssimo efeito no corpo astral. Ela faz ondas ao seu redor como uma rede de fios cinza e marrom, muito desagradáveis de se ver, formando uma camada que impede a entrada de boas influências. É um perigo contra o qual os mais jovens devem se guardar diligentemente. Seja o mais feliz e alegre que você puder; o Mestre gosta de ver isso, e vai ajudá-lo em seu caminho. Porém, nunca, nem por um momento, deixe a sua alegria ser tingida por qualquer tipo de grosseria ou rudeza, nunca a deixe se transformar em uma gargalhada violenta. Não permita, por outro lado, que se degenere em uma risadinha tola.

Há uma nítida linha de demarcação, assim como em outras questões, entre o que é inofensivo e o que pode facilmente se tornar nocivo. O método mais certo de determiná-la é considerar se o divertimento passa do ponto da delicadeza e do bom gosto. No momento em que a risada infringe esse ponto – em que houver o menor toque de violência, em que cessa a sua perfeição em refinamento –, nós passamos para terrenos perigosos. O lado interno desta distinção é que, enquanto o Ego estiver em total controle de seu corpo astral, tudo estará bem; assim que perder o controle, a risada se tornar vazia e sem sentido, o cavalo estará – como já esteve – correndo solto com seu cavaleiro. Um corpo astral deixado assim solto está à mercê de qualquer influência que estiver por ali passando, e pode ser facilmente afetado pelos mais indesejáveis pensamentos e sentimentos. Tenha certeza de que sua alegria seja sempre pura e limpa – nunca tingida, nem por um momento, com um deleite malicioso no sofrimento ou na derrota de outra pessoa. Se um acidente de morte acontecer com alguém, não fique ali parado rindo futilmente do lado ridículo do incidente, mas trate de ajudar e consolar. A gentileza amorosa e a prestimosidade devem ser sempre suas características mais proeminentes.

PALAVRAS INÚTEIS

Um clarividente, que pode ver os efeitos sobre os corpos superiores das várias emoções indesejáveis, não encontra dificuldades em entender o quão importante é o fato de elas terem de ser controladas. Porém, por que a maioria de nós não pode ver os resultados, estamos passíveis de nos esquecer disso e nos permitir o descuido. A mesma coisa é verdadeira sobre o efeito produzido por observações casuais e irrefletidas. O Cristo, em sua última encarnação na Terra, segundo o que foi relatado, disse que para cada palavra inútil que o homem fala, ele deve prestar contas no dia do julgamento. Isso soa como algo cruel de se dizer; e se a visão ortodoxa do julgamento fosse correta, seria de fato injusta e abominável. Ele não quis dizer, nem de longe, que toda palavra inútil pronunciada iria condenar o homem à tortura eterna – isso não existe. Mas sabemos que cada palavra e cada pensamento tem seu *karma*, seus resultados; e quando coisas tolas são repetidas por várias vezes cria-se uma atmosfera em volta da pessoa que deixa de fora as boas influências. Para evitar isso, é requerida constante atenção. Seria um ideal super-humano esperar que uma pessoa nunca se descuide de si por um momento, mas os discípulos estão, de fato, tentando se tornar super-homens, pois o Mestre está além do humano. Se o discípulo pudesse ter a vida perfeita, ele já seria um Adepto; ele ainda não pode sê-lo, mas se ele se lembrar constantemente de seu ideal, ele poderá se aproximar para bem mais perto dele. Cada palavra inútil que ele fala certamente afeta temporariamente sua relação com o Mestre; portanto, que ele vigie suas palavras com o maior cuidado[45].

Formas Criadas pela Fala

O discípulo deve vigiar a forma como fala, assim como o seu conteúdo, para que seja gracioso, belo, correto e livre de descuidos e exageros. Suas palavras devem ser bem selecionadas e bem pronunciadas. Muitas pessoas acham que no dia a dia não é necessário ter o trabalho de falar claramente; isso é muito mais importante do que elas pensam, pois estamos a todo momento construindo os nossos ambientes, e eles reagem sobre nós. Preenchemos nossos aposentos e lares com nossos próprios pensamentos, e depois temos que viver com eles. Se, por exemplo, um homem se permite ser tomado pela depressão, seu quarto se torna carregado com essa qualidade, e qualquer pessoa sensitiva ao adentrá-lo se torna consciente de certa diminuição de vitalidade, uma perda de ânimo. Pior ainda, a própria pessoa, que vive nesse quarto a maior parte do tempo, é perpetuamente afetada pela depressão, e não consegue facilmente se livrar dela. Da mesma forma, o homem que se cerca de formas-som desagradáveis, por pronunciamentos descuidados e incultos, produz uma atmosfera na qual estas formas reagem constantemente sobre ele. Por causa dessa pressão perpétua, o homem se torna susceptível de reproduzir estas formas desagradáveis; se ele não for cuidadoso, se verá pegando o hábito de falar de forma rude e grosseira.

Eu tenho ouvido várias e várias vezes de professores escolares: "Nós não podemos fazer nada em relação à forma como as crianças falam. Enquanto nós as temos aqui na escola, tentamos corrigi-las, mas quando vão para casa elas ouvem a pronúncia errada das palavras, e isso perdura, o que torna impossível a nossa

---

[45] Veja também o Capítulo 14, sobre Reta Fala ["O Nobre Caminho Óctuplo". (N.E.)]

correção". As crianças estão na escola por volta de cinco horas por dia, e ficam em casa ou em seus arredores pela maior parte do restante do tempo. Nesses lares, uma atmosfera de formas-som indesejáveis as pressiona o tempo todo, de maneira que elas se tornam praticamente suas escravas. Há certas palavras que elas na verdade não conseguem falar, pois elas não conseguem pronunciar um som puro. Você pode achar que se trata de algo pequeno e sem importância; não é pequeno de forma alguma, e certa quantidade desse tipo de coisa, quando repetida perpetuamente, produz um grande efeito. Sem dúvidas é melhor nos cercarmos com beleza do que com fealdade, mesmo que seja em matéria etérica. É de grande importância falar correta, clara e formosamente, pois isso leva ao refinamento tanto interno quanto externo. Se falarmos de forma grosseira e desleixada, degradamos o nível de nossos pensamentos; e essa maneira de falar afastará e repugnará as pessoas que desejamos auxiliar. Aqueles que não conseguem ter precisão no uso das palavras não são capazes de ser precisos em seus pensamentos; eles serão vagos mesmo com relação aos princípios morais, pois todas essas coisas reagem umas nas outras.

Cada palavra, quando é proferida, cria uma pequena forma na matéria etérica, assim como faz o pensamento na matéria mental. Algumas dessas formas são muito censuráveis. O termo "ódio", por exemplo, produz uma forma horrível, de tal maneira que depois de vê-la eu nunca mais usei essa palavra. Podemos dizer que não gostamos de algo ou que não ligamos para algo, mas nunca devemos usar a palavra "ódio" mais do que o necessário, pois a mera visão de sua forma causa um sentimento de forte desconforto. Há palavras, por outro lado, que produzem belas formas, palavras que faz bem recitá-las. Tudo isso deve ser resolvido cientificamente, e o será um dia, não tenho dúvidas, quando as pessoas tiverem tempo. Todavia, pode ser dito, em geral, que as palavras conectadas a qualidades desejáveis produzem formas agradáveis, e aquelas associadas a qualidades ruins produzem formas feias.

Tais formas-palavras não são determinadas pelo pensamento que acompanha a palavra; o pensamento produz sua própria forma em um tipo superior de matéria. Por exemplo, a palavra "ódio" é frequentemente usada de forma casual, sem que haja qualquer ódio real, quando se fala sobre algo como, por exemplo, um alimento. Esse é um uso perfeitamente desnecessário da palavra, e obviamente não confere nenhuma emoção importante. Assim, a forma astral do ódio não é produzida, mas a forma-som etérica desagradável aparece como se o locutor realmente tivesse essa intenção. Claramente, a própria palavra não é boa. O mesmo é verdadeiro sobre as blasfêmias e palavras obscenas, tão frequentemente usadas entre pessoas incultas e sem educação; as formas produzidas por algumas delas são peculiarmente de natureza horrível quando observadas pela visão clarividente. Mas é impensável que qualquer um que aspire se tornar um discípulo polua seus lábios com elas. Frequentemente ouvimos as pessoas usando todo tipo de frases soltas de gírias, que na verdade não têm nenhum significado. É importante que tudo isso seja evitado pelo estudante de Ocultismo.

O mesmo é verdadeiro em relação ao hábito do exagero. As pessoas às vezes falam de forma demasiado extravagante. Se algo está a cem metros de distância, elas dizem que está "a milhas de distância". Se um dia está mais quente que o usual, elas dizem que está "fervendo". Nosso controle da linguagem é pobre se não somos capazes de encontrar palavras para expressar diferentes gradações de pensamentos sem mergulhar nesses superlativos bárbaros e sem sentido. O pior de tudo: se elas querem transmitir a ideia de que algo é especialmente bom, elas a descrevem como "terrivelmente" bom, o que é não apenas uma contradição entre termos – e dessa forma uma expressão completamente sem sentido e tola –, mas é também uma chocante má utilização de uma palavra que tem uma conotação solene própria, tornando sua aplicação em tal senso grotescamente inapropriada. Todas as abominações desse tipo devem ser estritamente evitadas por aquele que aspira se tornar estudante de Ocultismo.

Enfatizamos o controle da fala do ponto de vista de regular o significado de nossas palavras – e com toda a razão. Certamente, nada é tão imprescindível. Eu gostaria que todos nós pudéssemos controlar a *pronúncia* de nossas palavras, considerando isso também como um ato de autotreinamento. A importância da precisão e do refinamento em nossa fala não constitui um exagero.

Quando falamos ou rimos, produzimos cores assim como sons. Se for o tipo certo de riso, amável e gentil, terá um efeito muito agradável e espalhará um sentimento de alegria por toda parte. Porém, se for uma risada zombeteira e sarcástica, uma gargalhada rude, um riso disfarçado ou uma risadinha, o resultado é bem diferente e extremamente desagradável. É notável o quão rigorosamente todos os tons de pensamentos e sentimentos se refletem em outros planos. Isso é muito evidente quando passamos de um país para outro e verificamos o ar cheio de tão diferentes efeitos sonoros. Se alguém cruzar o Canal entre a Inglaterra e a França, verá rapidamente que as formas-som criadas pela língua francesa são bem distintas das produzidas pela inglesa. É especialmente perceptível com referência a certos sons, pois cada língua tem alguns sons peculiares; e esses são os principais aspectos que distinguem a aparência de uma língua em relação à outra.

As cores das formas produzidas dependem mais do espírito com o qual falamos. Duas pessoas podem proferir as mesmas palavras e assim produzir de modo geral a mesma forma, mas pode haver diferentes espíritos por trás das formas. Quando você está se despedindo de alguém, diz "Adeus". Essas palavras podem estar acompanhadas por um real jorro de sentimentos amigáveis. Mas se você disser "Adeus" em um tom casual, sem nenhum pensamento ou sentimento especial por trás, isso produz um efeito totalmente diferente nos planos superiores. Um é fogo de palha, significando pouco, com escasso efeito; o outro é uma clara efusão que você está ofertando a seu amigo. É bom lembrar que a expressão significa "Deus esteja convosco"; dessa forma, é uma bênção que você está dando. Na França se diz "*Adieu*", "a Deus eu o recomendo". Se você pensar no significado de tais palavras quando as pronunciar, fará um bem ainda maior, pois a sua vontade e o seu pensamento irão com as palavras, e a bênção será um auxílio real, não um mero cintilar fortuito.

De todas essas maneiras a fala do discípulo deve ser refinada e evoluída. Lembre-se do que é dito em *A Luz da Ásia* [46], que o Rei, o Ser, está dentro de você, e o que quer que saia de sua boca na presença dele deve ser um pensamento áureo expresso em áureas palavras.

> [...] Governeis os lábios
> Como se fossem portas de um palácio, com o Rei dentro;
> Tranquilas, amáveis e corteses sejam todas as palavras
> Que emanem naquela presença.

AGITAÇÃO

É especialmente necessário ao aspirante evitar toda inquietação ou agitação. Muitos dos trabalhadores mais ativos e diligentes estragam a maior parte de seus esforços e os tornam sem efeito pela condescendência a essas falhas, por estabelecer em torno de si uma aura de vibrações trêmulas, de tal forma que nenhum pensamento ou sentimento possa passar para dentro ou para fora sem distorção.

---

[46] *A Luz da Ásia*, de Edwin Arnold, Livro 8º, Editora Teosófica. (N.E.)

Até o bem que eles emanam leva consigo um tremor que praticamente o neutraliza. Seja absolutamente primoroso; mas obtenha seu primor pela calma perfeita, nunca pela pressa ou pela agitação.

Outro ponto necessário que deve ser evidenciado aos nossos estudantes é que em Ocultismo nós sempre queremos dizer exatamente o que dizemos, nunca mais ou menos.

Quando é posta a regra de que nada grosseiro ou crítico deve ser dito acerca de outra pessoa, é exatamente isso o que quer dizer; não que quando acontecer de pensarmos sobre isso, devamos diminuir levemente o número de coisas grosseiras ou críticas que falamos todo dia, mas que elas devem definitivamente cessar de uma vez. Estamos tão habituados a ouvir variadas instruções éticas que ninguém parece se esforçar para colocá-las seriamente em prática; temos o hábito de pensar que o consentimento superficial de uma ideia – ou um fraco esforço ocasional para nos aproximarmos dela – é tudo que a religião requer de nós. Devemos colocar de lado esse quadro mental por inteiro, e entender que a obediência literal e exata é requerida quando são dadas instruções ocultas, seja por um Mestre, seja por seu discípulo[47].

O Valor da Associação

Frequentemente é fornecida muita ajuda sobre todas estas questões ao discípulo, tanto àquele em provação quanto ao aceito, pela presença de um discípulo mais antigo do Mestre. Nos primórdios da Índia, quando um guru selecionava seus *chelas*, ele formava deles um grupo e os levava com ele por onde fosse. De vez em quando ele os instruía, mas não era frequente que recebessem instruções. Mesmo assim, eles progrediam rapidamente, pois todo o tempo eles

---

[47] Para instruções adicionais nessa linha, o leitor é remetido a *Talks on the Path of Occultism* [Conversas sobre a Senda do Ocultismo, de Annie Besant e C.W. Leadbeater, em 3 volumes, sem edição em português. (N.E.)]

estavam dentro da aura do instrutor e eram conduzidos a uma harmonia com ela, no lugar de ficarem cercados por influências comuns. O instrutor também os assistia na construção do caráter, e sempre observava cuidadosamente os noviços. Nossos Mestres não podem adotar esse plano fisicamente, mas algumas vezes organizam as coisas de tal forma que alguns de seus representantes mais antigos podem atrair para perto de si um grupo de jovens neófitos e atendê-los individualmente, como um jardineiro cuida de suas plantas, irradiando sobre eles dia e noite as influências necessárias para despertar certas qualidades ou fortalecer pontos fracos. Os auxiliares mais velhos raramente recebem instruções diretas em relação a esse trabalho, embora uma vez ou outra o Mestre possa fazer alguma observação ou comentário.

O fato de os noviços estarem juntos em um grupo também os ajuda em seu progresso; eles são influenciados em comum por ideais superiores, e isso acelera o crescimento das características desejáveis. É provavelmente inevitável, em decorrência da lei *kármica*, que um aspirante seja posto em contato com alguém mais avançado que ele mesmo e receba muitos benefícios por sua habilidade de responder a ele. Geralmente o Mestre não avança ou eleva ninguém, a menos que tenha estado com um estudante mais antigo que possa guiá-lo e ajudá-lo. Há, no entanto, exceções; e cada Mestre tem a sua própria maneira de lidar com seus catecúmenos. Em um caso, foi dito pela Dra. Besant, o Mestre tem a prática de mandar seus discípulos "para o outro lado do campo", para que eles possam adquirir força pelo desenvolvimento de seus poderes com o mínimo de assistência externa. Cada indivíduo é tratado com o que é melhor para ele.

Foi perguntado se é possível o avanço para um estudante solitário, cujo *karma* o tenha colocado em uma fazenda ou plantação remota, ou o tenha aprisionado a um local onde não seja possível encontrar alguém já estabelecido na Senda. Indubitavelmente tal homem pode progredir; embora a sua tarefa seja mais difícil por ele ter menos ajuda no plano físico, ele aprenderá a confiar em si mesmo e provavelmente desenvolverá mais força de vontade e determinação exatamente por estar sozinho. Será bom para ele entrar em contato com estudantes mais velhos, que possam responder suas perguntas e aconselhá-lo em suas leituras. Dessa forma, muito tempo pode ser economizado e seu caminho pode ser suavizado.

CAPÍTULO 5

ACEITAÇÃO

União com o Mestre

Embora a aceitação do discípulo pelo Mestre produza uma enorme diferença em sua vida, há apenas um pouco mais de cerimonial externo agregado do que no caso da provação. Se alguém observar essa cerimônia com a visão do corpo causal, verá o Mestre como um globo glorioso de fogo vivo, contendo inúmeras camadas concêntricas de cor, seu corpo físico e suas contrapartes nos outros planos estando no centro dessa massa brilhante, que se estende a um raio de centenas de metros.

Ao se aproximar do corpo físico do Mestre, o discípulo avança para dentro do globo brilhante de material sutil. Ao chegar finalmente aos pés do Mestre, ele já se encontra no coração dessa esplêndida esfera. Quando o Mestre expande a si próprio para incluir a aura do discípulo, é na realidade o coração central de fogo que se expande e o inclui, pois durante toda a cerimônia de aceitação ele já está bem no interior do anel mais externo dessa poderosa aura. Assim, por alguns momentos, os dois se tornam um; e não apenas a aura do Mestre afeta a do discípulo, mas qualquer característica especial adquirida pelo último age sobre os centros correspondentes da aura do Mestre, que brilha em resposta.

A inexplicável união do discípulo com o Mestre, que começa durante a cerimônia de aceitação, é permanente. Depois disso, embora o discípulo possa estar muito distante do Mestre no plano físico, seus veículos superiores estão vibrando em comum com os de seu Instrutor. Ele está a todo tempo sendo sintonizado, e assim tornando-se gradualmente mais e mais semelhante a seu Mestre, não importando o quão remota possa ter parecido a semelhança no início. Dessa forma, ele é de grande serviço para o mundo como um canal aberto, pelo qual a força do Mestre pode ser distribuída nos planos inferiores. Pela constante meditação em seu guru e ardente aspiração em sua direção, o discípulo afeta os seus veículos de tal forma que eles estão sempre abertos para seu Mestre, esperando sua influência. Durante todo o tempo eles [os discípulos] estão bastante preocupados com essa ideia, esperando pela palavra do Mestre e observando por algo que venha dele, pois enquanto estão profunda e sensitivamente abertos a ele, estarão também consideravelmente fechados às baixas influências. Desse modo, todos os seus veículos superiores, do astral para cima, são como um copo ou funil, aberto em cima mas fechado dos lados, e quase impermeável às influências que o tocam em níveis mais baixos.

Esse ajuste do discípulo continua durante o período do discipulado. A princípio, suas vibrações estão muitas oitavas abaixo das do Mestre, mas estão sintonizadas com elas e estão gradualmente sendo erguidas. Esse é um processo que só pode acontecer lentamente. Não poderia ser feito de uma vez, como se carimba um pedaço de metal com um molde, ou mesmo comparativamente rápido, como alguém que afina as cordas de um violino ou de um piano. Essas são coisas inanimadas, mas no caso em questão, um ser vivo deve ser moldado. Para que a vida possa ser preservada, o lento crescimento interno deve adaptar a forma à influência de fora, como um jardineiro pode gradualmente guiar os galhos de uma árvore ou como um cirurgião, com os devidos utensílios, pode aos poucos corrigir uma perna torta.

Sabemos que durante esse processo o Mestre não dá sua total atenção para cada discípulo individualmente, mas trabalha com milhares de pessoas simultaneamente, e durante todo o tempo está realizando também trabalho mais elevado – jogando um grande jogo de xadrez, por assim dizer, com as nações do mundo e com todos os diferentes reinos de poder, de anjos e de homens, como peças do tabuleiro. Mesmo assim, o efeito é como se ele estivesse observando o discípulo sem pensar em mais nada, pois a atenção que ele pode dar para um, entre centenas, é maior que a nossa quando nos concentramos em apenas um. O Mestre frequentemente deixa a cargo de seus discípulos mais velhos o trabalho de sintonizar os corpos inferiores, embora ele mesmo esteja permitindo um constante fluxo entre seus veículos e os de seu discípulo. É dessa maneira que ele mais ajuda seus discípulos, sem que eles necessariamente saibam.

O discípulo aceito se torna então um posto avançado da consciência do Mestre – uma extensão do Mestre, por assim dizer. O Adepto vê, ouve e sente através dele, de forma que qualquer coisa que for feita em sua presença é feita na presença do Mestre. Isso não quer dizer que o Grande Ser esteja necessariamente sempre consciente de tais eventos no momento em que eles ocorrem, embora ele possa estar – ele pode estar absorvido em outro trabalho naquele instante. Mesmo assim, os eventos estarão em sua memória depois. O que o discípulo experimentou em relação a uma questão particular vai aparecer na mente do Mestre, entre os seus próprios conhecimentos, quando ele direcionar sua atenção para aquele assunto.

Quando um discípulo envia um pensamento de devoção para seu Mestre, seja o lampejo leve que for, produz um efeito como uma abertura de uma grande válvula, e há um extraordinário fluxo descendente de amor e poder a partir do Mestre. Se alguém envia um pensamento de devoção para uma pessoa que não é um Adepto, ele se torna visível como uma corrente impetuosa indo até a pessoa. Mas quando tal pensamento é direcionado por um discípulo a seu Mestre, o discípulo é imediatamente inundado por uma corrente de amor ardente *vinda* do Mestre. O poder do Adepto flui para fora todo o tempo e em todas as direções, como os raios do Sol; e o toque do pensamento do discípulo atrai para baixo por um momento uma corrente prodigiosa desse poder sobre si. Tão perfeita é a união entre eles que, se houver qualquer perturbação séria nos corpos inferiores do discípulo, ela também afetará os do Mestre. Como tais vibrações interfeririam com o trabalho do Adepto nos planos superiores, quando esse infortúnio ocorre, ele tem que baixar um véu que desliga dele o discípulo até que a tempestade se acalme.

Claro que é triste para o discípulo que ele tenha de ser separado dessa maneira, mas os feitos são absolutamente seus e ele pode acabar com a separação de uma vez quando conseguir controlar seus pensamentos e sentimentos. Usualmente, tal desafortunado incidente não dura mais que quarenta e oito horas; mas tomei conhecimento de casos muito piores, em que a separação durou anos, e até pelo restante da encarnação. Mas esses são casos extremos e muito raros, pois é pouco provável que uma pessoa capaz de tal defeito seja recebida como discípulo.

A Atitude do Discípulo

Ninguém tem chances de se tornar um discípulo aceito a menos que tenha adquirido o hábito de direcionar as suas forças para fora, e de concentrar sua atenção e seu vigor em outras pessoas, lançando pensamentos de auxílio e bons anseios para seus semelhantes. Estão sendo oferecidas constantemente oportunidades para fazermos isso, não apenas com aqueles com os quais somos levados ao contato íntimo, mas inclusive entre os estranhos por que passamos na rua. Às vezes vemos um homem que está obviamente deprimido ou sofrendo; num lampejo nós podemos enviar um pensamento de fortalecimento e encorajamento para sua aura. Deixe-me citar mais uma vez uma passagem que vi há um quarto de século em um dos livros do *New Thought* [Novo Pensamento][48]:

> Amasse amor no pão que você assa; enrole força e coragem no pacote que você amarra para uma mulher com um rosto cansado; entregue confiança e franqueza com a moeda que você paga ao homem de olhos desconfiados.

Este é um pensamento amável expresso de forma curiosa, mas que transmite a grande verdade de que toda conexão é uma oportunidade e que todo homem que encontramos das formas mais casuais é uma pessoa a ser ajudada. Assim, o estudante da Boa Lei passa pela vida distribuindo bênçãos à sua volta, fazendo o bem despercebidamente por toda parte, embora o recebedor da bênção e do auxílio possa não fazer ideia de onde elas venham. Em tal obra beneficente, todo homem pode fazer a sua parte, o mais pobre, assim como o mais rico. Todos os que sejam capazes de pensar podem enviar pensamentos de ternura e ajuda; tais pensamentos não falham e nunca poderão falhar enquanto as leis do Universo forem mantidas. Você pode não ver o resultado, mas ele está lá; pode ser que você não conheça o fruto que brotará dessa pequena semente de paz e amor que você semeia ao longo de seu caminho.

Se o estudante tem um pouco de conhecimento dos recursos da Natureza, ele pode frequentemente evocá-los em sua ajuda nos trabalhos com essa descrição. Há um grande número de espíritos

---

[48] *New Thought* – movimento que desabrochou nos Estados Unidos durante as décadas de 1910 e 1920 e que promovia a ideia de que os pensamentos e as palavras "fazem" a realidade. (N.E.)

da Natureza, de um certo tipo, tanto nas árvores como na água, que são especialmente apropriados para animar formas-pensamento e que sentem grande deleite em serem empregados nesse trabalho. O estudante, quando estiver andando nos campos e florestas ou quando estiver velejando sobre a água, pode convidar tais criaturas para acompanhá-lo – pode até atraí-los para sua aura e levá-los consigo. Então, quando chegar a uma cidade e começar a projetar seus bons pensamentos sobre aqueles que encontrar, poderá animar cada uma dessas formas-pensamento com um desses pequenos ajudantes. Ao fazer isso, ele dá uma alegria radiante e alguma evolução ao espírito da Natureza amigo, e também prolonga enormemente a vida e a atividade de suas formas-pensamento.

A Distribuição de Força

Praticamente todas as pessoas comuns do mundo voltam as suas forças para dentro de si mesmas. Por elas serem autocentradas, suas forças estão disputando entre si em seu interior. Mas o discípulo deve se virar do avesso e manter uma constante atitude de doação em afeição e serviço. Portanto, temos que o discípulo é um homem cujos veículos superiores são um funil aberto às influências de seu Mestre, enquanto seus veículos inferiores na base do funil terão que ser treinados no hábito constante de irradiar essas influências em direção aos outros. Isso faz dele um instrumento perfeito para o uso do Mestre, para a translação de Sua força aos planos externos.

Se um Adepto no Tibete quiser distribuir alguma força no nível etérico em Nova Iorque, não seria econômico direcionar a corrente etérica a essa distância; ele teria que transmitir suas forças em um nível muito superior ao ponto requerido, e então escavar um funil para baixo nesse ponto.

Outro símile que pode ser sugerido é a transmissão de eletricidade em enormes voltagens pelo país e sua redução por transformadores, o que propicia grande corrente e baixa voltagem nos lugares em que a energia precisa ser usada. Porém, escavar tal funil ou reduzir a força em Nova Iorque iria envolver uma perda, para o Adepto, de quase metade da energia que ele tinha disponibilizado para o trabalho a ser feito. Dessa forma, estando o discípulo no local, ele consiste em um aparato inestimável de economia de trabalho; e ele deve lembrar, acima de tudo, de se tornar um bom canal, pois é principalmente isso o que o Mestre espera dele. Portanto, o discípulo pode ser visto como um corpo adicional para o uso do Mestre no local onde estiver.

Todo corpo humano é na realidade um transmissor para os poderes do Ser interno. Por muitas eras, ele tem sido adaptado para realizar os comandos da vontade da maneira mais econômica possível. Por exemplo, se desejamos, por qualquer razão, mover ou virar um copo de vidro que está na mesa, basta estender a mão e movê-lo. Também é possível virar o copo meramente com a força da vontade, sem contato físico. De fato, um dos mais novos membros da Sociedade Teosófica tentou esse experimento e realmente o conseguiu, mas apenas à custa de devotar uma hora de vigoroso esforço todos os dias por dois anos. É óbvio que o uso de meios físicos normais em tais casos é muito mais econômico.

Nos primeiros estágios de relação com seu Mestre, o discípulo frequentemente sentirá que uma grande quantidade de força está fluindo através ele, sem que ele saiba para onde ela está indo. Ele apenas sente que um grande volume de fogo ardente arremete-se através ele e inunda à sua volta. Com um pouco de cuidadosa atenção, ele logo aprenderá a identificar em que direção está fluindo; e mais adiante ele se tornará capaz de acompanhar com sua consciência esse fluxo de poder do Mestre, podendo realmente rastreá-lo até as pessoas que estão sendo afetadas e auxiliadas pelo fluxo. Ele mesmo, no entanto, não pode dirigi-lo; está sendo usado apenas como um canal, embora, ao mesmo tempo, esteja sendo instruído a cooperar com a distribuição da força. Depois, chega o tempo em que o Mestre, no lugar de derramar força em seu discípulo e direcioná-la para uma pessoa em um local distante, diz-lhe para procurar essa pessoa e conceder a ela um pouco da força, pois isso poupa a energia do Mestre. Quando e onde um discípulo puder fazer um pouco do trabalho do Mestre, ele sempre irá repassá-lo; e à proporção que o discípulo cresce em utilidade, cada vez mais é posto trabalho em suas mãos, de forma a aliviar, mesmo que levemente, a tensão sobre o Mestre. Pensamos bastante – e corretamente – sobre o trabalho que podemos fazer aqui embaixo; mas tudo o que possamos imaginar e executar não é nada em relação ao que ele está fazendo através de nós. Há sempre uma delicada irradiação através do discípulo, embora ele possa não ser consciente dela. Porém, o mesmo discípulo irá senti-la nitidamente sempre que uma quantidade incomum de força esteja sendo enviada.

Essa transmissão de força de um Mestre em particular é geralmente limitada a seu discípulo, mas qualquer pessoa que esteja seriamente tentando viver uma vida de serviço, de pureza e refinamento tem a possibilidade de ser usada como um canal de força. Pode acontecer de em um dado local não haver um discípulo bem preparado para certo tipo de efusão, mas pode ser que haja outra pessoa que, embora não tão avançada, possa ser empregada mesmo assim para esse propósito em particular. Em tal caso, o Mestre provavelmente a usaria. Muitas variedades de força são vertidas pelo Mestre para diferentes propósitos; em alguns casos uma pessoa é adequada, em outros casos outra pessoa o é. Observando o exemplo de dois discípulos lado a lado, vemos que um é usado sempre para um tipo de força e o outro para outro tipo.

Essa efusão é tanto física como astral, mental e búdica. No plano físico, ela ocorre principalmente pelas mãos e pelos pés. Por conta disso, e também por razões gerais, deve-se ter muito cuidado com a higiene. Se o corpo físico da pessoa selecionada fracassar por um momento nessa questão importante, o Mestre não poderá utilizá-lo, pois o homem não seria um canal adequado. Seria como verter água pura por um cano sujo – ficaria poluída no trajeto. Assim, aqueles que estão em relação próxima com o Mestre são extremamente vigilantes acerca da perfeita limpeza corporal. Cuidemos, portanto, de estar aptos a esse respeito para o caso de sermos requisitados.

Outro ponto que precisamos vigiar, se quisermos ser úteis, é evitar deformações, especialmente dos pés. Não há muito tempo estive por algumas semanas em uma comunidade onde é costume andar de pés descalços; fiquei horrorizado ao ver a aparência disforme e aleijada dos pés de muitos dos estudantes e ao observar o quão seriamente essas deformidades interferiam com sua utilidade como canais da força do Mestre. O curso natural dessa força em condições normais é preencher todo o corpo do discípulo e projetar-se para fora pelas extremidades; mas no caso de a falta de higiene nos pés produzir permanente malformação, o Adepto só pode utilizar a metade superior do corpo. Como isso impõe a ele o trabalho adicional de construir toda vez uma espécie de represa ou barreira temporária nas proximidades do diafragma do discípulo, inevitavelmente se conclui que aqueles que estão livres dessa desfiguração são empregados com muito mais frequência.

A Transmissão de Mensagens

Às vezes o Mestre envia uma mensagem específica por intermédio de seu discípulo para um terceiro. Lembro-me de uma vez ter sido solicitado a entregar uma mensagem assim para um membro altamente intelectual, que eu não conhecia bem. Senti um pouco de embaraço em abordá-lo sobre esse assunto, mas, claro, era o que eu tinha que fazer. Então, disse ao destinatário: "Fui ordenado por meu Mestre a dar-lhe esta mensagem. Só estou fazendo o que me foi mandado. Estou perfeitamente ciente de que não posso lhe dar provas de que esta mensagem veio do Mestre, e devo deixá-lo livre para atribuir a ela a importância a que você estiver disposto. Não tenho alternativa a não ser levar adiante minhas instruções". Eu estava, é óbvio, ciente do conteúdo da mensagem, pois a havia passado para o papel. Estou de prova, em face disso, de que ela era uma mensagem perfeitamente simples e amigável, como se tivesse sido enviada de uma pessoa amável para outra, sem parecer contar nenhum significado especial. Mas evidentemente as aparências enganam. O velho senhor a quem eu a entreguei ficou chocado e disse: "Você não precisa se dar nenhum trabalho de me persuadir de que essa mensagem veio de seu Mestre. Sei disso instantaneamente pelas palavras. Seria absolutamente impossível para você saber o significado de várias dessas referências que ele faz". Até hoje não sei o que ele quis dizer.

Entretanto, apenas raramente uma mensagem é dada dessa forma. Parece que há muitos desentendimentos sobre essa questão. Então, pode ser útil explicar exatamente como as mensagens são usualmente transmitidas dos planos superiores para um inferior. Entenderemos isso mais facilmente se considerarmos a relação entre esses planos, as dificuldades do meio de comunicação entre eles e os vários métodos pelos quais essas dificuldades são superadas.

Sensitividade, Mediunidade e Poderes Psíquicos

No homem comum do mundo, que não fez qualquer estudo especial sobre estes assuntos e nenhum esforço para desenvolver os poderes da alma, esses planos são como mundos separados, não havendo comunicação consciente entre eles. Quando ele está "acordado", sua consciência funciona através de seu cérebro físico; e quando seu corpo está dormindo, ela funciona através de seu veículo astral.

Se, por consequência, um homem morto ou um *kamadeva* quiser se comunicar com tal homem, há duas formas pelas quais ele pode fazê-lo. Ele pode encontrá-lo face a face no mundo astral e conversar com ele como se ambos estivessem na vida física; ou ele pode, por uma das várias formas, se manifestar no plano físico e realizar algum tipo de comunicação.

O primeiro método é mais fácil e mais satisfatório, mas a desvantagem é que a média dos homens não traz consigo nenhuma recordação confiável de sua vida astral para a física; portanto, os esforços de inspirá-lo e guiá-lo têm usualmente sucesso apenas parcial. Todos os homens encontram amigos do astral todas as noites de sua vida. Conversas e discussões acontecem entre eles exatamente como acontecem durante o dia nesse mundo mais denso. O homem que "vive" raramente se lembra disso quando está acordado, mas seus pensamentos e ações podem ser – e o são com frequência – consideravelmente influenciados por conselhos dados e sugestões feitas dessa maneira, embora, enquanto acordado, não tenha ciência de sua fonte, supondo que as ideias apresentadas à sua mente são suas.

A entidade astral que deseja se comunicar, por isso, frequentemente adota o segundo método e tenta produzir efeitos no plano físico. Isso, mais uma vez, pode ser feito de duas formas. A primeira delas é causando certos sons físicos ou movimentos que podem ser interpretados de acordo com códigos previamente combinados. Batidas podem ser produzidas em uma mesa ou a mesa pode se inclinar para letras selecionadas enquanto alguém repete o alfabeto, ou um código Morse telegráfico pode ser empregado se ambas as partes tiverem conhecimento dele. O ponteiro de uma tábua *ouija* pode ser movido de letra em letra para soletrar a mensagem.

Outra forma, menos rudimentar e tediosa, porém mais perigosa para o participante físico, é o emprego pela entidade astral de algum dos órgãos de seu amigo nesse plano. Ele pode apoderar-se das cordas vocais do último e falar através dele. ele pode usar a mão do homem "vivo" para escrever mensagens ou desenhar coisas sobre as quais seu instrumento físico nada sabe. Quando o homem "morto" fala através do "vivo", o último está usualmente numa condição de transe, mas a mão pode ser usada para escrever ou desenhar enquanto seu legítimo dono está totalmente acordado, lendo um livro ou conversando com seus amigos.

Não é qualquer um que pode ser usado assim por entidades do astral – apenas aqueles que são submissos a tais influências. Tais pessoas são frequentemente descritas como psíquicas, médiuns ou sensitivas. Talvez o último desses termos seja mais apropriado nos casos que estamos considerando. Porém, qualquer que seja a sensibilidade que uma pessoa possa ter a influências de outros planos, ela tem uma personalidade própria fortemente definida, que usualmente não pode ser inteiramente reprimida. Há muitos graus de sensibilidade a influências de planos superiores. Algumas pessoas nascem com essa qualidade; outras a adquirem por esforço. Em ambos os casos, pode ser desenvolvida e intensificada pela prática. É disso que se trata em círculos espíritas na "sessão para desenvolvimento". Alguém que é por natureza prontamente impressionável é aconselhado a se submeter da forma mais passiva possível e se sentar, dia após dia, por horas, nessa atitude. Naturalmente, a pessoa se torna cada vez mais impressionável; e se uma entidade astral vier e agir sobre ela dia após dia, elas se tornarão acostumadas uma com a outra, e a transferência de ideias é amplamente facilitada.

Em certo estágio nesse processo, o corpo físico da vítima é usualmente mantido em transe – o que significa que o Ego não mais controla seus veículos, mas, por hora, os entrega à influência astral. Os veículos, entretanto, ainda carregam a forte impressão do Ego, de tal forma que, embora a inteligência que os esteja usando seja bem diferente, mesmo assim se movimentarão, até certo ponto, em suas maneiras habituais. Os sentimentos da entidade comunicante podem ser do tipo mais exaltado, e se o sensitivo for inculto, analfabeto ou falar gírias, a expressão desses sentimentos exaltados no plano físico provavelmente exibirá estas características de maneira bem marcante. Quando ouvimos um Júlio César, um Shakespeare ou um Apóstolo João se manifestando numa sessão, nós geralmente descobrimos que eles de algum modo se degeneraram bastante desde a época de sua última vida terrena. Naturalmente e de forma bastante correta, resolvemos que estes grandes homens do passado não estão de maneira alguma ali, mas que tudo não passa de mera personificação imprudente. Esta é, sem dúvidas, uma conclusão perfeitamente justa, mas o que às vezes esquecemos é que, mesmo se tais manifestações fossem genuínas, ainda assim, em noventa e nove por cento dos casos, estariam sujeitas exatamente às mesmas deficiências.

Há uma condição de controle de transe tão perfeita que os defeitos inerentes à personalidade do instrumento são inteiramente superados, mas esse controle completo é, de fato, realmente raro. Quando ele existe, podemos ter uma reprodução extremamente precisa da voz, da entonação e das expressões habituais do homem morto, ou uma imitação exata de sua caligrafia. Mesmo em tais casos extremos, estamos longe de ter uma garantia absoluta de que estamos lidando com a pessoa cujo nome foi dado. Nestes planos superiores, a leitura e a transferência de pensamentos de todos os tipos são tão extremamente fáceis que há comparativamente poucas informações que podem ser encaradas em qualquer sentido como privadas ou exclusivas.

Todo esse suposto desenvolvimento é extremamente ruim para o pobre sensitivo. Cada vez mais, enquanto se ampliam as suscetibilidades desse tipo, o Ego vai perdendo o domínio de seus veículos. Ele se torna crescentemente submetido a influências astrais, mas não tem garantia nenhuma sobre suas naturezas – o que significa que ele é tão prontamente impressionável tanto pelo bem quanto pelo mal. A promessa frequentemente dada de que algum "espírito-guia" irá protegê-lo tem pouco valor, já que o poder de tais guias é bastante limitado. Ele está na posição daquele que se estende compelido e indefeso no acostamento, a mercê do próximo transeunte, que, é claro, pode ser um bom samaritano, que irá libertá-lo de seus vínculos e auxiliá-lo em suas necessidades, mas também pode ser um ladrão, que tomará dele tudo o que lhe resta. Talvez ladrões sejam, de modo geral, mais comuns do que bons samaritanos. De meu próprio ponto de vista, baseado em experiências consideráveis, eu avisaria fortemente meus irmãos contra o engajamento em qualquer tipo de mediunidade.

Acredito que o título de médium pode muito bem ser reservado para aqueles através dos quais fenômenos físicos são produzidos – pessoas das quais pode ser retirado o que agora é tecnicamente denominado ectoplasma, para que materializações possam ser realizadas e objetos pesados de vários tipos possam ser movidos.

Outro e bem diferente tipo de desenvolvimento é o que pode ser denominado legitimamente de psíquico, pois *"psyche"*, em grego, significa "a alma". A alma tem seus poderes assim como o corpo, embora talvez seja mais preciso falar que todos os poderes que o homem possui são poderes da alma, mesmo que se manifestem em planos diferentes. Não é, afinal de contas, o corpo que vê, ouve, escreve, desenha ou pinta. É sempre o próprio homem trabalhando através do corpo. Quando o homem desenvolve estes poderes psíquicos, significa realmente que ele apenas aprendeu a funcionar através de outros veículos além do físico e que ele pode, até certo ponto, levar os resultados até sua consciência acordada.

Esse último ponto mencionado é que cria dificuldades em quase todos os casos. Qualquer homem, funcionando no plano astral durante o sono de seu corpo físico ou depois da morte desse corpo, está consciente de seu ambiente astral, mas não resulta que ele se lembrará dele quando acordar. A dificuldade, portanto, não é ter a experiência, mas imprimi-la no cérebro físico. O poder de fazer isso só pode ser adquirido com um longo esforço continuado. Parece haver uma ideia geral de que a posse de tais poderes indica alto desenvolvimento moral e espiritual, mas isso não é necessariamente verdade. Um esforço suficientemente vigoroso e perseverante desenvolverá esses poderes em qualquer um, independentemente de seu caráter moral; no entanto, é verdade que eles usualmente se desenvolvem espontaneamente quando um homem atinge certo estágio de evolução espiritual.

É geralmente desta forma que estes poderes surgem nos discípulos dos Mestres. Embora não sejam isentos de riscos específicos, eles são certamente, em sua completude, muito úteis e valiosos. Porém, é necessário que aqueles para os quais apareçam esses poderes tentem entendê-los – compreender alguns aspectos de seu mecanismo. Os beneficiários não devem supor, mesmo que esses poderes venham como resultado do adiantamento geral, que estejam, por isso, livres das leis comuns sob as quais tais faculdades funcionam. Há muitas dificuldades relacionadas à obtenção completa de recordações claras; e existem para nós assim como para o sensitivo espiritualista, embora nosso longo percurso de cuidadosos estudos deva nos preparar para abordá-las e entendê-las melhor do que ele.

Acima de tudo, não devemos nos esquecer de que também temos nossas personalidades, que têm a tendência a serem mais fortes do que a de nossos análogos exatamente pelo fato de estarmos tentando desenvolver força e definição de caráter. Certo que também temos tentado por anos dominar a personalidade pela individualidade, mas isso não altera o fato de provavelmente sermos pessoas coloridas por características nítidas, e qualquer coisa que passe através de nós é suscetível de modificação precisamente por estas características.

Deixe-me tentar ilustrar o que eu quero dizer citando um ou dois casos que ocorreram sob minha observação pessoal. Lembro-me de uma senhora que era uma clarividente extremamente boa, capaz de ver o passado e descrever eventos históricos com grande precisão e riqueza de detalhes. Ela era uma cristã muito devota, e acredito que ela nunca fora realmente capaz de sentir que qualquer outra religião poderia ser uma exposição tão grande da verdade quanto a sua própria. Pode-se dizer que ela tinha um forte precon-ceito (não sendo a palavra usada em sentido pejorativo) em favor do Cristianismo. O resultado disso em sua clarividência foi muito sur-preendente – de fato, em algumas vezes quase divertido. Ela poderia estar descrevendo, digamos, uma cena na Roma antiga; enquanto nada diretamente relacionado a religião viesse ao seu alcance, a des-crição era bem precisa, mas no momento em que parecesse que um dos personagens na cena seria cristão, ela imediatamente demons-trava um marcante e forte viés em seu favor. Nada que ele fizesse ou falasse poderia estar errado, já que qualquer coisa que fosse dita ou feita contra ele seria sempre indicativa da maior perversidade. Quando esse fator era introduzido, sua clarividência se tornava ab-solutamente irrealista. Alguém poderia supor que ela tivesse visto os fatos como eles ocorreram, mas o relato e a interpretação que ela dava eram certamente uma completa inverdade.

Outra senhora que conheci tinha uma imaginação poética brilhante, que a induzia em conversas cotidianas a engrandecer tudo que relatava – sem nenhuma intenção de falsear o fato, mas simplesmente para embelezá-lo, tornando-o de todas as formas maior e mais belo do que realmente era. Certamente, uma atitude mental muito feliz em muitos sentidos, mas um tanto desastrosa quanto à observação científica. A mesma coisa ocorria em relação a suas lembranças e descrições de cenas em outros planos, tanto contemporâneas quanto do passado. Uma pequena cerimônia comum no plano físico, presenciada talvez por alguns devas amigáveis e alguns familiares mortos das respectivas partes, seria, em seus relatos, magnificada em uma tremenda Iniciação, assistida por todos os grandes Adeptos e pela maioria dos celebrados personagens da história, e abençoada pela presença de um exército inteiro de Arcanjos.

Vemos, com esses pequenos exemplos, o quão necessário é para o clarividente em formação vigiar-se com muito cuidado e permitir-se um generoso desconto em suas primeiras impressões. Nunca deve ser esquecido que devemos nos acostumar ao uso da faculdade nesses planos superiores, assim como um homem tem que se familiarizar com o uso de qualquer tipo de ferramenta nova em seu mundo físico. A criança pequena só aos poucos aprende a entender a perspectiva: ela tem seus olhos desde que nasce, mas tem que aprender a usá-los. O homem que tem o infortúnio de ser cego pode aprender a ler pelo Sistema Braille com grande facilidade e rapidez, mas a maioria de nós, que dispomos de visão física, acharia praticamente impossível distinguir uma letra da outra desse sistema sem um longo e cansativo treinamento.

Da mesma forma, um homem cujas faculdades astrais estejam começando a se abrir acha praticamente impossível, a princípio, descrever o que ele vê e ouve. Tudo parece muito diferente. Ele encontra o que provavelmente chamaria de "sua visão agindo de forma inesperada em todas as direções". Somente depois de anos de experiência que ele se torna totalmente confiante; mesmo assim, apenas um mero reflexo do que ele vê pode ser trazido para a consciência inferior. Há sempre um lado dos acontecimentos astrais que não pode ser expresso em palavras do mundo físico. À medida que o homem se eleva a níveis superiores, cada vez mais desses lados ou aspectos adicionais o confrontam. Ele se vê cada vez menos capaz de reproduzir até a ideia mais trivial de suas experiências; e mesmo o que ele *seja* capaz de trazer virá certamente colorido com suas idiossincrasias.

Mensagens dos Adeptos

Há muito tempo, muitos de nós temos meditado diariamente sobre nossos grandes Mestres – alguns de nós por anos. Atraímos a nós mesmos para perto deles pela intensidade de nossa reverência e devoção. Frequentemente acontece de os mais afortunados entre nós entrar em contato pessoal com eles e, algumas vezes, serem por eles encarregados de repassar mensagens para irmãos menos afortunados. Qualquer um que for honrado de se encarregar de tais mensagens fará, tenho certeza, todos os esforços para transmiti-las com precisão diligente, mas deve se lembrar de que jamais está livre da lei geral em tais questões. Ele deve ficar absolutamente em guarda para que suas próprias predileções ou aversões de maneira nenhuma deem cor ao que ele foi direcionado a dizer. Você pode achar que isto é impossível – que um Mestre se daria ao trabalho de assegurar a precisão da entrega de qualquer mensagem que enviasse. Mas você deve se lembrar de que os próprios Grandes Adeptos trabalham sob a lei universal e não podem alterar suas determinações por nossa conveniência. Há casos, tais como os que acabei de mencionar, em que uma incumbência direta de grande importância é ditada palavra por palavra e transcrita no plano físico ao mesmo tempo pelo beneficiário; mas tais casos são extremamente raros. Deixe-me tentar descrever, tanto quanto permitam as palavras do mundo físico, o que usualmente acontece quando um Mestre transmite uma mensagem através de um de seus discípulos.

Em primeiro lugar, fique entendido que um Adepto habitualmente mantém sua consciência focada em um plano bastante elevado – usualmente aquele que denominamos Nirvana. Obviamente, ele pode num instante trazê-la para baixo a qualquer nível em que deseje trabalhar; mas descer abaixo do corpo causal envolve uma limitação que raramente vale a pena para ele realizar. O discípulo, quando fora de seu corpo, funciona em diferentes níveis de acordo com seu desenvolvimento; e qualquer um a quem seja confiada uma mensagem estará provavelmente usando, no mínimo, seu corpo causal. As comunicações são trocadas, frequentemente, nesse nível. Para entender essas transmissões de ideias, entretanto, devemos tentar visualizar quais formas tais comunicações teriam.

Aqui no mundo físico, podemos traduzir em palavras nossos pensamentos ou nossas emoções. Sabemos que tais palavras não são usadas na vida superior, mas que as emoções e os pensamentos adquirem definidas formas flutuantes nos planos astral e mental respectivamente. De regra, cada pensamento e cada emoção toma sua própria forma separada, embora, quando misturados, encontremos formas em que as cores são curiosamente mescladas. Suponha que tentemos nos elevar em imaginação à parte superior do plano mental na qual o Ego funciona em seu corpo causal, e vejamos como as ideias dele ali se expressam. Como sempre, a linguagem nos engana; mas o ponto principal de diferença é que o Ego não usa nem palavras nem frases; e também não as expressa numa sucessão de ideias. Ele não parece, de forma alguma, *pensar sobre* uma questão no sentido que usamos a palavra "pensar"; ele nunca argumenta para depois chegar a uma conclusão como fazemos aqui.

Quando lhe aparece uma questão, ele a visualiza e conhece tudo sobre ela. Se ele quiser transmitir uma ideia, é como se ele lançasse um tipo de bola que de alguma forma inclui o conhecimento e as inferências – tudo junto. Ele também não se limita de maneira alguma a projetar somente uma única ideia. O pensamento de um Adepto deságua sobre seu discípulo numa espécie de dilúvio de encantadoras pequenas esferas, cada uma sendo uma ideia com suas relações com outras ideias claramente trabalhadas. Se o discípulo for afortunado o suficiente para se recordar e esperto o suficiente para traduzir essa tempestade, ele provavelmente vai ver que podem ser necessárias vinte páginas de papel ofício para expressar esse único momento de dilúvio, e mesmo assim, claro, a expressão será necessariamente imperfeita.

Mais ainda, tem que ser admitido que nenhuma palavra lhe foi transmitida, apenas ideias. Assim, ele deve, por necessidade, expressar tais ideias em suas próprias palavras. As ideias são do Mestre – se ele foi afortunado o suficiente para captá-las e interpretá-las de forma precisa –, mas a forma de expressão é inteiramente sua. Dessa maneira, suas idiossincrasias certamente aparecerão, e as pessoas ao lerem a mensagem dirão: "Não, com certeza isso é o estilo de tal ou tal pessoa", referindo-se ao intermediário a quem a mensagem foi confidenciada. Ao dizer isso, elas estão bem certas, mas não devem deixar que esse fato óbvio lhes cegue o espírito ou a importância da mensagem.

Muito tempo atrás, Madame Blavatsky, referindo-se às cartas dos Adeptos, que eram frequentemente recebidas a esse tempo (1888), escreveu:

> Dificilmente uma em cada cem cartas ocultas é realmente escrita pela mão do Mestre em nome do qual ela foi enviada, já que os Mestres não têm nem a necessidade nem a ociosidade para escrevê-las. Quando um Mestre diz: "Eu escrevi aquela carta", significa apenas que cada palavra nela foi ditada por ele e impressa sob sua supervisão direta. Geralmente eles fazem os seus *chelas*, estando eles perto ou longe, escreverem (ou precipitarem) as cartas, ao impressionar em suas mentes as ideias que querem expressar, ajudando-os, se necessário, no processo de precipitação da impressão da imagem. Depende inteiramente do estado de desenvolvimento do *chela* o quão precisamente as ideias poderão ser transmitidas e a caligrafia imitada[49].

---

[49] *Lucifer*, vol. III, p. 93.

Quando o discípulo já estiver acostumado por anos a transmitir mensagens em favor do Mestre, ele vai adquirir, pela prática constante, uma facilidade e uma precisão muito maiores na tradução. Porém, isso só acontece porque ele aprendeu a deixar de fora sua própria equação pessoal, de tal forma que ele é capaz de praticamente descartá-la. Mesmo assim, modos de expressão que ele tem o costume de usar provavelmente ocorrerão, simplesmente porque eles são, para ele, a melhor maneira de expressar certas ideias. Porém, quando uma pessoa com o desenvolvimento e com a extensa experiência da Dra. Besant, por exemplo, transmite uma mensagem, podemos ter bastante certeza de que seu sentido é preciso e de que a forma de expressão é a melhor que pode ser alcançada neste plano.

A Equação Pessoal

Para aqueles de nós que não chegaram a esse nível, a equação pessoal certamente irá se interpor. Infelizmente, isso se dá não apenas em relação ao estilo da comunicação – que, apesar de tudo, não é tão importante e pode facilmente ser descontada – mas também em relação à substância. Para entender o porquê e o como disso, devemos considerar, por um momento, a constituição e o desenvolvimento da pessoa por meio da qual vem a mensagem.

Nossos estudantes mais velhos se lembrarão de que no livro *O Homem Visível e Invisível*[50] forneci um certo número de ilustrações dos corpos astral e mental do ser humano em vários estágios de progresso. Tais ilustrações, entretanto, mostram apenas a aparência exterior de tais corpos – a porção de cada veículo que está sempre relacionada aos mundos astral e mental em torno da pessoa, permanecendo assim em uma razoável condição de constante atividade. Devemos nos lembrar de que esses ovoides de matéria

---

[50] *O Homem Visível e Invisível*, de C.W. Leadbeater, Editora Pensamento. (N.E.)

astral e mental estão apenas superficialmente vitalizados e de que, no caso do homem mediano, a camada da superfície que é afetada é usualmente fina. Há sempre uma grande proporção de cada veículo que ainda não está vivificada – um pesado núcleo que quase não tem papel nas atividades externas do veículo e é, de fato, pouco movido por elas. Porém, embora essa massa de matéria comparativamente inerte seja raramente influenciada pela porção mais desperta, ela é bem capaz de atuar sobre a última de determinadas formas.

Temos falado da personalidade como sendo de fato um fragmento do Ego trabalhando através destes veículos inferiores – os corpos mental, astral e físico. Uma razoável descrição do método e dos detalhes desse trabalho será encontrada no Capítulo 8 deste livro ["O Ego"], em *A Vida Interna*, sob o título de "Almas Perdidas"[51], e em *Talks on the Path of Occultism* [Conversas sobre a Senda do Ocultismo], Vol. II, Fragmento III, Capítulo 2. É explicado que o Ego ainda não está, de forma alguma, inteiramente alerta; ao contrário, em muitos casos, o que eu suponho que devemos chamar de *uma porção muito grande dele* – mesmo que isso soe absurdo – ainda não está em atividade. É a Mônada que vivifica o Ego, mas em todos nós o Ego está apenas parcialmente desperto. Exatamente da mesma forma é o Ego que anima a personalidade, mas esse trabalho também está ainda muito longe de ser perfeitamente realizado. Por causa desses fatos, são colocadas certas condições, o que nos compele a cuidadosas considerações. Em alguns momentos sublimes, um influxo de poder do Ego pode temporariamente erguer os padrões da personalidade, enquanto, por outro lado, uma pressão contínua vinda da porção não utilizada do corpo astral ou mental pode, temporariamente, rebaixá-los consideravelmente.

Essa massa letárgica de matéria não iluminada tem certa vivacidade e tendências próprias, que se afirmam quando a parte

---

[51] *A Vida Interna*, de C.W. Leadbeater, Capítulo Cinco ("O Ego e seus Veículos"), Editora Teosófica. (N.E.)

mais ativa da personalidade está um tanto ausente. Isso acontece mais especificamente quando o próprio homem não está ativamente usando esses corpos. Estas qualidades naturalmente variam com diferentes pessoas, mas um intenso egoísmo é quase sempre proeminente. Os pensamentos e as impressões geradas por esse núcleo mais lento são frequentemente de presunção e autoglorificação, e também de autopreservação instintiva na presença de qualquer perigo, seja real ou imaginário. Antes de alcançarmos os brilhos gloriosos do homem desenvolvido (veja *O Homem Visível e Invisível*, lâmina XXI), há um longo período de vagaroso desdobramento, durante o qual esse pesado núcleo vai gradualmente sendo permeado pela luz, vai sendo aquecido e degelado em brilhante reflexo. Mas é um processo lento escapar dessa dominação sutil da personalidade. Ela é, sem dúvida, gradualmente eliminada à medida que o homem coloque toda a sua natureza sob controle. Entretanto, enquanto isso, é muito sábio duvidar o mais seriamente de qualquer comunicação que glorifique a personalidade, ou sugira que apenas ela é a escolhida dentre toda a humanidade para receber alguma revelação estupenda que irá revolucionar o mundo.

Tal promessa é a habitual moeda de troca de espíritos comunicantes em muitas sessões espíritas privadas. Porém, não devemos presumir por isso uma enganação por parte do espírito; ele está muitas vezes tão fortemente impressionado por certos grandes fatos que o assombraram na vida astral que sente que, se puder apresentá-los adequadamente ao mundo, esse mundo realmente terá sua atitude completamente alterada – esquecendo-se de que as mesmas ideias já foram promulgadas várias e várias vezes durante sua vida física e de que ele mesmo não deu a mínima atenção a elas. Isso ilustra a velha observação do homem rico para Abraão[52]: "Mas se

---

[52] O autor refere-se à parábola do homem rico e Lázaro, em Lucas XVI: 30-31. (N.E.)

algum dentre os mortos fosse ter com eles, arrepender-se-iam"; e o resultado mostra a sabedoria da resposta de Abraão: "Se não ouvem a Moisés e aos profetas, tampouco acreditarão, ainda que algum dos mortos ressuscite". Essa é precisamente a pressão traiçoeira e constante do subconsciente que deixa o homem, ao contrário do senso comum mediano, aberto a uma extraordinária autoilusão, de tal forma que ele tende a aceitar, sem protesto, adulações que logo veria como ridículas sem essa influência.

Foi para esse estranho subconsciente subdesenvolvido que E. Coué[53] apelou com muito sucesso. Uma de suas peculiaridades é que parece sempre ressentir de qualquer esforço da parte desperta da personalidade em forçá-lo pela vontade. Sendo indolente e preconceituoso, ele continuamente se posta contra qualquer mudança, qualquer tentativa de erguê-lo e colocá-lo a trabalho. Por isso, E. Coué aconselhava especialmente seus pacientes a não usarem, em absoluto, a força de vontade, pois isso só iria levantar oposição, mas simplesmente e tranquilamente repetirem a sugestão até que o subconsciente desistisse.

Lembremos que um dos métodos usados para impor tais impressões em outra pessoa é o de fazê-las durante o sono do corpo físico. Até a autossugestão deveria ser feita o mais próximo possível dessa maneira. O paciente era induzido a penetrar no sono murmurando suavemente: "Todos os dias, sob todos os pontos de vista, eu vou cada vez melhor". Tal é o poder da constante insinuação reiterada, pelo qual o subconsciente logo se torna totalmente carregado com essa ideia – que prontamente se harmoniza com seu egoísmo irreprimível – e a irradia de forma constante no consciente mais ativo, até que são produzidos resultados nítidos. Então, a massa não desenvolvida, que para o ignorante seria um perigo e uma fonte de fraqueza, pode na realidade ser usada pelo homem sábio para ajudá-lo em seu caminho de elevação.

---

[53] Psicólogo e farmacêutico francês, contemporâneo de Freud, fez suas próprias descobertas em hipnose e autossugestão; conhecido como "o pai da condicionalidade aplicada". (N.E.)

Os Mestres e a Senda 155

A moral de tudo isso é que a ignorância é sempre perigosa e que mesmo as melhores intenções nem sempre podem compensar a falta de conhecimento científico. Qualquer entidade que queira brincar ou fazer intriga pode enganar um homem que é pouco familiarizado com as leis da Natureza, enquanto aquele que as estudou pode evitar muitas armadilhas. Contudo, nem mesmo esse deve se aventurar acima de seu conhecimento, pois a incessante vigilância é o preço da precisão. Muitos conselhos foram dados quanto a isso, e certamente faremos bem em ouvi-los: evitar todos os sentimentos pessoais – o orgulho mais que tudo; desconfiar profundamente de toda glorificação ao indivíduo, pois "a ambição é a primeira maldição" e "o poder que o discípulo deve cobiçar é aquele que o faz parecer nada aos olhos dos homens". "Seja humilde se quiser alcançar a sabedoria; seja ainda mais humilde quando houver dominado a sabedoria." Aquele que se esquece de si inteiramente e devota a sua vida por completo a serviço dos outros estará a salvo de muitos perigos; seu coração estará puro como um cristal, de modo que a luz do Logos pode brilhar imaculada por ele; sua natureza como um todo responderá tão verdadeiramente às vibrações de seu Mestre que pensamentos e mensagens de planos mais elevados fluirão por ele sem distorção, sem contaminação por nenhum contato inferior. Assim ele servirá melhor aos nossos Mestres, pelo serviço à humanidade que eles amam.

Testando o Pensamento

Outro privilégio muito valioso que tem o discípulo aceito é o de firmar seu pensamento em qualquer assunto simultaneamente ao seu Mestre, podendo assim comparar os pensamentos. Rapidamente será entendido o quão o uso frequente desse poder manterá o pensamento do discípulo correndo em linhas nobres e liberais – como ele será constantemente capaz de corrigir qualquer engano, qualquer tendência com relação a preconceito ou a falta de entendimento. Há várias maneiras nas quais ele pode exercer esse poder. Meu próprio método sempre foi o de me entregar à meditação e me esforçar para alcançar a consciência do Mestre o mais possível. Quando eu alcançava o mais alto ponto possível para mim naquele momento, eu virava de repente e olhava para trás, por assim dizer, para o assunto em questão, e instantaneamente recebia uma impressão de como esse assunto se apresentava ao Mestre. Provavelmente estava muito longe de ser uma impressão perfeita, mas ao menos ela me mostrava o que ele pensava sobre a questão, na proporção em que eu era capaz de entrar em seu pensamento.

No entanto, deve-se ter cuidado para que esse privilégio maravilhoso não seja usado indevidamente. Ele nos é dado como um poder de última referência em questões de grande dificuldade, ou nos casos em que não tenhamos bases suficientes para julgamento e ainda assim tenhamos que chegar a uma decisão. Porém, esse privilégio não pretende, de forma alguma, nos livrar do trabalho de pensar ou ser aplicado a decisões de questões comuns do dia a dia, que somos perfeitamente capazes de resolver por nós mesmos.

Aqueles que meditam por muito tempo em um Mestre, e formam uma forte imagem-pensamento dele, descobrem precisamente que essa imagem-pensamento é claramente vivificada por aquele Mestre, de tal forma que eles recebem através dela uma efusão inequívoca de força espiritual. É assim que deve ser; esse é exatamente o objetivo de tal meditação, e através dela o discípulo se familiariza tão bem com essa influência que ele pode sempre reconhecê-la. Houve casos, embora sejam felizmente raros, em que uma entidade maléfica personificou um Mestre para enganar um estudante. Porém, tal tentativa só pode ter sucesso se houver no último alguma fraqueza sutil – tais como presunção, ambição, inveja ou egoísmo –, a qual possa ser excitada e nutrida por um temperamento traiçoeiro até que se torne uma barreira fatal ao progresso espiritual. A menos que as raízes de tais qualidades sejam severa e completamente eliminadas, o

Os Mestres e a Senda   157

aspirante nunca estará livre da possibilidade de ser enganado, mas se ele for realmente humilde e altruísta não precisa ter medo.

O candidato a Aceitação deve necessariamente se vigiar de perto. Se ele não tiver recebido nenhuma pista direta de seu Mestre ou de algum discípulo mais velho sobre algumas falhas em especial que ele deva evitar, ele fará bem em encontrá-las por si próprio; e uma vez as tenha encontrado ou tendo sido informado sobre elas, deve exercer vigilância constante contra elas. Ao mesmo tempo, ele deve ser alertado para que de forma alguma sobrecarregue sua introspecção e permita se tornar mórbido. A mais segura de todas as linhas a seguir é concentrar a atenção em ajudar os outros; se sua mente estiver repleta desse pensamento, ele irá instintivamente se mover na direção certa. O desejo de se tornar completamente apto para esse trabalho o impele a varrer todos os obstáculos para fora do caminho, de tal forma que, mesmo sem pensar conscientemente em seu próprio desenvolvimento, verá que ele estará acontecendo.

Relaxamento

Não se espera que o discípulo esteja sempre pensando ativamente no Mestre e em nada mais; mas *é* esperado que a forma do Mestre esteja sempre no plano de fundo de sua mente, sempre ao alcance imediato, sempre lá quando necessária nas vicissitudes da vida. Nossas mentes, como as cordas dos arcos, não podem ser mantidas sempre tensas; o relaxamento e alternância de pensamento de forma sensata são algumas das necessidades para a saúde mental. Porém, o discípulo deve ser extremamente cuidadoso para que não haja o menor matiz de impureza e indelicadeza em seu relaxamento; não deverá ser permitido, nem por um momento, nenhum pensamento do qual o discípulo possa se envergonhar se seu Mestre o vir.

Não há nenhum mal em ler um bom romance por diversão, pois as formas-pensamento geradas por ele de maneira alguma interferiram na corrente do pensamento do Mestre. Porém, há muitos romances cheios de insinuações maldosas, que trazem formaspensamento impuras à mente, que glorificam o crime, e outras que concentram o pensamento do leitor nos problemas mais repugnantes da vida ou descrevem vividamente cenas de ódio e crueldade – todos estes devem ser rigorosamente evitados. De igual modo, não há mal em participar ou assistir a jogos comuns, praticados com retidão; mas todos aqueles que são rudes e violentos, em que há crueldade envolvida, em que houver a possibilidade de causar dano a homens ou animais, todos estes estão absolutamente vetados.

Calma e Equilíbrio

Em todo trabalho que o discípulo tiver que fazer, ele deve ter o cuidado de preservar a calma e o equilíbrio de duas maneiras. O excesso de trabalho, que não é incomum entre os jovens entusiastas, demonstra falta de sabedoria. Cada um de nós deve fazer o máximo que puder, mas há um limite que não é sábio exceder. Eu ouvi a Dra. Besant dizer: "O que eu não tenho tempo de fazer não é trabalho meu". Mesmo assim, ninguém trabalha mais vigorosamente e de forma mais incessante do que ela. Se nós usarmos as nossas forças de maneira razoável para a tarefa do dia, nós estaremos mais fortes para enfrentar as obrigações que o amanhã trouxer. Esgotar a nós mesmos hoje, tornando-nos inúteis para o amanhã, não é realmente um serviço inteligente, pois nós deterioramos nossa força para trabalhos futuros com o intuito de gratificar o entusiasmo desequilibrado de hoje. Claro que ocasionalmente ocorrem emergências, em que a prudência deve ser deixada de lado para que algum trabalho seja terminado a tempo; mas o sábio artífice tentará olhar adiante o suficiente para evitar crises desnecessárias desse tipo.

A segunda maneira em que o discípulo deve se esforçar para preservar a calma e o equilíbrio é em relação à sua própria atitude interior. Certa quantidade de flutuação em seus sentimentos é inevitável, mas ele deve tentar minimizá-la. Todos os tipos de influências externas estarão sempre tirando proveito de nós – sendo algumas dessas influências astrais ou mentais, outras puramente físicas. Embora usualmente estejamos inteiramente inconscientes, mesmo assim elas nos afetam ora mais, ora menos. No plano físico, a temperatura, o estado do tempo, a quantidade de poeira na atmosfera, a fadiga, a condição dos órgãos digestivos de cada um – todas essas coisas e muitas outras são fatores em nosso sentimento de bem-estar geral. Esse sentimento, por sua vez, não afeta apenas a nossa felicidade, mas também a nossa capacidade de trabalho.

Igualmente, sem nosso conhecimento, estamos sujeitos a ser afetados por condições astrais, que variam em diferentes partes do mundo, assim como o clima, a temperatura e o ambiente do plano físico também variam. Na vida do mundo objetivo, às vezes uma companhia desagradável se vincula a nós e só é dispensada com dificuldade. No mundo astral, é muito mais difícil se livrar de um degenerado que age como parasita, ou mesmo de um defunto desafortunado, afogado nas profundezas do desespero. Tal pessoa, agarrando-se convulsivamente a um homem, pode drenar muito de sua vitalidade e inundá-lo em melancolia e depressão, sem com isso ser ajudado em nenhum grau. Podemos não notar tal entidade e, mesmo se tivermos conhecimento dela, frequentemente não é fácil aliviar sua aflição ou, se isto não for possível, livrar-nos do pesadelo de sua presença. Há vampiros inconscientes no plano astral da mesma forma como há no físico. Em ambos os casos, é muito difícil ajudá-los.

O desenvolvimento geral do discípulo o torna prontamente responsivo a todas essas influências, esteja ele a par delas ou não. Dessa forma, ele ocasionalmente poderá se encontrar inexplicavelmente eufórico ou depressivo.

O elemental astral aprecia imensamente as alterações violen-

160   C. W. Leadbeater

tas de sentimentos, e faz tudo que pode para encorajá-las. Porém, o discípulo não deve se permitir ser o parque de diversões de todas essas alterações de humor. Ele deve se esforçar para manter um nível constante de alegre serenidade, imperturbável por agitações passageiras.

Algumas vezes ele terá o bom *karma* de encontrar algum grande encorajamento, algum claro estímulo para seu progresso, tal como foi proporcionado, por exemplo, pela oportunidade de comparecer à magnífica Convenção de Jubileu, em Adyar[54]. Essa foi realmente uma ocasião a ser lembrada pelo extraordinário estímulo e pela ajuda oferecidos a todos aqueles que abriram seus corações à sua influência. Tal acontecimento pode muito bem ser um marco no caminho de ascensão do estudante, no qual ele pode datar a abertura de força adicional, a obtenção de uma maior conscientização do que realmente significa fraternidade.

Ele fará bem, entretanto, ao lembrar-se de que depois de uma efusão esplêndida, uma ascensão incomum desse tipo, necessariamente virá em seguida certa reação. Não há nada minimamente alarmante ou anormal nisso. É uma manifestação de uma lei da Natureza, da qual vemos constantes exemplos na vida cotidiana. Muitos de nós, por exemplo, vivemos vidas um tanto quanto sedentárias, realizando uma grande quantidade de leitura e escrita. Provavelmente a maioria de nós não dá ao corpo físico exercício suficiente – não o quanto ele precisa. Então esse fato de repente nos ocorre, e fazemos um grande esforço. Vamos então praticar algum jogo violento, talvez, ou tiramos uma folga para uma caminhada longa ou algo do tipo. Enquanto não fazemos isso em excesso, tudo bem. Porém, quando terminamos nosso jogo ou depois de caminhar, uma sensação de cansaço cai sobre nós, e vem o desejo de sentar e descansar. Isso, mais uma vez, é correto e bem

---

[54]Essa foi a 50ª Convenção Internacional, realizada na Sede Mundial da Sociedade, da qual participaram 2.500 representantes de todas as partes do mundo.

natural. Talvez estivéssemos sobrecarregando um pouco alguns músculos que geralmente não usamos ou que no mínimo não usamos tão violentamente, e consequentemente eles ficaram cansados e necessitam de relaxamento. Assim, temos na verdade uma sensação de moleza; sentamos ou nos deitamos, e depois de meia hora ou uma hora de repouso, sob circunstâncias normais, estamos bem novamente.

Porém, durante essa meia hora de quietude que precisamos ter, devemos nos lembrar de que estamos numa condição passiva. Dessa forma, se houver germes de doenças no ar, como geralmente há, estamos mais vulneráveis de ser afetados por eles, nessa hora mais que em qualquer outra. A mesma coisa é verdadeira nos outros níveis. Quando sofremos uma grande ascensão e estímulo, nossos veículos são tensionados um pouco mais do que estão acostumados. Não estou dizendo que isso é uma coisa ruim de forma alguma – é algo muito bom para nós. Mas ainda permanece o fato de que nossos vários corpos fizeram mais do que estão acostumados a fazer e, consequentemente, em seguida vem o período em que eles precisam do descanso pelo esforço.

Há várias formas pelas quais esse período de descanso tem seus pequenos perigos. O relaxamento, o recuar do apogeu em que estávamos vivendo, traz antes de tudo certo risco de recuarmos um pouco demais e, ao permitir a nós mesmos retroceder daquela condição espiritual elevada, podemos deslizar ainda mais para baixo na materialidade da vida ordinária; de tal forma que qualquer pequena tentação casual, que geralmente não teria nenhum efeito sobre nós, pode nos pegar desprevenidos. Essa é uma das possibilidades na qual podemos ser pegos com a guarda baixa – alguma pequena tentação que, de forma usual, dificilmente notaríamos. Nessa pequena reação de fadiga, podemos nos sentir um pouco mais autoindulgentes do que o normal, e podemos cometer algum engano tolo que normalmente não faríamos.

Há uma correspondência aos germes de doenças também. Enquanto estamos descansando, há toda sorte de formas-pensamento flutuando ao redor, algumas agradáveis e outras nitidamente desagradáveis; muitas delas, em alguma medida, estão abaixo do nível em que o nosso pensamento normalmente trabalha. Temos mais chances de ser afetados por elas durante esse período de reação.

Os Poderes das Trevas

Há outras considerações das quais é bom que saibamos algo. Nesse período de ascensão sobre o qual falamos, recebemos uma efusão incomum de força espiritual das alturas, da Grande Fraternidade Branca, de nossos Mestres individuais ou Instrutores. Há uma obscura lei na Natureza, que produz um resultado de certa forma curioso. Sempre que há uma grande efusão de forças nobres e superiores, há também um correspondente efluxo de energia não desejável. Pode parecer estranho, mas sem dúvida acontece. Algumas vezes tem sido colocado que quando os Grandes Seres, trabalhando do lado da evolução, se permitem dar uma bênção incomum, por uma razão curiosa de equilíbrio e equidade eles devem permitir uma descarga de força do outro lado. Temos ouvido muito sobre os *poderes das trevas*, sobre magos negros, sobre os Irmãos da Sombra. Estes homens estão seguindo uma linha absolutamente diferente da nossa, uma linha que os leva à colisão com os Mestres da Sabedoria, com a Hierarquia que dirige o mundo e o Sistema Solar. Naturalmente essa oposição atua não apenas nestes grandes Adeptos, mas também em nós, seus humildes seguidores.

Não pretendo devotar muito espaço para essas pessoas neste livro. Escrevi sobre eles consideravelmente no volume III, Capítulo 2, de *Talks on the Path of Ocultism* [Comentários sobre a Senda do Ocultismo]. Tenho pouco a acrescentar no que foi ali afirmado, exceto uma teoria, na qual eles justificam para si próprios seus chocantes procedimentos, afirmando que o Logos não deseja realmente a união – que sua intenção na evolução é o desenvolvimento de cada indivíduo no mais alto grau possível. (Você vai notar, a propósito – embora *eles* nunca admitam –, que o nível não é muito alto, mesmo porque seu esquema de evolução os mantém trabalhando no fortalecimento do Ego e não os leva aos planos búdico e nirvânico, que são planos de união.) Eles dizem: "Vocês enxergam em si próprios sinais de evolução em direção à união; vocês acham que essa é a vontade do Logos. Pelo contrário, essa é uma tentação que o Logos está colocando em seu caminho. No lugar de querer que vocês se tornem um, ele quer que vocês reafirmem sua individualidade apesar de tudo aquilo que os tenta a serem absorvidos em uma unidade indistinta".

As pessoas que realmente acreditam nisso se veem em conflito conosco e com nossos Mestres em todos os pontos e por todo o caminho. Seguimos nossos próprios Mestres, que sabem muito mais sobre a Vontade do Logos que qualquer um que tome essa linha errônea pode algum dia chegar a saber, pois os Mestres alcançam a unidade com o Logos, o que é impraticável para os que advogam a "separatividade".

Dessa forma, esses homens se opõem a nós. Eles tentam obter recrutas. Como todo mundo, eles também querem converter outros para sua própria opinião. Se estamos nos desenvolvendo e nos refinando um pouco mais que a média dos homens em alguns aspectos, somos exatamente as pessoas que eles querem cooptar. Muitos dos mais intelectuais dentre eles estão emaranhados na materialidade como qualquer grande ascético. Eles bem concordam que o homem deve colocar de lado coisas menores e visar às elevadas, mas eles objetivam uma individualidade intensificada, que no final só pode levar ao sofrimento. Assim, há grandes chances de eles tentarem nos influenciar a intensificar a individualidade em nós, para acordar uma vaidade sutil. Lembre-se de que faz parte de seu credo ser extremamente inescrupuloso. Para eles, ter escrúpulos é visto como algo tolo, uma fraqueza desprezível, então eles jogarão com os truques mais malévolos.

É um de nossos perigos específicos. Quanto mais avançados nos tornarmos, seremos melhores presas para esses Irmãos da Sombra se eles conseguirem nos cooptar. Porém, eles não podem se apossar de nós, eles não podem nos tocar, enquanto nos mantivermos em total comunhão de pensamento com nossos Mestres, enquanto pudermos nos manter firmes na linha do altruísmo, da constante efusão de amor.

A nossa força contra esses *poderes das trevas* é a nossa união com nossos Mestres, o nosso poder de nos mantermos com a postura deles – sempre abertos às influências superiores, mas resolutamente fechados a todos os agentes separativos que tentem nos afetar. Qualquer coisa que tende a acentuar a "separatividade" está simplesmente sendo joguete nas mãos do inimigo. Isso é verdade tanto nas pequenas coisas como naquelas que julgamos maiores. Então, devemos pôr de lado todas as pequenas invejas bobas e animosidades. Sempre que nos prostramos a elas, nos tornamos pontos fracos na cidadela teosófica, brechas em suas defesas. Sempre que formos indulgentes com nossa natureza inferior ao permitir pequenos e alegres festejos de orgulho e rancor, ao nos sentirmos ofendidos por um irmão completamente inocente, seremos, em parte, traidores de nossos Mestres. Podemos pensar: "Certamente nossos Mestres nos salvarão de tais quedas". Eles não irão, porque não podem interferir com a nossa liberdade. Devemos aprender a nos virar sozinhos. Além disso, não queremos dar aos nossos Mestres o trabalho de nos vigiar como faz uma ama com pequenas crianças cambaleantes. Os Adeptos são as pessoas mais ocupadas do mundo. Eles lidam com Egos em blocos. Eles lidam com almas aos milhões, não com personalidades uma a uma. Mesmo assim, se em perigo extremo real alguém chamar um Mestre, uma resposta certamente virá. Devemos ter vergonha de levar ao Mestre até mesmo esse problema momentâneo, se pudermos simplesmente evitá-lo; mas, quando realmente necessária, virá a ajuda.

Nos primeiros dias da Sociedade, enquanto Madame Blavatsky ainda estava viva, tínhamos um membro que era de várias formas um homem de tremendo poder. Se ele tivesse escolhido se tornar um mago negro, ele teria se tornado uma espécie muito efetiva. Às vezes ele era levemente inescrupuloso. Ele tinha uma paixão pelo conhecimento; teria feito quase qualquer coisa – até algo um pouco sombrio – para obter mais informações. Era um doutor em medicina. Ao atender um de nossos membros, ele descobriu que ela era uma clarividente com raros poderes em certos sentidos. Sabendo disso, quando ela estava convalescente, ele a convidou para se juntar a ele em certos experimentos. Ele lhe disse bem abertamente no plano físico: "Você tem um poder maravilhoso. Se você me permitir hipnotizá-la, colocá-la em transe, tenho certeza de que você alcançará alturas que eu mesmo nunca poderei tocar. Dessa forma, poderemos obter muito conhecimento que no momento está fora de nosso alcance". A senhora recusou, acredito que com razão, pois tal dominação é algo muito perigoso e certamente não deve ser realizado, exceto sob excepcionais condições e com salvaguardas bem elaboradas.

De qualquer maneira, ela recusou completamente. O doutor ficou muito insatisfeito e se negou a aceitar "não" como resposta, mas no momento seguiu seu caminho. Nessa mesma noite ele se materializou no quarto dela e começou a tentar hipnotizá-la com passes. Não é de se estranhar que ela tenha ficado intensamente furiosa; teve uma imensa sensação de flamejante ultraje por ele ter tido o atrevimento de se intrometer com ela, por ele ter tentado forçar sobre ela o que ela tinha declinado claramente, depois da devida consideração. Ela se preparou para lutar contra suas influências com toda a força, mas rapidamente se deu conta de que seu poder mental não era nada em relação ao dele, de que sua vontade estava sendo lenta mas, certamente, subjugada. Então, sabendo que estava lutando uma batalha perdida, ela clamou ao seu Mestre (o Mestre Kuthumi) por ajuda.

O resultado não foi apenas instantâneo, mas a deixou atônita e sem palavras. Lembre-se de que ela estava cheia da mais violenta e passional sensação de ultraje. Num clarão momentâneo, enquanto fazia o chamado, viu o doutor desaparecendo a distância. Isso talvez não tenha sido tão chocante, mas o que a deixou maravilhada, o que ela jamais esqueceu, foi que em um instante todo o seu sentimento foi absolutamente alterado. A raiva havia passado, a sensação de ultraje havia sumido, e tudo o que ela sentia com relação ao doutor que desaparecia era uma profunda tristeza, pelo fato de um homem que tinha tão magníficos poderes tê-los usado dessa forma incorreta. Assim, vemos que, quando há um perigo extremo real, a ajuda está disponível. Porém, penso que nenhum de nós pedirá ajuda a menos que seja absolutamente forçado a fazê-lo.

Pense nos outros e não em si mesmo. Pense na lealdade e no amor ao seu Mestre, e em como você pode melhor servi-lo ao espalhar a influência dele entre seus irmãos. Então não precisa se preocupar em perder, no lugar de ganhar, por meio de alguma maravilhosa inspiração que venha até você.

A Certeza do Sucesso

O discípulo deve ter em mente que em relação aos seus esforços na direção do automelhoramento ele jamais se permitirá desencorajar-se pelo fracasso, mesmo que este se repita frequentemente. Não importa quantas vezes ele venha a falhar em seus esforços, não importa quantas falhas ele tenha na Senda que ele coloca perante si, haverá exatamente a mesma razão para se levantar e seguir em frente depois de mil quedas que havia após a primeira. No plano físico há várias coisas que são francamente impossíveis, mas esse não é o caso nos mundos superiores. Não podemos levantar o peso de uma tonelada sem maquinário, mas nos mundos superiores é possível com perseverança levantar o peso de nossas muitas imperfeições. A razão para isso é óbvia se nós pensarmos. Os músculos humanos não foram construídos para levantar uma tonelada, e nenhum treino concebível poderia torná-los capazes de fazer isso, porque a força que há neles é limitada. Em questões espirituais, o homem tem por trás de si todo o poder divino a que possa aspirar, e assim, pouco a pouco, e por esforços repetidos, ele se tornará forte o suficiente para superar qualquer obstáculo.

As pessoas frequentemente dizem: "Eu posso lidar com as coisas no plano físico, mas no astral e no mental eu posso fazer muito pouco. É tão difícil!" Isso é o reverso da verdade. Eles não estão acostumados a pensar e a trabalhar nessa matéria mais fina, e portanto acreditam que não podem. Porém, assim que a sua vontade for estabelecida, elas verão que as coisas seguem a direção dessa vontade de uma forma impossível no plano físico.

Alguns discípulos perceberam que foram muito ajudados nesse trabalho pelo uso de um talismã ou amuleto. Essa pode ser uma ajuda muito real, já que a natureza física tem que ser enfrentada e subjugada, assim como a mente e as emoções; e ela é sem dúvida a mais difícil de influenciar. Um talismã fortemente carregado com magnetismo para um propósito em particular, por alguém que sabe como fazer isso, pode ser de uma ajuda inestimável, como eu expliquei detalhadamente em *O Lado Oculto das Coisas*. Muitas pessoas se acham superiores a tais auxílios e dizem que não precisam de ajuda. Porém, em minha opinião, achei a tarefa tão árdua que fico feliz em utilizar qualquer assistência que me possa ser oferecida.

Capítulo 6

OUTRAS APRESENTAÇÕES

Os Mestres e a Fraternidade

Todo esse tempo, o Adepto, além de usar o discípulo como aprendiz, esteve preparando-o para apresentá-lo à Grande Fraternidade Branca para Iniciação. O principal objetivo da existência da Fraternidade é promover o trabalho da evolução. O Mestre sabe que quando o candidato está pronto para a estupenda honra de ser recebido como um membro, ele será de muito maior utilidade no mundo do que antes. Dessa forma, é seu desejo erguer o discípulo a esse nível o mais rápido possível. Nos livros orientais sobre o assunto, escritos milhares de anos atrás, podem-se encontrar muitos relatos sobre esse período preparatório de instrução. Quando foram feitas referências a ele nas primeiras literaturas teosóficas, foi denominado de Senda Probacionária; o termo não se refere ao fato de alguém ser colocado em provação por um Adepto, mas a um curso de treinamento geral preparatório para Iniciação. Eu próprio usei o termo em *Auxiliares Invisíveis*[55], mas ultimamente tenho evitado o seu uso por conta da confusão causada pelo emprego da mesma expressão em dois sentidos distintos.

---

[55] *Auxiliares Invisíveis*, de C.W. Leadbeater, Editora Pensamento (N.E.)

O método realmente adotado é rapidamente compreensível. É de fato muito parecido como o usado em nossas Universidades mais antigas. Se um estudante quiser obter um diploma em uma delas, ele deve antes passar nos exames de ingresso da Universidade e depois ser admitido em uma das Faculdades. O coordenador dessa Faculdade é tecnicamente responsável pelo seu progresso e pode ser visto como seu tutor chefe. O estudante terá que trabalhar em grande parte por si mesmo, mas espera-se que o coordenador de sua Faculdade seja o responsável para que ele se prepare devidamente antes de ser apresentado para receber o seu diploma. Não é o coordenador que dá o diploma; ele é conferido pela entidade abstrata chamada "Universidade" – usualmente pelas mãos de seu Vice-reitor. É a Universidade, não o coordenador da Faculdade, que prepara o exame e confere os vários diplomas. O trabalho do coordenador da Faculdade é o de cuidar para que o candidato esteja devidamente preparado e o de ser geralmente, até certa medida, o responsável por ele. No processo de tal preparação ele pode, por sua conta, iniciar qualquer relação social que entender apropriada com seu discípulo, mas isso não diz respeito à Universidade.

Da mesma forma, a Grande Fraternidade Branca nada tem a ver com a relação entre um Mestre e seu discípulo; essa é uma questão para consideração privada somente do próprio Mestre. A Iniciação é dada por um Membro escolhido da Fraternidade em nome do Iniciador Único; esta é a única forma em que pode ser obtida uma Iniciação. Quando um Adepto considera que um de seus discípulos está apto à Primeira Iniciação, ele noticia esse fato e o apresenta. A Fraternidade pergunta apenas se a pessoa está pronta para a Iniciação, e não qual é a relação entre ela e qualquer Adepto; não diz respeito à Fraternidade se o aspirante está em estágio de provação, aceitação ou filiação. Ao mesmo tempo, é verdade que um candidato para Iniciação deve ser proposto e apoiado por dois dos membros superiores da Fraternidade – ou seja, por dois que alcançaram o nível de Adepto. Claro que nenhum Mestre proporia uma pessoa aos testes de Iniciação a menos que tenha certeza de sua adequação, o que pode ser obtido apenas com uma identificação muito próxima com sua consciência.

A Senda Probacionária é, assim, um estágio que leva até a Senda Própria, que começa com a Primeira Iniciação. Nos livros orientais, ambas as Sendas são descritas de forma bem impessoal, como se não existisse um Mestre particular. Os questionamentos que primeiro surgem são: "Como um homem vivendo no mundo ordinário é levado a essa Senda Probacionária; e como é ele levado a saber que tal coisa existe?"

Quatro Caminhos para a Senda

Lemos nos livros que existem quatro caminhos. Qualquer um deles pode levar um homem ao começo da Senda de desenvolvimento. Primeiro, estando sob influência e relacionando-se com aqueles que já estão interessados nessa linha. Alguns de nós, por exemplo, podem ter sido monges ou freiras na Idade Média. Podemos ter entrado em contato com um abade ou com uma abadessa que tivesse profunda experiência do mundo interior – uma pessoa como Santa Teresa. Admirando um líder como esse, podemos ter desejado seriamente que tal experiência viesse até nós. Nosso desejo por ela pode ter sido bem altruísta. Talvez não tenhamos pensado no mérito que obteríamos ou na satisfação da conquista, mas simplesmente na alegria de ajudar os outros, como vimos o abade sendo capaz de prestar auxílio com seu profundo discernimento. Tal sentimento naquela vida certamente poderia nos levar, em uma encarnação seguinte, ao contato com ensinamentos no assunto.

Acontece que, nos lugares em que predomina a cultura europeia, praticamente a única forma em que podemos ter os ensinamentos internos colocados claramente perante nós é pela entrada na Sociedade Teosófica ou pela leitura de trabalhos teosóficos. Há trabalhos místicos ou espiritualistas que trazem alguma informação, que percorrem um longo caminho, mas não há nenhum, até onde eu saiba, que apresente a questão tão claramente, tão cientificamente, como tem feito a literatura teosófica. Não conheço outro livro que contenha tamanha riqueza de informação como *A Doutrina Secreta*[56].

Há, claro, os livros sagrados dos hinduístas e de outras nações, e existe uma grande quantidade desse assunto neles, mas ele não é colocado de uma forma que facilite para nós, com o treinamento que temos, assimilá-lo ou apreciá-lo. Uma vez tendo lido livros teosóficos, ao lermos algumas das lindas traduções desses livros orientais, podemos identificar neles os conceitos da literatura teosófica. Na Bíblia Cristã (embora ela não esteja muito bem traduzida em muitos locais, em nosso ponto de vista), podemos encontrar uma grande quantidade de Teosofia; mas antes de encontrá-la temos que conhecer o sistema. Depois de estudar Teosofia, vemos rapidamente quantos textos lhe dão suporte e não poderiam ser explicados sem ela. Vemos como as cerimônias na Igreja, antes aparentemente sem sentido, saltam para a vida sob a iluminação dos ensinamentos e se tornam vivas e interessantes. Mesmo assim, eu nunca ouvi falar de ninguém que tenha sido capaz de deduzir o sistema teosófico nem a partir dos textos nem a partir das cerimônias.

Assim, uma das formas de se aproximar da Senda é entrando em contato com aqueles que já a estão trilhando. Outra forma é lendo ou ouvindo sobre o assunto. Todo esse ensinamento veio a mim em 1882 através do livro do Sr. Sinnett, *O Mundo Oculto*[57]. Imediatamente em seguida, li o seu segundo livro *O Budismo Esotérico*[58]. Percebi de imediato instintivamente que o que estava escrito

---

[56] *A Doutrina Secreta*, de H.P. Blavatsky, Editora Pensamento (N.E.)
[57] *O Mundo Oculto*, de Alfred P. Sinnett, Editora Teosófica. (N.E.)
[58] *O Budismo Esotérico*, de Alfred P. Sinnett, Editora Pensamento. (N.E.)

era verdade, e o aceitei. Ouvir e ler sobre o assunto rapidamente me acendeu o desejo e a intenção determinada de saber mais, de aprender tudo o que eu pudesse sobre o tema, de buscá-lo por todo o mundo se necessário até encontrá-lo. Logo depois disso, declinei de minha posição na Igreja da Inglaterra e fui para a Índia, pois me pareceu que mais poderia ser feito por lá.

Estes são dois caminhos pelos quais as pessoas são levadas à Senda: lendo e ouvindo sobre ela, e entrando em associação próxima com aqueles que já a estão trilhando. O terceiro caminho que é mencionado nos livros orientais é pelo desenvolvimento intelectual. Pela pura força do pensamento, um homem pode vir a compreender alguns desses princípios; entretanto, acredito que esse método é raro. Ainda, eles nos contam sobre um quarto caminho: pela longa prática da virtude o homem pode chegar ao início da Senda; pode desenvolver a sua alma de tal forma, pela prática constante da retidão – até onde ele conhecê-la –, que eventualmente cada vez mais a luz se abrirá perante ele.

A Classificação Budista

Quarenta anos atrás, quando as Qualificações para a Senda foram colocadas perante mim a partir do ponto de vista de *O Budismo Esotérico*, elas foram dadas da seguinte forma: a primeira delas, *Discernimento*, chamada pelos hindus de *Viveka*, foi descrita como *Manodvāravajjana*, que significa "a abertura das portas da mente", ou talvez "escapar pela porta da mente". Essa é uma forma muito interessante de expor isso, já que o *Discernimento* surge do fato de que nossas mentes foram abertas de tal forma que podemos entender o que é real e o que não é real, o que é desejável e o que não é desejável, e podemos distinguir entre os pares de opostos.

A segunda qualificação, *Ausência de Desejo*, conhecida como *Vairāgya* entre os hindus, me foi ensinada como *Parikamma*, que significa "preparação para a ação". A ideia é que devemos nos preparar para a ação no mundo oculto aprendendo a fazer o que é certo puramente pela retidão. Isso envolve a obtenção de uma condição de alta indiferença, em que a pessoa certamente não mais se importa com os resultados da ação; significando assim a mesma coisa que *Ausência de Desejos*, embora seja colocado por outro ponto de vista.

Os *Seis Pontos de Boa Conduta*, chamados de *Shatsampatti* no esquema hindu, foram dados como *Upāchāro*, que significa "atenção à conduta". Para a conveniência dos estudantes que gostariam de comparar os *Seis Pontos* com aqueles dados em *Aos Pés do Mestre*[59], repito aqui o que falei sobre eles em *Auxiliares Invisíveis*.

Em páli eles são chamados de:

a) *Sama* (quietude) – a pureza e calma de pensamento que vêm do perfeito controle da mente; uma qualificação extremamente difícil de obter e, mesmo assim, muito necessária, pois a menos que a mente se mova apenas em obediência à direção da vontade, ela não poderá ser um instrumento perfeito para o trabalho do Mestre no futuro. Essa qualificação é muito abrangente e inclui tanto o autocontrole como a calma necessária para o trabalho astral.

b) *Dama* (subjugação) – uma maestria similar e, portanto, a pureza sobre as ações e as palavras; uma qualidade que segue necessariamente sua antecessora.

c) *Uparati* (cessação) – explicada como a cessação do fanatismo ou da crença na necessidade de qualquer ato ou cerimônia prescrita por uma religião em particular; o que leva o aspirante à independência de pensamento e a uma ampla e generosa tolerância.

---

[59] *Aos Pés do Mestre*, de J. Krishnamurti, Editora Teosófica. (N.E.)

Os Mestres e a Senda

d) *Titikkha* (resiliência ou paciência) – que significa a prontidão de tolerar com alegria tudo quanto o *karma* trouxer, e desapegar de toda e qualquer coisa mundana sempre que for necessário. Também inclui a ideia de completa ausência de ressentimento pelo erro, sabendo o homem que aqueles que lhe fazem mal são apenas instrumentos de seu próprio *karma*.

e) *Samādhāna* (intenção) – unidirecionalidade, envolvendo a incapacidade de se desviar do caminho por tentações.

f) *Saddhā* (fé) – confiança no Mestre e em si mesmo; confiança de que o Mestre é um instrutor competente e que, não importa o quão acanhado o discípulo possa se sentir em relação a seus próprios poderes, mesmo assim ele tem dentro de si a centelha divina que, quando ventilada em uma chama, um dia lhe possibilitará alcançar até mesmo o que o seu Mestre faz.

A quarta qualificação na classificação hindu é chamada de *Mumukshutva*, usualmente traduzida como "uma ardente ânsia por libertação da roda de nascimentos e mortes", enquanto que entre os budistas a denominação dada é *Anuloma*, que significa "ordem direta ou sucessão", pois sua obtenção é consequência natural das outras três.

Yoga Hindu

Percebe-se imediatamente que o conjunto de qualificações descritas acima parece estar de acordo com aquelas dadas em *Aos Pés do Mestre*, que por sua vez têm exatamente a mesma estrutura das mencionadas nos livros atribuídos na Índia a *Shankarāchārya*[60]

---

[60] *Shankarāchārya* – o principal filósofo na escola ADVAITA VEDANTA da Filosofia Hindu. (N.E.)

e seus seguidores, para o uso de candidatos objetivando o *yoga*. O termo *"yoga"*, que há muito tempo tem sido usado na Índia, significa "união". Como geralmente considera-se implicar união com o Divino, de fato significa "unidade". Porém, a expressão se refere, em todas as diferentes escolas de *yoga* na Índia, não apenas ao distante objetivo de união mas também aos métodos de treinamento prescritos que levam a esse objetivo. Assim, alguns dizem que o significado de *"yoga"* é "meditação", por ter um grande papel na maioria dos sistemas.

Não deve ser concluído, entretanto, que a meditação seja o único ou mesmo o principal meio para o *yoga*, pois houve e ainda há muitas escolas diferentes, cada uma com seus métodos especiais. O professor Ernest Wood descreveu as sete principais escolas de *yoga* em *Raja Yoga: The Occult Training of the Hindus*[61] [*Raja Yoga* – o Treinamento Oculto dos Hindus]. Demonstrou que cada uma delas pertence a um dos sete Raios, e por isso elas devem ser vistas como complementares, não como métodos rivais de prática. Cada grande Instrutor expôs um método adequado para cada tipo de Ego – um fato tão bem conhecido entre os hindus; sendo sempre liberais e tolerantes em seus pensamentos, eles consideram perfeitamente correto cada homem seguir o método que seja mais adequado ao seu temperamento.

Esse livro explica que em cada escola há certas características similares àquelas que predominam nos ensinamentos de nossos Mestres. Há sempre um treinamento preliminar – acompanhado da exigência de obtenção de moral elevada – antes que o candidato possa entrar na Senda Própria. Ao chegar a esta Senda, ele é sempre aconselhado a procurar um mestre ou guru. Na escola de Patañjali[62], por exemplo, que é a primeira a ser tratada, já que é a mais

---

[61] *Raja Yoga: The Occult Training of the Hindus* [*Raja Yoga:* o Treinamento Oculto dos Hindus – editado pela Theosophical Publishing House. (N.E.)]

[62] Patañjali – grande filósofo indiano, no século VI a.C.; foi o instrutor de

antiga daquelas de que temos registros escritos, há dez mandamentos, os primeiros cinco são negativos (proibindo o dano a outros, a mentira, o roubo, a incontinência sexual e a cobiça) e os demais são positivos (preceituando a limpeza, o contentamento, o esforço, o estudo e a devoção).

No percurso preliminar de treinamento há três requisitos — *tapas* ou esforço, *svādhyāya* ou estudo da própria natureza com a ajuda das Escrituras, e *Ishvara-pranidhāna* ou devoção a Deus a todo o tempo. A eles o autor compara respectivamente nossas três qualificações: *shatsampatti* ou boa conduta, que envolve o uso da vontade em uma série de esforços; *viveka* ou discernimento, que implica entendimento do que é verdadeiro e do que é falso, dentro e fora de si; e *vairāgya* ou ausência de desejos, já que as emoções pessoais podem ser mais bem transcendidas pela devoção. Depois de desenvolver esses requisitos preliminares, o candidato à Senda usa sua vontade para dominar e empregar cada parte de sua natureza em uma série de passos (físicos, etéricos, astrais, mentais e além). Por conta disso, a escola é descrita como de Primeiro Raio, no qual o emprego da vontade predomina.

A segunda escola de *yoga* é a de Shri Krishna, particularmente exposta no grande poema *Bhagavad-Gitā*[63], que foi traduzido com muita precisão e beleza pela Dra. Besant e também em uma interpretação mais livre feita pelo Sr. Edwin Arnold sob o título de *The Song Celestial* [A Canção Celestial]. Essa escola ensina acima de tudo a doutrina do amor. O discípulo Arjuna, para quem o Guru falou, foi um grande amante da humanidade. De acordo com a escritura, esse grande soldado afundou-se em sua carruagem antes de a batalha de Kurukshetra começar, cheio de tristeza porque amava

---

Shankarāchārya, escreveu a primeira codificação da disciplina do *Yoga*, os *Yoga-Sūtras*, traduzidos por I.K. Taimni em *A Ciência do Yoga*, Editora Teosófica. (N.E.)

[63] *Bhagavad-Gitā – a Canção do Senhor*: a tradução da Dra. Annie Besant, a que se refere o autor, é publicada pela Editora Teosófica. (N.E.)

seus inimigos e não poderia feri-los. O instrutor Shri Krishna então explicou a ele, em meio a muitos ensinamentos filosóficos, que a maior coisa na vida é o serviço, que o próprio Deus é o maior servidor – pois ele mantém a roda da vida girando, não porque algum benefício possa advir a ele em consequência, mas para o bem do mundo – e que o homem deve seguir o seu exemplo e trabalhar para o benefício da humanidade. Muitos dos Grandes Seres, ele disse, alcançaram a perfeição seguindo esse caminho na vida, cumprindo o seu dever sem desejos pessoais. Amar sem cessar é o caminho do Segundo Raio. No *Gītā* é mostrado como esse amor deve ser direcionado aos homens e a outros seres no *Karma Yoga* (o *yoga* pela ação e pelo trabalho) e a Deus no *Bhakti Yoga* (o *yoga* da devoção).

Mais uma vez, três ensinamentos preliminares são dados. Para alcançar a sabedoria do amor, o candidato deve praticar a devoção e a reverência, pesquisar ou investigar, e servir – o primeiro envolve a reta emoção; o segundo, o reto pensamento e entendimento; e o terceiro, o reto uso da vontade na vida prática. Esses ensinamentos são novamente comparáveis às nossas três primeiras qualificações. É particularmente interessante notar que o Instrutor diz que quando o candidato se apresenta dessa forma tripla, "os Sábios, que conhecem a essência das coisas, o instruirão sobre a Sabedoria" – em outras palavras, o aspirante encontrará o Mestre.

A terceira escola, a de *Shankarāchārya*, como já mencionado, apresenta as qualificações na ordem em que as temos, iniciando por *viveka* ou discernimento. Ela é direcionada para as pessoas cujo temperamento as leva a quererem entender o que elas são – não apenas qual o serviço que elas devem desempenhar, mas de que forma sua contribuição se encaixa no esquema das coisas e no desenvolvimento da humanidade. Deve ser notado que o Mestre Kuthumi, ao apresentar essas qualificações, as interpretou de forma inteiramente nova à luz do amor.

A quarta escola é o *Hatha Yoga*. Compreendida corretamente, envolve purificação e treinamento físicos severos, tencionando levar realmente o corpo a um estado perfeito de saúde, funcionamento ordenado e refinamento, de forma a permitir ao Ego que o usa atingir o máximo possível na presente encarnação. Para essa finalidade há várias práticas, incluindo exercícios de respiração, com o objetivo de atuar no sistema nervoso e no duplo etérico, assim como nas partes do corpo denso usualmente treinadas em cursos de fisiculturismo. Infelizmente, muito do que aparece na literatura popular sobre esse assunto reflete apenas uma superstição distorcida do ensinamento real, e descreve várias formas repulsivas de subjugação e mortificação do corpo que eram comuns também na Europa alguns séculos atrás. Porém, em todos os livros sânscritos que tratam do *hatha yoga*, está claramente afirmado que o objetivo das práticas físicas é levar o corpo ao mais elevado estado de saúde e eficiência.

A quinta escola, denominada de *Laya Yoga*, foca o despertar das faculdades superiores do homem pelo conhecimento da *kundalini*, o "poder serpente", que na maioria das pessoas permanece latente na base da espinha, e pelo conhecimento dos sete *chakras* ou centros de força através dos quais os poderes despertos são guiados. Sobre esses centros e sobre essa força, fiz várias considerações em *A Vida Interna*[64] e em *O Lado Oculto das Coisas*. Reuni todo esse material, fiz alguns acréscimos, e publiquei uma monografia sobre o assunto com grandes ilustrações coloridas dos sete *chakras* e dos cursos dos vários pranas ou correntes de vitalidade[65]. Os métodos dessa e da escola anterior não são, entretanto, recomendados a estudantes ocidentais, nem a alguém que não esteja sendo especialmente dirigido por um instrutor competente para praticá-los. Eles são adequados apenas para

[64] *A Vida Interna*, de C.W. Leadbeater, Editora Teosófica. (N.E.)
[65] Veja *Os Chakras*, de C.W. Leadbeater, Editora Pensamento. (N.E.)

aqueles que possuem hereditariedade física oriental e podem viver de forma simples e pacífica como vivem alguns orientais. Para os outros, eles não apenas seriam de sucesso improvável como também muito perigosas para a saúde, e até para a vida. Conheci muitos tristes casos de doenças e loucura que resultaram de tentativas nessas linhas, especialmente na América.

A sexta escola é a de *Bhakti* ou devoção. Ela também é tratada em grande extensão no *Bhagavad-Gitā*. De fato, é encontrada em todas as religiões entre aqueles devotos que colocam sua confiança inteiramente no Divino – que não oram por favores pessoais, mas estão bem convencidos de que Deus é o Mestre perfeito de seus mundos, de que Ele sabe o que está fazendo, e que, portanto, tudo está bem. Eles estão, assim, mais que contentes; eles se enchem de êxtase só em ter a oportunidade e o privilégio de servi-lo e obedecê-lo de qualquer maneira.

Mantras

Por último, temos a sétima escola, chamada na Índia de *Mantra Yoga*. É adequado expor aqui os seus princípios em maior extensão que as outras, pois o Raio da qual é uma das principais expressões está agora se tornando dominante no mundo e está desempenhando um amplo e crescente papel tanto no Oriente como no Ocidente.

A palavra "mantra" vem do sânscrito [*mantra* ou *mantram*], e é praticamente equivalente às nossas palavras "encantamento" e "magia". A maioria dos mantras usados na Índia para bons propósitos são versos dos *Vedas*[66], pronunciados com intenção de acordo com os métodos tradicionais, que são o resultado do conhecimento oculto prático. Há também muitos mantras empregados por ho-

---

[66] *Vedas* – as Escrituras dos hindus; palavra derivada da raiz *vid*, "conhecer" ou "conhecimento divino". São as mais antigas e mais sagradas obras sânscritas. (N.E.)

mens que seguem os *Tantras*, são usados com a mesma frequência tanto para o mal como para o bem. Por isso, encontramos circulando na Índia um grande número deles, tanto os desejáveis como os indesejáveis. Se tivermos de classificá-los de acordo com o nosso ponto de vista ocidental, eu diria que existem cinco tipos principais desses mantras:

1. Os que funcionam simplesmente pela fé;
2. Os que funcionam por associação;
3. Os que funcionam por acordo ou pacto;
4. Os que funcionam por seu significado;
5. Os que funcionam por seu som, sem referência ao significado.

O Efeito da Fé

A primeira classe produz seus efeitos simplesmente por causa da forte convicção do operador de que o resultado vai acontecer e da fé da pessoa sobre a qual eles irão operar. Se ambos os homens tiverem a certeza de que algo vai acontecer – digamos, a cura de um ferimento ou de uma doença –, então *realmente* acontece. Em alguns casos, a fé de apenas uma das partes parece ser suficiente. No interior da Inglaterra, e de fato entre os camponeses em todos os países, é usado um bom número de tais encantos. As pessoas têm pequenas falas, geralmente de caráter semirreligioso, que foram entregues a elas por seus pais e supostamente produzem determinados efeitos. Elas frequentemente parecem uma mera bobagem; as palavras frequentemente não são nem coerentes. São provavelmente corruptelas de certas locuções, tanto em inglês como, em alguns casos, em latim ou francês. Elas não funcionam pelo som, pois elas não possuem nada da sonoridade indispensável a um mantra verdadeiro. Porém, quando recitadas para pacientes sob certas condições, elas são às vezes de uma eficiência inquestionável. Em tais casos, é a fé na fórmula ancestral que produz o resultado.

Muitos encantamentos similares encontrados em países orientais parecem atuar pela fé. Posso dar um exemplo de meu conhecimento pessoal, que suponho ser de tal natureza. Uma vez, quando eu estava no interior do Ceilão[67], fui mordido gravemente por um cachorro. O ferimento estava sangrando consideravelmente. Um transeunte casual, agricultor por sua aparência, apressou-se, apanhou uma folha do arbusto mais próximo, pressionou-a sobre o ferimento e murmurou algumas palavras que eu não pude entender; e o ferimento imediatamente parou de sangrar. Esse encantamento, portanto, sem dúvida funcionou, e certamente não pela minha fé, pois eu não tinha a mínima ideia do que o homem iria fazer. Como sempre ocorre no Oriente, o homem não recebeu nenhum dinheiro pelo exercício desse poder. Até onde pude ouvir as palavras, posso dizer que elas eram incoerentes. Se tiveram alguma coerência, certamente não eram em cingalês, a língua do próprio homem, nem em sânscrito. Disseram-me que há encantos similares contra mordidas de cobra no Ceilão que também parecem funcionar – mais uma vez pela fé, eu imagino. Todos os envolvidos têm certeza de que algo vai acontecer, então acontece.

Há uma variante desse tipo [de mantra] em que o sucesso é alcançado pela força de vontade do operador. Enquanto ele profere as palavras ou faz o gesto, está completamente determinado que um dado resultado se seguirá e, consequentemente, acontece. Eu vi o Príncipe Harisinghji Rupsinghji, de Kathiawar, curar instantaneamente um homem sofrendo de uma picada de escorpião. O homem já estava pálido e meio tonto do susto, se contorcendo e gemendo em dor, e mal conseguindo se arrastar com a assistência de dois amigos. O Príncipe fez ao redor da ferida o sinal da estrela de cinco

---

[67] Atual Sri Lanka. (N.E.)

pontas, falou com ênfase uma palavra em sânscrito e, de repente, a vítima, que tinha caído no chão, cambaleou até os seus pés, se declarando bem e inteiramente livre da dor, prostrando-se perante o Príncipe em gratidão.

Associação de Pensamento

Há mantras que funcionam por associação. Algumas locuções trazem consigo certas ideias, e realmente alteram a corrente de nossos pensamentos e sentimentos. Um exemplo disso é o Hino Nacional de um país. Essa associação é tão forte que, logo que ouvimos sua melodia, nos endireitamos instintivamente e externamos nossa lealdade e nossa boa vontade para com o país e seu governante. Isso evoca uma nítida resposta, pois, de acordo com a lei, uma força irrompida dessa forma altruísta deve atrair uma correspondente descida de poder do alto. Essa resposta vem de certos tipos de Anjos, conectados com o trabalho do Primeiro Raio; a atenção deles é atraída sempre que o Hino Nacional é cantado. Eles emanam suas bênçãos sobre e através das pessoas cuja lealdade foi assim estimulada.

Outro exemplo, embora bem mais fraco, de um tipo similar de mantra é *"The Voice that Breathed o'er Eden"*[68] [A voz que Sussurrou sobre o Éden]. Não podemos ouvir esse hino sem pensar fortemente em um casamento e em todos os sentimentos festivos e de boa vontade usualmente conectados a tal acontecimento. Vários hinos e corais de Natal também invocam em nossas mentes uma corrente muito definida de pensamento. Os gritos de guerra, que tiveram um papel tão proeminente em batalhas nos tempos medievais, eram mantras desse tipo. Há uma série de tais formas que instantaneamente chamam ideias correspondentes. Elas produzem resultados por causa de sua associação, não por algo que seja inerente a elas.

---

[68] Hino de autoria de John Keble, poeta e religioso inglês, um dos líderes do Movimento Oxford (1833 - 1854), da Igreja Anglicana. (N.E.)

Cooperação Angelical

Há certos mantras que funcionam por acordo ou convenção. A maioria das religiões parece ter alguns exemplos deste tipo. O grande chamado muçulmano dos minaretes das mesquitas tem esse caráter, embora também tenha um pouco do tipo de que falamos por último. É uma declaração de fé: "Não há um Deus se não o Deus" (ou, como alguns traduziram, "Não há nada a não ser Deus", o que é uma verdade eterna) e "Maomé é o Profeta de Deus". É interessante ver o efeito produzido nas pessoas por essas palavras. Vai muito além do puro pensamento em seu significado, pois elas chamam naqueles que as ouvem uma fé ardente, uma explosão de devoção, que é bela à sua maneira, muito característica do Islamismo. Isso pode ser um mero caso de associação, no entanto, pelo fato de alguns Anjos de um tipo específico serem evocados, é a sua ação que causa muito do entusiasmo que é exteriorizado.

Talvez seja na religião cristã que achamos os melhores exemplos deste terceiro tipo de mantra, como perceberão aqueles que conhecem alguma coisa sobre o Serviço da Igreja. O maior deles é o *"Hoc est Corpus Meum"* ("Este é o Meu Corpo"), pois o próprio Cristo convencionou com sua Igreja que sempre que esse chamado for proferido, sempre que estas palavras forem pronunciadas em qualquer língua por um de seus Padres devidamente ordenados, ele responderá. Porém, esse poder é dado sob condições apenas àqueles já preparados por outro mantra do mesmo tipo para recebê-lo – um mantra também prescrito pelo próprio Cristo; as palavras: "Recebei vós o Espírito Santo".

O poder que ele deu a seus discípulos por essas palavras, pouco antes de ele os deixar, tem sido passado adiante com o mesmo texto numa cadeia contínua por quase dois mil anos[69], constituindo

---

[69] O autor se refere à data da primeira edição desse livro, em 1925. (N.E.)

o que é chamado de Sucessão Apostólica. Sempre que um Padre devidamente ordenado nessa Sucessão pronuncia com intenção as palavras "Este é o Meu Corpo", uma maravilhosa transmutação acontece no pão sobre o qual ele as fala, de forma que, embora a sua aparência externa continue a mesma, seus princípios superiores ou contrapartes são substituídos pela vida do próprio Cristo. Ele se torna verdadeiramente o seu veículo, como o foi seu corpo na Palestina.

Não há dúvidas sobre a funcionalidade do mantra "Este é o Meu Corpo", pois a sua atuação pode ser vista hoje em dia por aqueles que possuem olhos para ver. O Senhor Tennyson nos fala em *The Idylls of the King* [Os Idílios do Rei] que Galahad, descrevendo a celebração da Eucaristia, disse:

> Eu vi a face ardente como de uma criança
> Que se insinuou no pão.

Assim, qualquer clarividente que observa a oferenda deste mesmo Santo Sacrifício hoje em dia pode ver brilhar a contraparte do pão numa linha de luz viva quando o mesmo mantra sagrado é pronunciado. Todos os ramos da Igreja Cristã – a Igreja Católica Romana, a Igreja Ortodoxa Grega, a Igreja Anglicana e a Igreja Católica Liberal –, que celebram a Santa Eucaristia da forma como foi colocada por Cristo, usam aquelas Palavras como parte de sua Liturgia; e em todas elas esse maravilhoso resultado é produzido. Todos esses ramos da Igreja também invocam as Hostes Angelicais para auxiliar no Serviço. Isso acontece não apenas por uma forma particular de palavras, mas também (quando o Serviço é cantado) por uma forma particular de música, por um arranjo de sons que tem persistido com uma pequena variação desde os primeiros dias da história da Igreja. Os Anjos de um tipo especial recebem essas palavras como um chamado, e imediatamente cumprem seu papel no Serviço que está sendo realizado[70].

O Efeito da Repetição

Chegamos agora a uma classe de mantras que atuam pelo significado das palavras repetidas. Uma pessoa recita certo arranjo de palavras com firme confiança várias e várias vezes, de forma que o significado golpeia fortemente seu cérebro e seu corpo mental. Se ela estiver tentando fazer, por exemplo, um determinado trabalho em Ocultismo, tal repetição fortalecerá bastante a sua vontade. Tais mantras podem ser usados de diferentes maneiras. De acordo com o interesse do homem, eles produzem um de dois efeitos: ou eles fortalecem a sua vontade para a realização do que ele quer fazer ou eles imprimem sobre ele uma convicção absoluta de que aquilo será feito. Os mantras deste tipo aparecem nas meditações diárias prescritas pelos hindus e na maioria das escolas de Ocultismo. A repetição de certas sentenças em pontos fixos durante o dia tende a imprimir fortemente na mente as ideias nelas contidas. "Mais radiante que o Sol, mais puro que a Neve, mais sutil que o Éter é o Ser, o Espírito dentro de meu coração. Eu sou esse Ser; esse Ser sou eu" – é um bom exemplo deste tipo de mantra e, claro, é tão efetivo quando pensado como quando falado em voz alta.

Bênçãos

Sob essa diretriz devem ser vistos os vários tipos de bênçãos, como as que são concedidas na Igreja, no Templo, na Mesquita, na Maçonaria, e pelos discípulos de nossos Mestres. As bênçãos podem ser organizadas em duas seções: as que o homem dá a partir de si

---

[70]Para uma completa explicação sobre o trabalho desse maravilhoso mantra, veja *The Science of the Sacraments* [A Ciência dos Sacramentos, de autoria de C.W. Leadbeater. (N.E.)]

mesmo e as que são dadas através dele como oficiante de um poder superior. O primeiro tipo de benção é meramente a expressão de um sincero desejo bondoso. Um exemplo típico disso é a bênção que algumas vezes é dada por um pai a um filho, tanto no leito de morte do primeiro como quando o último está prestes a começar uma longa e possivelmente perigosa jornada. As bênçãos do moribundo Isaque a seus filhos Esaú e Jacó são uma boa ilustração, embora neste caso particular algumas complicações tenham sido inseridas pelo escândalo da duplicidade de Jacó. Por conta desse incidente, os leitores das Escrituras se lembrarão de que Isaque estava totalmente convencido da efetividade de suas bênçãos; e quando ele descobriu o golpe que tinha sido praticado contra ele, não foi capaz de reverter o desejo que havia expressado.

Surge então uma questão: uma bênção dessa natureza traz algum resultado; e em caso afirmativo, como é produzido esse resultado? A única resposta que pode ser dada é que dependerá da sinceridade do desejo e da quantidade de força espiritual colocada na bênção. Ela produz uma forma-pensamento que se anexa à pessoa que é abençoada. O tamanho, a força e a persistência dessa forma-pensamento dependem da força de vontade da pessoa que dá a bênção. Se as palavras forem proferidas apenas formalmente, sem muito sentimento ou intenção por trás delas, o efeito será fraco e transitório. Por outro lado, se elas vierem de coração e forem proferidas com uma determinação definida, seu efeito será profundo e duradouro.

O segundo tipo de bênção é a proferida por um oficiante apontado para o propósito, através do qual o poder flui a partir de alguma fonte superior. Um bom exemplo disso é a bênção com a qual se finaliza a maioria dos serviços da Igreja. Ela não pode ser dada por alguém cuja classe eclesiástica seja inferior à de Padre. Nesse sentido, pode-se dizer que a bênção compartilha do caráter de mantra da terceira categoria, já que o poder de dar uma verdadeira bênção é um dos poderes conferidos a um Padre em sua ordenação. Neste caso, ele é apenas um canal para o poder que vem do alto. Mesmo que, infelizmente, ele fale rotineiramente, como parte de seu ritual, isso não fará diferença em relação ao poder espiritual derramado.

A bênção flui igualmente sobre todos, mas a quantidade de influência que qualquer indivíduo pode obter dela depende de sua receptividade. Se ele estiver pleno de amor e devoção, pode ser imensamente ajudado e erguido. Se ele estiver pensando em qualquer outra coisa de forma descuidada, ele vai ganhar apenas o benefício do impacto da vibração superior. Nota-se que quando um Bispo está presente num Serviço, é ele quem sempre pronuncia a bênção. A razão disso é que, em sua Consagração, seus princípios superiores são abertos muito além dos do Padre. Assim, os poderes desses níveis superiores podem ser emanados por ele. O mesmo princípio geral existe na Maçonaria, pois é apenas um Mestre Instalado ou um Capelão Ordenado quem pronuncia as palavras de bênção no encerramento da Loja.

Já vimos que aquele que foi aceito como discípulo de um Mestre se torna, assim, um canal para sua influência. Como essa influência está sempre fluindo através do discípulo, ele pode certamente dirigir sua força momentaneamente para qualquer pessoa, como quiser. Da mesma forma, aquele que é um Iniciado pode conceder a bênção da Fraternidade, que é, na verdade, a bênção do Rei que é o seu Líder.

O Poder do Som

Podemos agora considerar o tipo de mantra que funciona apenas por seu som. A vibração que o som coloca em movimento se propaga aos vários corpos do homem e tende a harmonizá-los com ela. Um som, em primeiro lugar, é uma ondulação no ar. Todo som musical tem um número de harmônicos que coloca em movimento.

Quatro ou cinco, ou mais, harmônicos são detectados e reconhecidos na música, mas as oscilações se estendem para muito além do que o ouvido pode acompanhar. As ondas correspondentes são colocadas em movimento ao mesmo tempo em matérias superiores e mais delicadas. Assim, a entoação de uma nota ou de uma série de notas produz efeitos nos veículos superiores. Há sons (suponho que devamos chamá-los ainda de sons) harmônicos que são muito finos para afetar o ar. Mesmo assim, eles colocam em movimento a matéria etérica, que comunica as suas oscilações ao homem que recita o mantra e também às outras pessoas em volta dele. Se ele estiver conduzindo sua vontade na direção de alguma pessoa em particular, a vibração com certeza vai até ela. Portanto, os mantras que funcionam pelo som podem incontestavelmente produzir resultados materiais no plano físico, embora haja outras ondas mais delicadas sendo enviadas ao mesmo tempo em que podem afetar os veículos superiores.

Tais mantras usualmente consistem em vários sons ordenados, muito ressoantes e sonoros. Às vezes apenas uma única sílaba é usada, como na Palavra Sagrada AUM (*Om*). Porém, há várias maneiras de pronunciá-la, que produzem resultados bem diferentes, de acordo com as notas nas quais as sílabas são entoadas e com a forma pela qual são pronunciadas. Por algumas razões, enfatizamos e prolongamos os sons abertos. Combinamos, fortalecemos e prolongamos o A U para o O talvez por metade do tempo de recitação, e depois mudamos para o som do M. No entanto, para outros propósitos, o O deve ser bem curto, e o sussurro na mente e nos centros, que é um som muito poderoso, deve ser prolongado. Os resultados destes dois métodos diferem enormemente. Quando o O é prolongado, estamos nos afetando uns aos outros e o mundo ao redor; mas com o M longo todo o efeito produzido atua em nós. Às vezes as três letras A U M são soadas separadamente. Novamente, elas podem ser proferidas em diferentes notas em sucessão, numa espécie de *arpeggio* [arpejo]. Tenho ouvido que, de acordo com os livros indianos, há supostamente cerca de 170 formas de se pronunciar a Palavra, cada uma com seu efeito diferente. Acredita-se que seja o mais poderoso dos mantras.

Essa palavra sagrada hindu corresponde ao *"amen"* egípcio. Dessa palavra também foi feito o *"aion"* dos gregos e o *"aivum"* em latim. A palavra *"aeon"* é um derivativo dela. Tem-se dito que o *"Om"* é a palavra que representa o nome do Logos, o Nome Inefável, em nossa quinta Raça-Raiz, e que a palavra usada de maneira similar na quarta Raça-Raiz era *"Tau"*. O Swami T. Subba Row uma vez nos disse que essas palavras substitutas, que são dadas em cada Raça-Raiz, são todas sílabas de uma grande palavra que será completada na sétima Raça-Raiz.

O efeito especial dessa palavra, quando devidamente pronunciada no início da meditação ou numa reunião, é sempre o de chamar a atenção. Ela arranja as partículas dos corpos sutis de forma muito parecida a uma corrente elétrica atuando nos átomos em uma barra de ferro. Antes da passagem de tal corrente, os átomos ultérrimos no metal apontam em várias direções, mas quando a barra é magnetizada pela corrente elétrica, todos eles viram e se inclinam em uma única direção. Exatamente assim, com o som da Palavra Sagrada, cada partícula em nós responde, e ficamos então na melhor condição para nos beneficiarmos pela meditação ou pelo estudo que se seguirá. Ao mesmo tempo, ela serve como chamado para outros seres – humanos e não humanos – que rapidamente se reúnem ao redor, alguns com entendimento do significado e do poder da Palavra, e outros trazidos pela singular atração do som.

Esse tipo de som penetra muito profundamente. "Pelo Verbo do Senhor os Céus foram feitos" em primeiro lugar. O Logos ou Verbo é a primeira Emanação do Infinito, e isso é certamente muito mais que uma mera figura de linguagem; representa um fato, embora essa Emanação se dê num nível em que não poderia haver nada do que chamamos de som, pois não existe ar para propagá-lo. Mesmo assim, isso que corresponde e atua como o som é o poder que é empregado para criar o Universo.

Não sei se podemos ter esperança de qualquer entendimento a partir deste plano, neste mundo aqui embaixo, sobre o que é chamado de Palavra Criativa. "Ele falou, e assim foi feito." Deus disse: "Que haja Luz", e houve Luz. Essa foi a primeira Expressão da Deidade; o Pensamento Eterno escondido na escuridão aparece como a Palavra Criativa. Talvez por conta dessa grande Verdade, palavras entoadas ou faladas aqui embaixo invocam poderes superiores – poderes fora de qualquer proporção em relação ao nível a que elas próprias pertencem. Tenho certeza de que há um outro lado de toda essa questão sobre som que a nossa mente ainda não pode alcançar; podemos apenas delineá-lo levemente. Porém, ao menos podemos ver que o poder do som é algo grandioso e maravilhoso.

Todos os mantras que dependem do poder do som são válidos somente na língua em que foram elaborados. Se os traduzirmos para outras línguas, teremos grupos bem diferentes de sons. Em geral, o bom mantra, cuja intenção é harmonizar o corpo e produzir resultados benéficos, consiste amplamente de longas vogais abertas. Encontramos isso em nossa própria Palavra Sagrada, e o mesmo é verdade para o *"Amen"* dos egípcios, que foi legado à Igreja Cristã. Ele é, a propósito, melhor soado em duas notas. A Igreja tem a sua forma tradicional de soá-la em duas notas, um semitom aparte – usualmente um Fá Sustenido e um Sol.

Mantras usados com propósitos maléficos contêm quase sempre vogais curtas e consoantes de um caráter dilacerante e perturbador, tal como *"hrim"*, *"kshrang"* ou *"phuf"*. Estas exclamações grosseiras são transmitidas com uma energia furiosa e rancorosa que certamente as torna terrivelmente poderosas para o mal. Ocasionalmente, todas essas vogais por sua vez são inseridas nessas combinações cacofônicas de consoantes, e sua elocução é concluída com algumas maldições peculiarmente explosivas que parecem impossíveis de serem expressas em qualquer sistema ordinário de letras. Em países orientais, em que se conhece algo sobre essas coisas, receio que o mantra seja frequentemente usado para propósitos malévolos. Tive bastante contato com isso em relação a cerimônias *Voodoo* e *Obeah*, das quais vi algo também tanto nas Índias Ocidentais[71] como na América do Sul; sei que existe muito ódio colocado em tais feitiços e encantamentos.

Nossa conexão com mantras será apenas com aqueles de natureza benéfica e agradável, não com os maléficos. Porém, tanto os do bem quanto os do mal possuem o mesmo método de trabalho; tencionam produzir vibrações nos corpos sutis, seja em quem profere os mantras, seja naqueles que são seu alvo. Com certa frequência, têm a intenção de impor taxas de oscilação inteiramente novas. Soa estranho às mentes ocidentais o fato de ser recomendado que as pessoas recitem um mantra três mil vezes. Nosso primeiro sentimento é: Como podemos achar tempo? Dizemos que tempo é dinheiro; o oriental diz que o tempo não é nada. É uma diferença no ponto de vista. Os métodos e ideias orientais são frequentemente inadequados às nossas vidas ocidentais; no entanto, eles têm seu valor àqueles para os quais são indicados.

O brâmane praticamente passa a vida em recitações religiosas, pois todo ato que ele realiza durante o dia é sempre acompanhado por algum texto ou pensamento sagrado. É uma vida dedicada absolutamente à religião ou supostamente o seria. Em muitos casos, hoje em dia, é uma forma aparente apenas, uma espécie de casca. Porém, os homens ainda recitam as palavras, embora não possam

---

[71] Índias Ocidentais – a expressão em desuso se refere às ilhas do Caribe. (N.E.)

mais colocar nelas a vida e a energia de outrora. Eles têm tempo de sobra. Eles podem muito bem repetir uma frase cento e oito vezes ao dia. O objetivo de eles fazerem isso está perfeitamente claro.

Contam que o Cristo avisou a seus discípulos para não usarem repetições em vão em suas orações, como faziam os pagãos; e desse texto deduz-se que todas as repetições são inúteis. Elas certamente o seriam numa invocação endereçada à Deidade, pois isso implicaria que ela não havia ouvido o primeiro pedido! Elas seriam (ou deveriam ser) desnecessárias para os discípulos – para homens que já tenham feito algum progresso no caminho do desenvolvimento. Formular uma intenção claramente e expressá-la intensamente uma só vez sem dúvida deve ser o suficiente para eles. Porém, o homem comum do mundo de forma alguma chegou a esse estágio, que pressupõe um longo caminho de firme insistência para impressionar uma nova vibração sobre ele. Assim, para ele, as repetições estão longe de ser desnecessárias, pois elas têm o deliberado propósito de produzir determinados resultados. O constante transmitir desses sons (e das várias ondulações que eles provocam) sobre os diferentes veículos realmente tende pouco a pouco a harmonizá-los com um conjunto particular de ideias.

Essa sintonização de vibrações é análoga ao trabalho feito por um guru indiano em seus discípulos – o que já foi mencionado no Capítulo 4. Durante todo o tempo, as ondas irradiadas de seu corpo astral estão atuando nos corpos astrais dos discípulos; as ondas dos corpos mental e causal do guru estão atuando nos corpos mental e causal dos discípulos. O resultado é que, porque suas vibrações são hipoteticamente mais fortes que as de seus discípulos, o guru gradualmente os leva a uma maior harmonia consigo, se eles de alguma forma estiverem aptos a serem assim sintonizados. A constante recitação de um mantra tem a finalidade de sintonizar a parte específica dos corpos mental e astral à qual visa. Não há dúvida alguma de que essa recitação pode e realmente produz resultados poderosos.

Os mesmos métodos são prescritos em terras cristãs. Qualquer um pode frequentemente ver um católico romano recitando suas "Ave-Marias" e seus "Pais-Nossos" várias e várias vezes. Geralmente ele apenas os murmura, e assim eles lhe são de pouca utilidade, exceto pelos pensamentos que eles podem lhe sugerir. Na Índia, os mantras são sempre cantados, e os mantras cantados realmente produzem um efeito. Esta é uma das razões pelas quais as linguagens antigas são melhores a esse respeito que as línguas modernas. Essas são geralmente pronunciadas rápida e abruptamente, e apenas os camponeses italianos, espanhóis e gregos parecem falar da maneira antiga, em cadências longas e musicais. Na Igreja Católica Liberal, no entanto, recomendamos especialmente que os Serviços sejam sempre realizados na linguagem do país, pois entendemos que muito mais devoção é provocada nas pessoas se elas entenderem claramente o que está sendo dito, podendo se integrar de forma inteligente às cerimônias. Porém, não há dúvida de que o latim é mais sonoro. Muitos mantras dessa natureza não possuem um significado especial; são pouco mais que meras coleções de vogais. No *Pistis Sophia*[72], o conhecido tratado gnóstico, há um certo número desses mantras sem sentido, marcados de forma a indicar um cântico.

Tal vibração sonora soa como a que encontramos nos mantras indianos, que estabelecem seus ritmos vibratórios gradualmente nos vários corpos, e dessa forma podem ser usados para economizar força. Tudo que fizermos por meio de um mantra pode ser feito por nossa vontade, sem o mantra. Porém, o mantra é como uma máquina que poupa trabalho. Ele estabelece as vibrações requeridas realizando parte do trabalho por nós e deixando-o, por consequência, mais fácil. Podemos, dessa forma, vê-lo como uma forma de economizar energia.

---

[72] *Pistis Sophia* – manuscrito editado pela Editora Teosófica, com comentários de H.P. Blavatsky. (N.E.)

Outro ponto relacionado aos mantras, enfatizado nos livros indianos, é que os estudantes são proibidos de usá-los na presença de pessoas rudes ou de mentes maliciosas, pois o poder de um mantra frequentemente intensificará o mal assim como o bem. Se houver uma pessoa presente que não possa responder às vibrações em sua forma superior, ela poderá muito bem fazê-lo uma oitava abaixo, o que poderá muito provavelmente fortalecer o mal dentro dela. Jamais devemos usar um mantra onde há pessoas que possam ser prejudicadas por ele.

Recordo que Madame Blavatsky nos falou que um mantra não deve ser recitado para si próprio, mas com vistas a alguém a quem se pretende ajudar. Nesse sentido, podemos recitar a Palavra Sagrada ou o *Gayatri*[73] ou qualquer dos belos mantras budistas que fluem tão melodiosamente, pensando intensamente numa pessoa especial e projetando em sua direção a força do mantra. Porém, ela nos adverte de usar essas coisas com cautela. Ela também nos preveniu de que ninguém deve tentar usar um mantra que seja muito elevado para si. Nenhum deles nos será dado por nossos Instrutores, mas devo dizer como precaução aos neófitos que, se a recitação – mesmo da Palavra Sagrada – em qualquer forma em particular causar dores de cabeça ou sensações de náusea ou desmaio, ela deve ser imediatamente interrompida. Devemos seguir em frente no desenvolvimento de nosso caráter e tentar recitá-la novamente em alguns meses. Ao usar a Palavra, estamos invocando grandes forças; e se não estivermos preparados para o seu nível, elas podem não ser harmônicas, e o resultado pode não ser necessariamente bom.

Adicionalmente ao efeito da vibração do som cantado, muitos desses mantras se assemelham ao nosso terceiro tipo por terem poderes associados a eles. Por exemplo, certos Anjos estão conectados

---

[73] *Gayatri* – a filosofia, o significado e a técnica do mantra *Gayatri* são apresentados por I.K. Taimni em *Gayatri – O Mantra Sagrado da Índia*, Editora Teosófica. (N.E.)

com o *Gayatri* e com o *Tisarana*[74], embora pertençam a tipos muito diferentes.

O *Gayatri* talvez seja o maior e mais belo de todos os mantras da Antiguidade. Ele tem sido entoado por toda a Índia desde tempos imemoráveis, e o reino dos Devas aprendeu a entendê-lo e responder a ele de forma marcante, que em si mesma é muito significativa, demonstrando que, em uma época tão remota que perdeu sua própria memória, o uso altruísta de tais mantras era totalmente compreendido e praticado. Começa sempre com a palavra sagrada *"Om"* e com a enumeração dos planos nos quais sua ação é desejada – os três planos em que vive o homem: o físico, o astral e o mental. Ao ser mencionado cada plano, os Devas pertencentes a ele juntam-se ao cantor com alegre entusiasmo para fazer o trabalho que pela recitação do mantra ele está prestes a dar. Os estudantes se lembrarão de que, na Índia, *Shiva* é às vezes chamado de *Nilakantha*, o Garganta-Azul, e de que há uma lenda relacionada a esse nome. É interessante notar que alguns dos Anjos que respondem quando o *Gayatri* é entoado carregam essa característica da garganta azul e são claramente do Primeiro Raio.

Esse maravilhoso mantra é uma invocação ao Sol, na verdade ao Logos Solar, que está por trás do maior dos símbolos. O grande raio de luz que imediatamente é derramado sobre e dentro do recitador chega com se viesse do Sol físico, de qualquer direção em que esse Sol possa estar. Esse feixe de luz é branco tingido de ouro, e entremeado com aquele azul fulgurante que é tão frequentemente visto em conexão com qualquer manifestação do poder do Primeiro Raio. Porém, após encher a própria alma do recitador, ele imediatamente se projeta em sete grandes raios ou cones com as cores do espectro de luz. É como se o cantor atuasse como um prisma, porém

---

[74] *Tisarana* – em páli, significa "As Três Joias", do Budismo: *Buddha*, *Dharma* e *Sangha* – "Eu sigo o Buddha como meu guia; sigo a Lei (ou Doutrina) como meu guia; sigo a Ordem (ou Igreja) como meu guia". (N.E.)

os raios de cores que se lançam para fora possuem um formato que é o oposto do que usualmente encontramos em tais casos. Comumente, quando enviamos raios de força espiritual, eles brotam de um ponto no corpo: o coração, o cérebro ou outro centro. Enquanto se atiram para fora, eles gradualmente se espalham no sentido rotatório, assim como o faz a luz que brilha de um farol. Contudo, aqueles raios partem de uma base maior do que o próprio homem – a base que é a circunferência de sua aura – e, no lugar de se espalharem, eles se condensam em um ponto, assim como fazem os raios de uma estrela convencional, exceto que eles são cones de luz, em vez de meros triângulos.

Outra característica marcante é que esses sete raios não se irradiam em círculo em todas as direções, mas apenas em um semicírculo na direção para a qual está virado o recitador. Além disso, esses raios possuem uma curiosa aparência de solidificação, pois vão se prolongando cada vez mais delgados, até que terminam em um ponto de luz ofuscante. Um fenômeno ainda mais curioso é que esses pontos se comportam como se estivessem vivos. Se um homem por acaso passar pelo caminho de um deles, o ponto se curva com incrível rapidez, e toca seu coração e seu cérebro, fazendo com que brilhem momentaneamente em resposta. Cada raio aparenta ser capaz de produzir esse resultado em um número indefinido de pessoas sucessivamente. Ao realizar testes numa densa multidão, observamos que os raios aparentemente dividem a multidão entre si, cada um atuando na seção que estiver à sua frente, sem interferir com outra seção.

Quanto à questão do idioma do mantra, parece ser de importância secundária. A repetição das palavras em inglês[75], tendo

---

[75]A interpretação literal desse celebrado versículo em inglês é: "*Om*; nós adoramos a glória resplandecente de *Savitri*, nosso Senhor; possa Ele inspirar nossa devoção e entendimento". Mas ao longo das eras, passou a significar ao devoto hindu muito mais do que é transmitido por meras palavras.

uma clara intenção por trás dela, produziu o resultado completo. A recitação do mesmo mantra em sânscrito, com a mesma intenção, trouxe um resultado idêntico, e em acréscimo construiu ao redor dos feixes radiantes uma forma-som lembrando um tipo maravilhoso e intrincado de estrutura esculpida em madeira; proveu-nos de algo que poderia ser imaginado como canhão sétuplo através do qual os raios eram lançados. Essa forma-som se estendeu por apenas uma pequena distância, e pareceu não fazer qualquer diferença com relação ao poder e ao tamanho dos raios.

Quando o *Tisarana* budista é entoado, os Anjos que vêm são aqueles especialmente associados com a Túnica Amarela. Eles trazem consigo uma paz e uma alegria maravilhosas, pois, embora sejam tão plácidos, eles estão entre os mais alegres do mundo.

Ao falarmos em Anjos "aparecendo", devemos nos lembrar de todas as dimensões do espaço. Eles não precisam "vir" no sentido de surgirem de algum lugar distante, de um paraíso longínquo, por exemplo. Não sei se farei dessa questão um quebra-cabeça enigmático ao informar que as grandes forças que representam o Logos se manifestam dessa forma em particular em resposta à Invocação. Elas estão sempre lá, sempre prontas, e se voltam para fora em resposta ao chamado.

Essa é toda a história sobre esse tipo de oração e sua resposta. Temos apenas que pensar intensamente em uma ideia, e aquilo que a anima ou a representa se manifestará para nós. Qualquer forte

---

Um erudito em sânscrito me informou que, enquanto a palavra ordinária para designar o Sol é "*Surya*", esse nome especial "*Savitri*" é usado para expressar o Sol (ou seja, o Logos Solar) como inspirador e encorajador. Parece ter um significado próximo à palavra *Paraclete*, que é frequentemente, porém muito insatisfatoriamente, traduzida como "Consolador". (Veja *The Hidden Side of Christian Festivals* [O Lado Oculto dos Festivais Cristãos].) Meu amigo também enfatizou o fato de que não se trata de uma oração ao Logos para que Ele nos conceda sabedoria ou devoção, mas a expressão de uma sincera aspiração e determinação de que Sua influência deve agir sobre nós para fortalecer aquilo que já existe dentro de nós.

pensamento de devoção traz uma resposta instantânea; o Universo estaria morto se não fosse assim. Faz parte da lei natural que a resposta venha. O apelo e a resposta são como o verso e o reverso de uma moeda; a resposta é apenas o outro lado do pedido, assim como afirmamos sobre o *karma* que o efeito é o outro lado da causa. Há uma maravilhosa unidade na Natureza, mas as pessoas se fecham tão constritas em suas personalidades que não conhecem nada a respeito. É apenas uma questão de nos abrirmos para o Superior. Podemos ver facilmente que quando somos capazes de nos voltar para a Natureza, podemos praticamente comandá-la, pois de acordo com a atitude que tomamos podemos evocar suas forças, e tudo opera conosco. Isso é claramente explicado em *Luz no Caminho*. Devemos reconhecer as forças da Natureza e nos abrir a elas. Por esses poderes estarem fluindo por nós, tudo o que antes era difícil se torna muito mais fácil.

Há ainda outra seção da completa temática dos mantras, sobre a qual eu tenho muito pouca informação. Existe o poder não apenas do som, mas das próprias palavras, dos números e até das letras. Não nos incomodamos com essas coisas nos dias atuais, mas no alfabeto sânscrito, e também no hebreu, todas as letras possuem o seu valor indicado não apenas em números, mas da mesma forma em poder e cor. Conheci clarividentes que viam as letras do alfabeto romano impressas em nossos livros cada uma com uma cor diferente – "A" sendo sempre vermelho, digamos; "B" sempre azul; "C", vermelho; "D", verde, e assim por diante. Eu próprio nunca tive essa experiência. Suponho que minha mente não funcione dessa maneira. Similarmente, há psíquicos que sempre veem os dias da semana com diferentes cores. Essa não é a minha experiência; não sou também sensitivo dessa maneira, nem compreendo o que significa. Isso pode estar relacionado com influências astrológicas – não sei. Esse aspecto das coisas também está relacionado a mantras; e há uma escola de "mantristas" que dá a cada letra um valor numérico, muito independente de sua posição no alfabeto. Eles dirão que se somarem os valores que indicam para as letras de uma determinada palavra ou sentença, chegando a um total, e se o mesmo total puder ser alcançado pela adição de letras de uma palavra diferente ou grupo de palavras, o mesmo efeito "mântrico" será produzido pelas duas sentenças. Porém, sobre isso, nada conheço.

O mantra é usualmente uma fórmula curta e forte; e quando, por alguma razão, queremos produzir um efeito decisivo, esse é o tipo de forma que nossa adjuração deve tomar. Se quisermos afetar pessoas de forma profunda e rápida ao falar com elas, devemos usar sentenças que são curtas e fortes, não longas e desconexas. Elas devem seguir a linha de comando militar ou do mantra; deve haver um claro clímax. Suponha que queiramos ajudar uma pessoa que está assustada. Podemos formular dentro de nós palavras como: "Eu sou forte, forte, forte; eu sou parte de Deus, e Deus é força; portanto sou pleno dessa força". A repetição dessa ideia irá trazer a força divina de dentro de nós para a superfície, e poderemos inspirar outros com a nossa coragem. Nessa linha, como em todas as outras, conhecimento é poder. Se quisermos trabalhar com o melhor aproveitamento, devemos compreender; se quisermos compreender, devemos estudar. O homem sábio entende como viver em paz e felicidade porque a sua vida está em harmonia com a vida de Deus. Compreendendo a tudo, ele se simpatiza com tudo; ele deixou o egoísmo para trás para sempre e vive apenas para ajudar e abençoar.

Os Requisitos Nunca Mudam

Ao considerar os diferentes sistemas descritos acima, não deve ser imaginado que os seus métodos sejam mutuamente excludentes. Cada plano contém algo de quase todos os outros. Eles são definidos por aquilo que é dominante em cada caso. Também não deve ser suposto que algum deles seja estritamente necessário. O que é requerido é aquilo que está sob todos eles: o desenvolvimento de caráter, a purificação da vida e a devoção ao serviço, tão fortemente enfatizado em *Aos Pés do Mestre*.

Dessa comparação dos diferentes sistemas, percebe-se que as qualificações preparatórias que o aspirante deve desenvolver para a primeira grande Iniciação são fundamentalmente as mesmas, mesmo que elas possam parecer diferir à primeira vista. Certamente, por vinte e cinco séculos – e provavelmente por um longo tempo antes disso –, esse procedimento bastante sistemático tem sido seguido em relação à evolução de pessoas especiais que persistem em ir em frente, batalhando. Embora em certos momentos as circunstâncias sejam mais favoráveis para Iniciação que outros, os requisitos permanecem os mesmos. Devemos ter o cuidado para não cair no pensamento errôneo de que as qualificações tenham sido reduzidas de alguma forma. Descobrimos, assim, que todas essas diferentes linhas nos levam ao mesmo ponto, o da Iniciação.

Parte III

AS GRANDES INICIAÇÕES

Capítulo 7

A PRIMEIRA INICIAÇÃO

O Iniciador Único

A maioria das pessoas, quando pensa em Iniciação, tem em mente um degrau a ser galgado por si mesma. Elas pensam no Iniciado como um homem que se desenvolveu muito elevadamente e se tornou uma grande e gloriosa figura, quando comparado ao homem do mundo exterior. Isso é verdade, mas toda a questão será melhor entendida se tentarmos olhar para ela de um ponto de vista superior. A importância de uma Iniciação não está na exaltação de um indivíduo, mas no fato de ele agora ter se tornado definitivamente uno com a Grande Ordem, a Comunhão de Santos, apresentada de forma muito sublime na Igreja Cristã, embora somente poucos deem atenção ao real significado dessas palavras.

A admirável realidade que está por trás da Iniciação para a Fraternidade será melhor compreendida após termos considerado a organização da Hierarquia Oculta e o trabalho dos Mestres, que serão abordados em capítulos posteriores. O Candidato se tornou agora mais que um homem individual, pois ele é uma unidade em uma extraordinária força. Em cada planeta o Logos Solar tem seu Representante, atuando como seu Vice-rei. Em nosso globo o título dado a esse grande Oficial é o de Senhor do Mundo. Ele é o Chefe da Fraternidade, que não é apenas um corpo de Homens, cada um com seus deveres a cumprir. Ela é também uma unidade formidável, um instrumento totalmente flexível nas mãos do Senhor, um poderoso recurso que ele pode manejar. Há um maravilhoso e incompreensível plano pelo qual o Uno, tendo se tornado muitos, está agora se tornando Uno novamente. Não que cada unidade na completude do esquema perca o menor traço de sua individualidade ou poder como unidade, mas sim que acrescenta a ela algo mil vezes maior – ela é parte do Senhor, parte do corpo que ele veste, o instrumento que ele usa, o órgão no qual ele toca, o implemento com o qual ele realiza seu trabalho.

Em todo o mundo há apenas Um Iniciador, mas no caso da primeira e da segunda Iniciações, ele pode delegar a algum Adepto a realização da cerimônia por ele, embora, mesmo nesses momentos, o Oficiante se volte e invoque o Senhor no momento crítico de conferir o grau. Este é um momento maravilhoso na vida espiritual do candidato, como explicado pelo Mestre Kuthumi ao aceitar um discípulo há não muito tempo. Ele disse ao discípulo:

> Agora que você alcançou o objetivo direto de sua aspiração, eu o exorto de imediato a voltar sua atenção aos requisitos muito maiores do próximo passo. A etapa para a qual você tem agora de se preparar, "a entrada na corrente", que os cristãos chamam de salvação, será o ponto alto na longa linha de suas existências terrenas, a culminação de setecentas vidas. Eras atrás, pela individualização, você entrou no reino humano; num futuro que espero não ser remoto, você o deixará pela porta do *Adeptado* e se tornará um Super-homem. Entre esses dois extremos, não há ponto de maior importância que a Iniciação para a qual agora você deve voltar seus pensamentos. Ela não apenas lhe trará segurança eterna, mas também o admitirá na Fraternidade que existe de eternidade a eternidade: a Fraternidade que auxilia o mundo.

Pense então no cuidado com o qual tal evento tão maravilhoso deve ser encarado. Eu gostaria que você mantivesse a glória e a beleza dele constantemente perante sua mente, para que possa viver à luz de seus ideais. O seu corpo é jovem para tamanho empenho, mas você tem uma rara e esplêndida oportunidade. Preciso que você a aproveite ao máximo.

A Fraternidade

Quando um Ego é iniciado, ele se torna parte da mais reservada organização do mundo; ele agora é uno com o vasto mar de consciências da Grande Fraternidade Branca. Por um longo tempo o novo Iniciado não terá condições de entender tudo o que essa união implica, e ele deverá penetrar profundamente nos santuários antes de poder perceber o quão próxima é a ligação e quão grandiosa é a consciência do próprio Rei, que todos os Irmãos compartilham até certo ponto. Ela é incompreensível e inexplicável aqui embaixo. Metafísica e sutilmente ela vai além das palavras, e apesar disso é uma realidade gloriosa; é de tal forma real que quando começamos a compreendê-la, tudo o mais parece irreal.

Vimos como o discípulo aceito pode colocar o seu pensamento ao lado do pensamento do Mestre. Agora o Iniciado poderá colocar o seu pensamento ao lado do pensamento da Fraternidade e sorver dessa extraordinária consciência tanto quanto for capaz de apreciar em seu nível. Quanto mais ele aspirar dela, mais ele será capaz de receber; e sua própria consciência se ampliará de forma que a estreiteza de pensamento se tornará impossível para ele. Assim como o discípulo aceito deve tomar o cuidado de não causar distúrbios nos veículos inferiores do Mestre, para não interferir com a perfeição de seu trabalho, também um membro da Fraternidade nunca deverá introduzir nada discordante nessa poderosa consciência, que atua como um corpo único.

Ele deve se lembrar de que toda a Fraternidade não está de forma alguma realizando o mesmo trabalho de nossos Mestres. Muitos deles estão engajados em outros trabalhos, que requerem máxima concentração e a mais perfeita calma. Se algum membro mais jovem por acaso alguma vez esquecer seu chamado superior e causar ondas de irritação, perturbando a Fraternidade, isso afetaria o trabalho desses Grandes Seres. Nossos próprios Mestres podem talvez deixar passar isso e se dispor a suportar algum pequeno problema ocasional dessa natureza para o bem do futuro, quando o novo membro fará realmente um grande uso dos poderes da Fraternidade. Porém, podemos certamente compreender que aqueles que não têm nada a ver com o treinamento de indivíduos possam dizer: "Nosso trabalho está sendo perturbado. É melhor que aqueles que possuam tal personalidade imatura permaneçam de fora". Eles diriam que nada seria perdido, que o progresso pode ser feito muito bem do lado de fora, e que os discípulos poderiam seguir se tornando melhores, mais fortes e mais sábios antes de receberem a Iniciação.

Tão grandiosa é a expansão da consciência do Iniciado que é mais adequado falar da mudança como de um novo nascimento. Ele começa a viver uma nova vida "como uma pequena criança", a vida do Cristo, a consciência intuitiva ou búdica que nasce dentro de seu coração. Ele agora tem também o poder de dar a bênção da Fraternidade – uma formidável e irresistível força, que ele é capaz de dar ou enviar a qualquer um da forma que ele julgar ser mais apropriada e útil. O poder da Fraternidade fluirá por ele na medida em que ele permita. Cabe a ele usar o poder e lembrar que ele tem a inteira responsabilidade de dirigi-lo para qualquer propósito que escolha. A bênção dada pelo Oficiante na Iniciação significa: "Eu te abençoo; derramo em ti minha força e benevolência; cuide de verter sobre outros essa boa vontade".

Quando mais seguro de si estiver o novo Iniciado, maior será o fluxo de força através dele. Se ele sentir a menor hesitação ou perceber-se sobrecarregado pela responsabilidade de permitir que tão grandioso poder flua por ele, não será capaz de usar esse maravilhoso presente completamente. Porém, se ele tiver a qualificação *Shraddhā* – perfeita confiança em seu Mestre e na Fraternidade, e a certeza última de que todas as coisas lhe são possíveis por ele ser uno com eles –, poderá sair pelo mundo como um verdadeiro anjo de luz, derramando júbilo e bênção por seu caminho.

A consciência da Grande Fraternidade Branca é algo indescritivelmente maravilhoso. É como um grande e calmo oceano brilhante, tão singular que a menor vibração de consciência cintila de uma ponta a outra instantaneamente. Mesmo assim, para cada membro parece ser inteiramente a sua própria consciência individual, mas trazendo consigo o valor, o poder e a sabedoria que nenhuma consciência humana isoladamente jamais poderia ter. Esse magnífico oceano de "consciência cósmica" da Fraternidade é algo tão grandioso, tão maravilhoso, que não há nada no mundo como ela; mesmo aqueles que pertençam a ela pela virtude de terem passado pela primeira grande Iniciação só podem perceber vislumbres dela, podem apenas evocá-la reduzidamente aqui e ali. Ela somente poderá ser sentida por inteiro no plano nirvânico, no qual a Fraternidade existe essencialmente, embora tenha sua manifestação nos planos inferiores, até mesmo no mundo físico.

Como o grupo de discípulos é uno com o Mestre, também a Fraternidade é inteiramente una com seu Senhor. Os membros podem discutir um argumento livremente entre si, mesmo assim é como se diferentes aspectos de uma questão se apresentassem na mesma mente e fossem por essa mente pesados uns com os outros. Porém, eles estão durante todo o tempo em presença de uma formidável e quase colossal serenidade, uma certeza que nada pode perturbar. Ainda assim, de alguma forma, toda sugestão é bem-vinda. Na verdade, há a sensação de que toda a Fraternidade está alerta e avidamente esperando cada contribuição individual ao assunto em questão. Não há nada aqui embaixo com o qual essa consciência possa ser adequadamente comparada; tocá-la é o mesmo que entrar em contato com algo novo e singular, e também inexplicavelmente maravilhoso e belo; algo que não precisa de evidência e comparação, mas que se afirma como sendo de um mundo superior e desconhecido.

Embora as individualidades estejam fundidas de forma tão peculiar, elas estão ao mesmo tempo nitidamente separadas, pois o consentimento de cada Irmão é requerido em todas as decisões importantes. O comando do Rei é absoluto, mesmo assim ele carrega consigo esse vasto conselho e está disposto, a todo momento, a considerar qualquer ideia que ocorra a qualquer um dos membros. Porém, esse grande corpo governante difere completamente de qualquer parlamento da Terra. Aqueles que se destacam acima dos demais em posições de autoridade não foram eleitos nem apontados por alguma organização partidária. Eles sustentam suas posições porque as conquistaram por desenvolvimento superior e maior sabedoria. Ninguém duvida da decisão de seu superior, pois sabe que ele realmente *é* superior, que ele tem um *insight* maior e um poder de decisão mais completo para decidir. Não há – nem poderia haver – qualquer sombra de dúvida de que esses Super-homens não pensem ou ajam sob coação; e ainda, sua confiança em sua poderosa organização é tão perfeita que é impensável que eles possam, a longo prazo, divergir. Somente em tal Fraternidade, ao abrigo desse Rei, é que podemos compreender completamente a beleza das palavras de uma das Coletas da Igreja Anglicana: "Em Seu serviço está a perfeita liberdade".

Fracassos

Em tal organização certamente não pode haver a possibilidade de falhas ou de qualquer tipo de dificuldade. No entanto, porque a humanidade é frágil e porque nem todos os membros dessa grande Fraternidade são Super-homens, de fato acontecem fracassos algumas vezes, embora eles sejam raros. "Grandes Seres caem, mesmo estando no umbral[76], incapazes de suportar o peso de sua responsabilidade, incapazes de avançar", como é dito em *Luz no Caminho*[77]. Somente a obtenção do *Adeptado* garante a segurança perfeita. O Iniciador fala ao candidato que agora, que ele entrou na corrente, está seguro para sempre; mas embora seja assim, ele ainda está sujeito a atrasar seu progresso seriamente se ele se render a alguma das tentações que obstruem o seu caminho. "Estar seguro para sempre" usualmente significa inferir a certeza de passar adiante com a presente onda de vida – de não ser deixado para trás no "dia de julgamento", na metade da quinta Ronda, quando o Cristo, que desceu até a matéria, decide quais almas podem e quais almas não podem ser conduzidas para a meta final nessa Cadeia de mundos. Não há condenação eterna; como disse o Cristo, trata-se simplesmente um período muito longo. Há alguns que não podem continuar nessa era, mas eles seguirão na próxima, precisamente como uma criança que é muito lenta para passar de ano e seguirá confortavelmente se repeti-lo, ficando até à frente de sua nova turma.

Quando esse triste e terrível fato acontece, quando há um fracasso de qualquer natureza entre os Iniciados, uma vibração de dor corre por toda aquela vasta consciência, pois a separação de um tem a natureza de uma verdadeira operação cirúrgica, afligindo todos. Somente com o mais alto pesar a Fraternidade chega a excluir um de seus membros; e mesmo quando assim o faz, o Irmão errante não

---

[76] No limiar da Divindade. (N.E.)
[77] *Luz no Caminho*, de Mabel Collins, Editora Teosófica. (N.E.)

é cortado de forma definitiva, não importa em que extensão ele possa se transviar. Ele será trazido de volta algum dia, de alguma forma, em algum lugar. Há uma ligação que não pode ser cortada, embora saibamos pouco sobre a exaustiva estrada de provações e sofrimento que ele deverá percorrer antes que possa novamente juntar-se aos demais.

> A Voz do Silêncio permanece em seu interior, e mesmo que ele abandone por completo o Caminho, um dia ela ressoará e fará com que ele se sinta distante, separando as suas paixões das suas possibilidades divinas. Então, com dor e em meio a gritos desesperados do eu inferior abandonado, ele voltará.[78]

Haverá outros que cairão apenas por um curto tempo, por intermédio de uma explosão de algum tipo de sentimento inteiramente impossível de ser suportado pela Fraternidade. Assim, tal como um Mestre pode fazer descer um véu temporário entre si e o discípulo que falha, também a Fraternidade se vê na necessidade de fazer por um tempo uma espécie de circunscrição ao redor de um de seus membros que a desaponte. Toda a força da Fraternidade se volta sobre aquele que estiver então falhando, de tal forma que, na medida do possível, eles possam evitar que ele ultrapasse o limite. Porém, algumas vezes, mesmo a despeito de toda a energia que a Fraternidade tem permissão da Lei do *Karma* para usar, um membro ainda assim se nega a abrir mão de sua atitude pessoal insignificante por suposta injúria ou ofensa, ou o que for; então eles se veem na necessidade de encapsulá-lo por um tempo até que aprenda a lição.

A Instrução do Iniciador

A fórmula de Iniciação tem se mantido inalterada por eras, mesmo assim há certa elasticidade nela. A Instrução do Iniciador ao

---

[78] *Ibid.*, Parte I [Editora Teosófica. (N.E.)]

candidato é sempre a mesma na primeira parte, mas quase invaria-velmente há uma segunda parte pessoal que consiste praticamente de conselhos para o candidato em particular. Isso normalmente se chama de "parte privada da Instrução". Já vi casos em que é formada uma imagem do pior inimigo do candidato e lhe é perguntado como lidaria com ele, se está totalmente preparado para perdoá-lo por completo e mesmo se o ajudaria. Em alguns casos também são feitas perguntas sobre o trabalho já realizado pelo candidato, e aqueles que já tenham sido auxiliados por ele são algumas vezes convidados para vir à frente e dar o testemunho.

A Instrução do Iniciador explica o trabalho da Fraternida-de no mundo e a responsabilidade que recai sobre cada membro individualmente, pois todos têm que suportar o grande fardo dos sofrimentos do mundo. Cada um deve estar preparado para ajudar tanto em serviço como em aconselhamento, pois a Fraternidade é una, atuando sob uma Lei e um Comando, e cada Irmão tem o privi-légio de colocar qualquer conhecimento local ou faculdade especial que ele possua à disposição da Fraternidade para o adiantamento de qualquer departamento do grande trabalho de ajudar o progresso da humanidade. Embora a direção do Rei seja absoluta, nenhuma decisão importante é tomada sem o consentimento nem mesmo do mais novo membro da Fraternidade. Cada um é um representante da Fraternidade em qualquer parte do mundo em que esteja, e cada um está comprometido a se colocar à disposição da Fraternidade para ir onde for enviado, para trabalhar da forma que for requerida. Enquanto os membros mais jovens irão implícita e naturalmente obedecer aos Comandos, eles podem ainda ajudar com conhecimen-tos locais e sempre podem sugerir qualquer coisa que lhes pareça de possível utilidade.

Cada Irmão, vivendo no mundo, deve se lembrar de que é um centro pelo qual a força do Rei pode ser enviada para auxílio daqueles que estiverem necessitados, e que qualquer Irmão mais Velho pode, a qualquer momento, usá-lo como um canal para suas bênçãos. Dessa forma, cada Irmão mais jovem deve estar sempre preparado para ser usado a qualquer momento, pois ele nunca pode saber quando os seus serviços serão requeridos. A vida do Irmão deve ser de inteira devoção aos outros. Ele deve vigiar ansiosa e incessantemente por qualquer oportunidade de prestar serviço, e deixar que esse serviço seja sua mais entusiástica alegria; deve lembrar que a honra da Fraternidade está em suas mãos, e que ele deve garantir que nenhuma palavra ou ato seu em nenhum caso possam manchá-la aos olhos dos homens ou fazer com que diminuam em qualquer fração sua magnanimidade.

Ele não deve pensar que, por ter entrado na corrente, provações e dificuldades cessarão para ele. Pelo contrário, ele terá que fazer esforços ainda maiores, mas terá também mais energia para fazê-los. Seus poderes serão muito maiores que antes, mas exatamente na mesma proporção suas responsabilidades também serão maiores. Ele deve se lembrar de que não foi ele, um ser separado, que conquistou um degrau que o ergueu acima de seus semelhantes. Ele deverá, antes, comemorar que a humanidade, através dele, se elevou um pouco; nessa pequena extensão, livrou a si mesma das correntes; chegou a isso muito mais por si própria. A bênção da Fraternidade está sempre com ele, mas descerá sobre ele exatamente na medida em que ele passá-la aos outros, pois essa é a eterna Lei.

Essa é parte da Instrução que é sempre dada.

A Duração da Cerimônia

O tempo ocupado pela cerimônia de Iniciação varia de acordo com várias considerações, uma delas é a quantidade de conhecimento que o candidato traz consigo. Algumas tradições informam o período de três dias e três noites, mas ela é frequentemente finalizada em muito menos tempo. Uma em que estive presente durou duas noites e um dia de reclusão, mas outras foram condensadas em uma noite, deixando muito do que costuma ser incluído para ser terminado depois pelos discípulos mais velhos dos Mestres. Algumas das Iniciações antigas demoravam muito porque os candidatos tinham que ser instruídos em trabalhos astrais. Também há experiências búdicas que precisam ser realizadas, pois certa quantidade de desenvolvimento do veículo búdico é requerida para a Iniciação, já que alguns dos ensinamentos que devem ser dados neste nível não poderiam ser de outra forma compreendidos. Porém, quando o Iniciador sabe que o candidato já possui algum desenvolvimento búdico, é muitas vezes deixada para os discípulos mais velhos a tarefa de encaminhar o candidato pelas experiências búdicas na noite seguinte ou quando for possível providenciá-las.

A cerimônia de Iniciação em si leva menos que seis horas, mas certa quantidade de tempo é dada ao candidato tanto antes, como depois. De qualquer maneira, é geralmente uma ocasião de grande júbilo entre todos os membros mais jovens. É uma vitória para todos quando outro neófito é admitido, quando mais um está a salvo para sempre.

FILIAÇÃO

Já tratamos da relação próxima que há entre um discípulo aceito e seu Mestre. Essa intimidade cresce de forma constante durante todo o tempo; e usualmente acontece, quando o discípulo está chegando ao portal de Iniciação, de o Mestre considerar que é chegada a hora de ele trazer o *chela* para uma união ainda mais profunda. Ele é então chamado de Filho do Mestre, e a ligação é tal que não apenas a mente inferior mas também o Ego no corpo causal do discípulo são envolvidos nos do Adepto, que não pode mais pôr um véu de separação entre si e o neófito.

Um sábio francês uma vez disse: *"Dans tous les amours, il y a un qui aime et un qui se laisse être aimé"* (Em todos os amores, há um que ama e outro que se deixa amar). Isso é profundamente verdade em nove dentre dez dos amores humanos. Frequentemente a razão para isso é que uma das duas almas em questão é maior ou mais desenvolvida que a outra e, dessa forma, capaz de um amor muito mais intenso. A alma mais jovem aprecia a riqueza de afeto e a retribui na medida de suas capacidades, mas seus melhores esforços ficam muito atrás do maravilhoso presente emanado tão fácil e naturalmente pela alma mais adiantada. Esse sempre deve ser o caso em relação ao Mestre e seu discípulo.

Outro aspecto. O afeto com o qual nos deparamos na vida ordinária não raramente é instável, flutuante, podendo ser facilmente desencorajado. Ele pode ser alienado por frieza, grosseria, falta de correspondência; pode até ser transformado em ressentimento se o seu objeto violar nossos cânones de conduta ou atuar de alguma forma que nos cause horror ou aversão. No entanto, existe um verdadeiro e mais profundo afeto que nada pode abalar – um amor que não procura nada em resposta; que não é, em absoluto, afetado por negligência, indiferença ou mesmo desmerecimento por parte de seu objeto; que, na verdade, se traduziria em amarga aflição e lastimaria se seu objeto cometesse um delito ou o desonrasse de alguma forma, mas que jamais, nem por um momento, decresceria em força ou perderia qualquer grau em vivacidade, *seja o que for* que faça o amado.

Essa é a natureza do amor de Deus para com seu mundo; essa natureza deve ser também o amor do Mestre para com aqueles a quem ele dá o privilégio de Filiação. Ele confia totalmente neles, e voluntariamente renuncia ao poder de separá-los de si, pois apenas por essa completa e inquebrável união com eles é que ele é capaz de lhes compartilhar sua própria natureza na total extensão de seus poderes de resposta – apenas com esse sacrifício de si ele pode dar a eles o máximo que um discípulo é capaz de receber de um Mestre.

Assim, pode verdadeiramente ser dito que ele se coloca a mercê de seu discípulo. Pensemos na excelsa responsabilidade que isso lança sobre nós!

Embora seja raro, tal amor é às vezes encontrado entre os homens também em nosso mundo físico. Porém, quando ele existe, tem sempre essa mesma qualidade e esse mesmo resultado, colocando o superior nas mãos do inferior, de tal forma que o amor supremo é também o sumo sacrifício. Mesmo assim, esse máximo sacrifício, essa resignação última do eu, traz consigo um júbilo entusiástico que nada mais na Terra pode conferir, pois somente esse amor é divino, somente essa autoentrega leva o homem ao próprio coração do Cristo. Realmente é verdade que tal "amor deve encobrir a multidão de pecados"[79], que "os pecados dela, que são muitos, são perdoados, pois ela muito amou"[80].

Há uma bela referência a esse estado de estreita união em *Luz no Caminho*[81]:

> "A minha paz te dou", essas palavras só podem ser
> ditas pelo Mestre aos discípulos amados que são como Ele.

Então, esses são os que possuem o inestimável privilégio de poder passar adiante essa paz a outros em toda sua completude. Qualquer discípulo aceito do Mestre tem o direito e o dever de abençoar em seu Nome, e uma esplêndida emanação do poder do Mestre certamente sucederá a seus esforços. Ele deverá especialmente dar mentalmente essa bênção sempre que adentrar uma casa: "Que a bênção do Mestre possa repousar nessa casa e em todos

---

[79] Pedro I: 04–08.
[80] Lucas VII: 47.
[81] *Luz no Caminho*, de Mabel Collins, Editora Teosófica. (N.E.)

aqueles que nela vivem". Porém, o Filho do Mestre pode dar o toque de sua própria presença íntima, uma paz maior e mais completa. Aquele que é Filho de Mestre já é ou logo será também um membro da Grande Fraternidade Branca, e isso, como já dissemos, concede o poder de dar uma bênção ainda mais elevada, embora ambas sejam apropriadas, cada uma em seu devido lugar.

Recordo-me bem de ter dado cada uma delas em diferentes ocasiões a um grande Anjo da vizinhança a quem tenho a honra de ser bem familiarizado. Ao passar próximo de seu território em uma embarcação, uma vez dei a ele, como agradecimento, a plena bênção do meu Mestre, e foi realmente belo ver a maneira pela qual ele a recebeu, curvando-se profundamente e demonstrando seu apreço com um amável e delicado brilho de santidade e máxima devoção. Em outro dia, sob circunstâncias similares, dei a ele a bênção da Fraternidade, e instantaneamente todas as faculdades desse grande Anjo brilharam em jubilosa resposta, e todo o seu território se iluminou. Foi como se um soldado tivesse repentinamente ficado atento, como se tudo, não apenas em si próprio, mas também em todos os milhares de criaturas menores trabalhando sob o seu comando, estivessem subitamente vivificados e elevados à sua mais elevada força. Toda a natureza instantaneamente respondeu. Veja que, o meu Mestre, mesmo sendo profundamente reverenciado por ele, não é seu Mestre, mas o meu Rei *é* o seu Rei, pois há apenas Um.

O Nível de Iniciação

A questão sobre se um homem está se habilitando para a Iniciação envolve três conjuntos separados de considerações, cada um dependente do outro. O primeiro é se ele é possuidor da soma das qualificações necessárias, como colocado em *Aos Pés do Mestre*. Isso significa que ele deve ter um mínimo de todas elas, e muito mais que o mínimo de algumas delas. Para ilustrar isso, pense por um momento sobre o método adotado quando se avaliam trabalhos em certos exames. Fica determinado de antemão pelos examinadores que nenhum candidato será aprovado se ficar abaixo do mínimo em uma das matérias, porém o percentual requerido em cada uma delas é muito baixo, digamos vinte e cinco por cento. Qualquer um que falhar em assegurar vinte e cinco por cento da nota em cada matéria será reprovado. No entanto, aquele que assegurar exatamente essa quantia em cada matéria também não será aprovado, pois não há apenas um mínimo separado para cada diferente matéria, mas ainda um mínimo total, digamos quarenta por cento. Dessa forma, alguém que fique abaixo dos vinte e cinco ou trinta por cento em uma ou duas matérias deverá fazer muito mais que isso em várias outras matérias, para obter a média total requerida.

Esse é precisamente o método adotado no Ocultismo. Pode haver certa quantidade de cada uma dessas qualificações presentes no candidato bem-sucedido, mas ele deverá ter desenvolvido de forma bem completa algumas delas. Um candidato não pode ter êxito se ele for inteiramente desprovido de discernimento. Contudo, se ele apresentar bem menos dessa qualidade do que deveria, talvez uma inundação de amor possa ser aceita como compensação. Em segundo lugar, o Ego deve ter treinado seus veículos inferiores de tal forma que ele possa funcionar perfeitamente através deles sempre que quiser. Ele deve ter realizado o que em nossa literatura teosófica era anteriormente chamado de "união entre o eu inferior e o Superior". Em terceiro lugar, ele deve ser forte o suficiente para suportar o grande fluxo envolvido, que se estende mesmo até o corpo físico.

Quanto ao nível do progresso no qual ele será iniciado, há espaço para uma grande variedade. Seria um erro supor que todos os Iniciados são iguais em desenvolvimento, assim como seria arriscado supor que todos os homens que recebem o diploma de Mestre em Ciências Humanas são iguais em conhecimento. É bem possível que um candidato possa ter se saído extremamente bem em muitas das qualificações requeridas e, no entanto, estar muito abaixo do mínimo total, por estar seriamente deficiente e abaixo do padrão mínimo em uma qualificação. Dessa forma, claro, seria necessário que ele espere até alcançar o mínimo nesse aspecto negligenciado, e não há dúvidas de que, enquanto ele estiver adquirindo essa qualidade, ele estará desenvolvendo as outras ainda mais.

Assim, é óbvio que, enquanto houver certo requisito a ser alcançado para a Iniciação, alguns daqueles que forem apresentados a ela podem ter atingido muito mais do que o necessário em uma direção. Vemos também que provavelmente haverá variações consideráveis no intervalo entre Iniciações. Um homem que apenas agora está habilitado a receber a Primeira Iniciação pode, entretanto, possuir uma considerável cota das qualificações para a segunda. Dessa forma, para ele, o intervalo entre as duas pode ser extraordinariamente curto. Por outro lado, um candidato que tenha apenas a força suficiente em todos os sentidos para qualificá-lo a passar pela primeira, teria que desenvolver lentamente dentro de si todas as faculdades adicionais e o conhecimento necessário para a segunda. Então seu intervalo seria provavelmente longo.

A Oportunidade Atual

Adentramos agora um período da história mundial em que o progresso em todos os níveis de evolução pode ser muito acelerado, caracterizando-se, no entanto, por uma grande sobrecarga – algo de que poucos aspirantes se dão conta o suficiente. O estudante de Ocultismo que coloca diante de si a ideia de apressar o seu desenvolvimento fará bem em se lembrar de que uma das necessidades é uma boa saúde física. Ele intenciona fazer em uma vida o progresso que, em circunstâncias normais, seria distribuído em vinte ou mais encarnações. Como a soma do que deve ser efetuado é a mesma em ambos os casos (pois nenhuma redução é feita no padrão dos requisitos para Iniciação), é óbvio que ele deverá trabalhar todos os seus veículos de forma muito mais dura se quiser ser bem-sucedido.

É possível, no plano físico, encurtar o período de estudo usualmente designado para qualquer exame, mas um homem só poderá fazê-lo aumentando o esforço de seu cérebro, sua atenção, sua visão, seu poder de resistência; e todos sabemos como é fácil fazer um esforço excessivo em qualquer um desses aspectos e danificar assim seriamente a saúde física. Condições similares valem para os esforços de apressar a evolução espiritual; isso [o apressar]pode ser feito, já foi feito, e é algo muito proveitoso a qualquer homem que o faça, sempre com essa ressalva: que ele se previna de forma muito cuidadosa contra o esgotamento, a fim de que, ao final, ele não atrase o seu desenvolvimento em vez de adiantá-lo. Não é suficiente ter uma boa saúde física no início dos esforços; é também necessário preservá-la até o final, pois o progresso em si é apenas um meio para atingir um objetivo. Buscamos nos desenvolver não para nos tornarmos grandes e sábios, mas para que possamos ter a força e o conhecimento para trabalhar pela humanidade com melhor eficácia. Jamais devemos nos esquecer de que Ocultismo é, acima de tudo, a apoteose do bom senso.

Jovens Iniciados

É sempre o Ego que é iniciado. A idade do corpo físico que por acaso ele estiver usando em um determinado momento tem pouca relação com isso. Em todos os casos em que pessoas jovens foram iniciadas, os membros mais velhos da Fraternidade que vivem próximo a elas, ou em contato com elas em corpo físico, assumiram a assistência e orientação. Isso é necessário, pela grande responsabilidade que traz consigo a Iniciação pela expansão de consciência e de poderes e faculdades adicionais. Uma ação errada ou um passo em falso, por parte de um Iniciado, envolve consequências *kármicas* maiores que uma ação similar por parte de alguém que não seja membro da Fraternidade. Dessa forma, talvez seja bom incluir aqui alguns direcionamentos para essas pessoas jovens.

Cada um deve sempre lembrar-se de que foi iniciado porque em vidas passadas, e talvez na presente vida, auxiliou o mundo num certo grau requerido, e é esperado que continue nesse caminho e se torne um canal sempre mais amplo para a vida do Logos. Pela probabilidade de sua crescente utilidade é que ele é admitido para Iniciação. Durante a cerimônia, ele presta o juramento – não apenas como Ego, mas como Mônada – de que irá fazer do trabalho de sua vida a emanação de bênçãos, da mesma maneira como o Logos está continuamente emanando seu amor. Ele deve, assim, a cada dia e hora manter esse juramento em mente e submeter todas as coisas a isso. Seu *karma* passado lhe dá várias características pessoais e impulsos; ele deve ter cautela para que isso não o leve a pensar em si mesmo e em seu próprio bem estar, em detrimento do Ser superior e do bem-estar do mundo.

Antes que ele possa levar adiante o trabalho maior que o espera, o jovem Iniciado geralmente tem que se preparar com um treinamento comum em um Colégio ou Universidade. Nesse caso, ele fará uma imersão em circunstâncias de vigorosa atividade e de muitos interesses autocentrados. A vida o envolve em muitas tentações, com ensejos tendenciosos a fazê-lo esquecer-se de seu juramento à Fraternidade. Nessa vida no mundo, em todas as ocasiões, sendo estudo, recreação ou lazer, ele deve manter definitivamente o pensamento: "Isso que eu estou prestes a fazer é apropriado para me tornar mais bem equipado para o trabalho do Mestre ou um melhor canal para espalhar o amor e a felicidade?"

Ele deve sempre se lembrar de que a Fraternidade tem a prioridade em seus serviços, e jamais se colocar em qualquer posição que torne impossível para ele cumprir com seus deveres. Não se tem a intenção de que ele viva a vida de um ermitão, mas enquanto ele estiver nessa vida em sociedade, que lhe propiciará o crescimento de que ele precisa, deve estar atento todo o tempo para ver se ela o está transformando em um canal mais apropriado para o Logos. Daqui em diante, para ele, qualquer experiência, seja agradável ou desagradável, que não puder torná-lo um canal mais amplo para o Logos, ou não for uma oportunidade de serviço, não terá valor para ele e será uma perda de tempo. Ele deve tentar aproveitar toda oportunidade de prestar auxílio e de aprender aquilo que o tornará útil.

Iniciado – o Irmão de todos os Homens

Quando o discípulo toma o grande passo da Iniciação e se torna um membro da Fraternidade, ele também se torna, num sentido muito maior e mais especial que antes, irmão de todos os seus semelhantes. Isso não significa que ele deva dirigir suas vidas e tentar guiá-los com críticas. Não é sua atribuição na vida criticar, mas encorajar. Porém, se ele encontrar razões para fazer qualquer sugestão, ele deve fazê-la com o maior cuidado e cortesia. O mundo não vê os membros mais altos da Fraternidade; dessa forma, julgará a organização pelos membros juniores que estiverem ao alcance. É isso que significa este lembrete durante a Instrução na Iniciação: que o neófito tem a honra da Fraternidade em suas mãos.

É seu dever emanar amor e bênção, para que todos os lugares em que ele venha a estar se tornem mais afortunados por sua presença. Ele deve, assim, voltar-se constantemente para o exterior. Daqui em diante, não importa para ele qual o julgamento que o mundo faz de suas ações, mas apenas aquele que faz a Fraternidade. Se ele é bem-aceito ou não pelo mundo, isso não terá a mínima importância, se durante toda a sua conduta ele tiver sido fiel aos ideais colocados perante ele. Alguns membros mais antigos da Fraternidade podem querer usá-lo a qualquer momento, onde quer que ele esteja – e algumas vezes sem o conhecimento de seu cérebro consciente; mas ele não poderá ser usado se, naquele momento de serventia, ele estiver ensimesmado e voltado para dentro, e não para fora, para o mundo. A necessidade suprema para ele é a de construção de caráter, para que, quando o Mestre lhe dirigir o olhar, ele [o Mestre] o encontre pensando no bem-estar do mundo, não se esse mundo está lhe proporcionando felicidade ou sofrimento.

Capítulo 8

O EGO

O Nascimento do Ego

Para que os passos seguintes da Senda possam ser claramente compreendidos, é necessário, a essa altura, considerar o Ego e a maneira com que ele despertou e externou seus poderes, colocando a personalidade em harmonia consigo e alcançando o plano búdico, a realização de sua unidade com tudo o que vive.

Em *O Homem Visível e Invisível* e em *O Credo Cristão*[82], publiquei um diagrama que reproduzo aqui, ilustrando as Três Emanações da Vida Divina em nosso esquema evolucionário. No topo do diagrama aparecem três círculos simbolizando os Três Aspectos do Logos, as Três Pessoas da Abençoada Trindade. De cada um deles segue uma linha para baixo, cruzando em ângulos retos as linhas horizontais, que significam os sete planos da Natureza. Do círculo mais baixo (o Terceiro Aspecto) é desenhada uma linha direto para baixo, no meio do diagrama, tornando-se mais pesada e mais negra enquanto desce, mostrando como o Espírito Santo vivifica a matéria dos vários planos, primeiro construindo os seus respectivos átomos e depois agregando esses átomos em elementos.

---

[82] *O Credo Cristão*, de C.W. Leadbeater, Editora Pensamento. (N.E.)

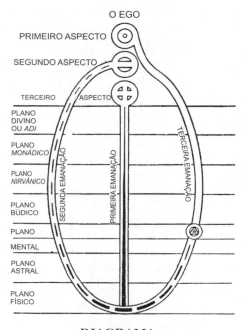

DIAGRAMA 2

Nessa matéria assim vivificada, a Segunda Emanação desce do círculo tipificando o Deus Filho; a Vida Divina da qual consiste essa Emanação atrai e junta essa matéria nas formas em que possa habitar, e assim encarna e produz corpos ou veículos para si. Em seu nível mais baixo de materialidade, essa Vida anima o reino mineral. Enquanto evolui, ela gradualmente se torna definida o suficiente para animar o reino vegetal, e mais tarde o animal. Quando ela ascende ao nível mais alto do reino animal ocorre uma mudança muito marcante, e um fator totalmente novo é introduzido: a Terceira Emanação, que vem do círculo mais alto, o Primeiro Aspecto do Logos, comumente chamado de Deus Pai.

A força que até aqui havia sido a animadora agora se torna animada, e a nova força da Primeira Pessoa se apossa do que anteriormente era a alma do animal, e de fato faz dela um corpo para si, embora seja um corpo de matéria tão excessivamente fina que é completamente inapreciável pelos nossos sentidos físicos. Assim nasce o Ego em seu corpo causal. No mesmo instante, ele atrai para si o resultado de todas as experiências obtidas por aquela alma animal em todos os éons de seu desenvolvimento prévio, de forma que nenhuma das qualidades adquiridas no curso de sua evolução seja perdida.

A Mônada e o Ego

O que é então essa incrível força que jorra do mais Elevado Aspecto do Logos Solar que nos é conhecido? É, em verdade, a Vida do próprio Deus. Assim, podemos dizer, são a Primeira e a Segunda Emanações. De fato, mas elas desceram devagar e gradualmente por todos os subplanos, atraindo ao seu redor a matéria de cada um deles e se emaranhando neles tão completamente que é quase impossível distingui-los, reconhecê-los como Vida Divina. Porém, essa Terceira Emanação brilha direto de sua fonte para baixo, sem envolver-se de nenhuma forma na matéria intermediária. É a pura luz branca, não contaminada por nada através do que passou.

Embora o nosso diagrama, por motivos de clareza, mostre essa Terceira Corrente de Vida Divina como se estivesse vindo diretamente do Logos, na verdade ela há muito foi emanada dele, permanecendo flutuando num ponto intermediário no segundo de nossos planos. Quando está flutuando nesse nível ela é chamada de "Mônada". Talvez a forma menos tendenciosa pela qual possamos imaginá-la seria pensar nela como parte de Deus – uma parte, mas Daquilo que não pode ser dividido. Um paradoxo, certamente, para o nosso intelecto mortal; mesmo assim, consagrando uma verdade eterna que está muito além de nossa compreensão.

O método comum dessa descida do Espírito na matéria parece ser sempre o mesmo, embora as diferentes condições dos diferentes planos naturalmente produzam muitas variações nos detalhes. O próprio Logos lança para baixo a Mônada – um pequeno fragmento de Si –, para um nível muito abaixo do seu. Essa descida significa, certamente, a mais séria limitação, embora tudo esteja muito acima do alcance de nossa consciência para ser descrito ou compreendido. Exatamente da mesma forma, a Mônada lança para baixo um pequeno fragmento de si que se torna o Ego; também nesse caso, a limitação é enormemente aumentada. O mesmo ocorre quando o Ego repete a operação e projeta uma pequena porção de si nos corpos mental, astral e físico do homem – um fragmento que chamamos de "personalidade".

Esse último pequeno fragmento é o ponto de consciência que aqueles de nós que são clarividentes podem ver se movendo dentro do homem. De acordo com um sistema de simbologia, isso é visto como "o homem de ouro do tamanho de um polegar" que habita o coração. Entretanto, muitos de nós o vemos em forma de estrela. Eu sempre o vi como uma estrela brilhante de luz. O homem pode manter essa estrela de consciência onde quiser, ou seja, em qualquer um dos sete centros principais do corpo. Qual deles será o mais natural para um homem dependerá amplamente do seu tipo ou Raio; acredito que também de sua Raça e Sub-raça. Nós, da quinta Sub-raça da quinta Raça-Raiz, quase sempre mantemos essa consciência no cérebro, no centro dependente do corpo pituitário. Há, no entanto, homens de outras Raças para os quais é mais natural mantê-la habitualmente no coração, na garganta ou no plexo solar.

Essa estrela de consciência é a representante do Ego aqui embaixo nos planos inferiores. À medida que se manifesta através desses veículos, nós a chamamos de "personalidade". Esse é o homem como é conhecido por seus amigos aqui embaixo.

Comunicação com a Personalidade

Embora essa personalidade seja absolutamente parte do Ego, embora o único poder e vida nela serem os do Ego, ela, mesmo assim, frequentemente se esquece desse fato e considera-se como uma entidade inteiramente separada, trabalhando aqui embaixo para os seus próprios fins. Ela tem sempre uma linha de comunicação com o Ego (muitas vezes chamada em nossos livros de *antahkarana*[83], mas ela geralmente não faz esforços para usá-la. No caso de pessoas comuns, que nunca estudaram esses assuntos, a personalidade é, para todos os intentos e propósitos, o homem. O Ego se manifesta apenas muito rara e parcialmente.

A evolução do homem em seus estágios iniciais consiste na abertura dessa linha de comunicação, para que o Ego possa cada vez mais ser capaz de se fazer presente por ela e finalmente dominar a personalidade por completo, de forma que não haja pensamento ou vontade separada, mas que exista meramente (como deve ser) uma expressão do Ego nesses planos inferiores. Deve, claro, ser entendido que o Ego, pertencendo a um plano bem superior, jamais consegue se expressar *totalmente* aqui embaixo. O máximo que podemos esperar é que a personalidade não contenha nada que não seja intenção do Ego, que ela o expresse tanto quanto possa nesse mundo inferior.

O homem totalmente sem treinamento não tem praticamente nenhuma comunicação com o Ego. O Iniciado tem completa comunicação. Consequentemente, vemos (como é de se esperar) que entre nós há homens em todos os estágios entre esses dois extremos. Deve ser lembrado que o próprio Ego está, contudo, em processo de desenvolvimento e que, assim, temos que lidar com Egos em estágios de adiantamento muito distintos. De qualquer forma, um

---

[83] *Antahkarana* – os ocultistas definem o termo como uma ponte entre o *Manas* superior e o inferior, o Ego divino e a alma pessoal do homem. (N.E.)

230   C. W. Leadbeater

Ego é de muitas maneiras algo muito maior do que aquilo que de melhor pode ser uma personalidade. Embora, como já foi dito, ele seja apenas um fragmento da Mônada, ele é completo em seu corpo causal, mesmo quando seus poderes não estejam desenvolvidos, ao passo que há apenas um vestígio de sua vida na personalidade.

Também é verdade que a vida em seu nível é algo infinitamente maior e mais vívido do que o que conhecemos como vida aqui embaixo. Assim como a evolução para a personalidade consiste em aprender a expressar o Ego de forma mais ampla, também a evolução para o Ego significa aprender a expressar a Mônada de forma mais ampla. Uma personalidade subdesenvolvida esquece sua conexão com o Ego e se percebe bastante independente. É muito improvável para um Ego, em seu mais alto nível, estar alheio de sua conexão com a Mônada. Certamente alguns Egos estão muito mais despertos para a necessidade de sua evolução do que outros – o que é apenas outra forma de dizer que há Egos mais velhos e Egos mais novos, e que aqueles estão lutando com mais empenho que estes para desvelar suas possibilidades latentes.

Em Seu Próprio Mundo

Temos a tendência de pensar que o único desenvolvimento possível para um Ego é através da personalidade, mas esse não é o caso, ou melhor, isso se dá apenas em relação a um pequeno grupo de qualidades. Como já expliquei em detalhes em *O Homem Visível e Invisível*, o corpo causal de um homem pouco desenvolvido é quase sem cor. Como em seu processo de evolução ele desenvolve boas qualidades – que podem encontrar vibrações correspondentes na matéria do corpo causal –, as cores expressivas dessas qualidades começam a aparecer. O corpo causal, agora, em vez de estar vazio, está cheio de vida pulsante e ativa. Muito mais do Ego pode então se manifestar por ele, o que faz com que ele aumente enormemente em tamanho. Ele se estende mais e mais de seu centro físico até que o homem seja capaz de abranger centenas e até milhares de pessoas dentro de si e, então, exerça uma vasta influência para o bem.

Porém, tudo isso, por mais maravilhoso que seja, é apenas um lado de seu desenvolvimento. Ele tem muitas outras linhas de progresso sobre as quais nada se conhece aqui embaixo. Ele está vivendo uma vida própria entre os seus pares, entre os grandes *Arupadevas*, entre todos os tipos de esplêndidos Anjos, num mundo muito além do nosso alcance. O Ego jovem ainda está provavelmente apenas ligeiramente desperto para essa vida gloriosa, como uma criança de colo, que pouco sabe sobre os interesses do mundo que a cerca. Porém, à medida que sua consciência se desenvolve gradualmente, ele acorda para toda essa magnitude e se torna fascinado com sua beleza e vivacidade.

Ao mesmo tempo, ele próprio se torna um objeto glorioso e nos dá pela primeira vez uma ideia sobre o que Deus quer que seja o homem. Entre tais seres, os pensamentos não mais tomam forma, e flutuam como fazem em níveis mais baixos, mas passam como relâmpagos de um para o outro. Ali não adquirimos nenhum novo veículo, que conquiste gradualmente o controle e aprenda por etapas mais ou menos debilmente a expressar a alma interior; mas nos deparamos face a face com um corpo mais velho do que as montanhas, uma verdadeira expressão da Glória Divina, que subsiste por trás dele e que brilha mais e mais no progressivo desdobrar de seus poderes.

Ali não lidamos mais com formas exteriores, mas vemos as coisas em si mesmas, a realidade que está por trás da expressão imperfeita; causa e efeito são um, claramente visíveis na unidade, como dois lados da mesma moeda. Lá abandonamos o concreto pelo abstrato; não temos mais a multiplicidade de formas, mas a ideia que está oculta em todas essas formas. A essência de tudo está disponível; não mais estudamos detalhes, não mais conversamos acerca de um assunto ou nos empenhamos em explicar – tomamos a essência da ideia do assunto e a movemos como um todo, como alguém move uma peça quando joga xadrez. O que aqui embaixo seria um sistema de filosofia, necessitando de muitos volumes para ser explicado, lá é um único objeto definido, um pensamento que pode ser lançado como alguém lança uma carta sobre a mesa. Uma ópera ou um oratório que aqui ocupariam uma orquestra inteira por muitas horas na apresentação, lá são um único poderoso acorde. Os métodos de toda uma escola de pintura são condensados em uma única magnífica ideia. Ideias assim são as contrapartes intelectuais usadas pelos Egos em suas conversas uns com os outros.

Não é fácil explicar em palavras físicas as diferenças que existem entre os Egos, já que todos eles são, de várias maneiras, muito superiores a tudo com o que estamos acostumados aqui embaixo. Um Ego que já esteja na Senda e próximo do *Adeptado* tem muito em comum com os grandes Anjos, irradiando influência espiritual de força prodigiosa.

Seu Interesse na Personalidade

Podemos imaginar, portanto, como o Ego se lança energeticamente no turbilhão de intensa atividade em seu próprio plano, e que isso lhe parece imensamente mais interessante e importante que as débeis e remotas lutas de uma personalidade parcialmente formada e estreita, velada na densa escuridão do mundo inferior?

Na vida física do homem comum do mundo há pouco interesse para o Ego; somente de vez em quando ocorre algo de real interesse que lhe atraia a atenção momentaneamente, e ele extrai daquilo o que lhe vale a pena. O homem comum vive fragmentariamente; mais da metade do tempo ele não está desperto para a vida real e superior. Alguns de nós estamos inclinados a reclamar que nossos Egos prestam muito pouca atenção em nós; perguntemos a eles quanta atenção lhes temos dispensado. Com que frequência, por exemplo, em um dado dia, pensamos no Ego? Se quisermos atrair a sua atenção, precisamos fazer com que a personalidade lhe seja útil. Assim que começarmos a devotar a maior parte de nossos pensamentos às coisas elevadas (e isso equivale a dizer: assim que começarmos realmente a viver), é bem provável que o Ego nos perceba mais.

O Ego sabe que algumas partes necessárias de sua evolução só podem ser alcançadas através da personalidade, nos corpos mental, astral e físico; portanto ele sabe que algumas vezes ele deve atentar para ela, deve tomá-la em suas mãos e trazê-la ao seu controle. Porém, compreendemos facilmente que a tarefa pode frequentemente não parecer convidativa, que uma dada personalidade pode não parecer atrativa ou inspirar esperança. Se olharmos para muitas das personalidades à nossa volta – seus corpos físicos envenenados por carne, álcool e tabaco; seus corpos astrais exalando cobiça e sensualidade; e seus corpos mentais sem nenhum interesse além dos negócios, ou talvez corridas de cavalos e lutas por prêmios –, não é difícil ver por que o Ego, inspecionando-os de sua sublime altura, possa decidir postergar seus importantes esforços para outra encarnação, na esperança de que o próximo grupo de veículos seja mais dócil a influências que aqueles que seu olhar aterrorizado vê. Podemos imaginar que ele diga a si mesmo: "Eu não posso fazer nada com isso. Vou ver se consigo algo melhor da próxima vez. Dificilmente essa encarnação vai valer a pena. Enquanto isso eu tenho coisas muito mais importantes para fazer aqui".

Algo similar repetidamente acontece nos primeiros estágios de uma nova encarnação. Desde o nascimento da criança, o Ego fica flutuando sobre ela, e em alguns casos ele começa a tentar influenciar seu desenvolvimento enquanto ela é ainda bem pequenina. Como regra geral, ele presta pouca atenção a ela até a idade de sete anos, quando o trabalho do elemental *kármico* está praticamente terminado. As crianças diferem tanto entre si que não é surpresa ver que a relação entre o Ego e a personalidade envolvida também difira amplamente. Algumas personalidades infantis são rápidas e responsivas, outras são lentas e indóceis. Quando essas últimas características são proeminentes, o Ego frequentemente retira o seu interesse ativo por um tempo, com a esperança de que, com o crescimento do corpo infantil, a criança possa se tornar mais perspicaz e responsiva.

Tal decisão pode parecer, para nós, insensata, pois se o Ego negligencia sua personalidade atual, é improvável que a próxima seja um aperfeiçoamento desta. Se ele permite que o corpo da criança se desenvolva sem sua influência, é bem possível que as qualidades indesejáveis que já foram manifestadas cresçam mais fortemente no lugar de perecer. Porém, dificilmente estamos em posição de julgar, já que é tão imperfeito o nosso conhecimento do problema e que não podemos ver nada dos assuntos superiores aos quais o Ego se dedica.

A partir disso, é possível perceber o quão impossível é julgar com qualquer precisão a posição evolutiva de qualquer um que vemos apenas no plano físico. Em um caso, as causas *kármicas* podem ter produzido uma personalidade bem moderada, trazendo consigo um Ego que tem apenas um progresso intermediário; enquanto, em outro caso, aquelas causas podem fazer surgir uma personalidade inferior ou defectiva, pertencente a um Ego comparativamente mais avançado. Uma boa ilustração disso aparece entre as histórias da vida do Senhor Buda. Um homem veio a ele um dia, como costumavam fazer as pessoas com questionamentos, e contou-lhe que tinha grande dificuldade com sua meditação, que ele mal conseguia ter algum êxito. Então o Buda lhe disse que havia uma razão muito simples: em uma vida passada ele tinha o hábito tolo de incomodar certos homens santos e perturbar suas meditações. No entanto, esse homem poderia ser mais avançado como Ego que alguns de seus companheiros cujas meditações eram bem-sucedidas.

Quando o Ego realmente decide direcionar a força total de sua energia para a personalidade, a mudança que ele pode produzir é maravilhosa. Ninguém que não tenha investigado pessoalmente o assunto poderá imaginar o quão maravilhosa, o quão rápida, o quão radical tal mudança pode ser quando as condições são favoráveis – ou seja, quando o Ego é razoavelmente forte e a personalidade não possui vícios incuráveis –, mais especialmente quando é feito um resoluto esforço por parte da personalidade para se tornar uma expressão perfeita do Ego, tornando-se atrativa para ele.

A Atitude da Personalidade

A dificuldade desse assunto é largamente ampliada pelo fato de que é necessário para nós tratá-lo simultaneamente a partir de dois pontos de vista. Somos, na maioria de nós, aqui embaixo, muito enfaticamente personalidades; pensamos e agimos quase que exclusivamente dessa forma. Todavia, sabemos todo o tempo que na verdade somos Egos. Aqueles de nós que, por muitos anos de meditação, se tornaram mais sensitivos às influências mais refinadas, estamos constantemente conscientes da intervenção do Ser Superior. Quanto mais pudermos ter o hábito de nos identificar com o Ego, mais clara e sensatamente veremos os problemas da vida. Porém, enquanto nos sentirmos ainda como personalidades que olham para cima, para o Ser Superior, é obviamente nosso dever e nosso interesse nos abrirmos para ele, nos direcionarmos para ele, e estabelecermos de forma persistente dentro de nós vibrações tais que lhe possam ser úteis. Temos, ao menos, de nos certificar de que não estamos atrapalhando o caminho do Ego, de que sempre faremos o nosso melhor para ele, em acordo com nossas inspirações.

Já que o egoísmo é a intensificação da personalidade, nosso primeiro passo é o de nos livrarmos disso. Devemos então manter nossas mentes preenchidas por pensamentos superiores, pois se a mente estiver continuamente ocupada com assuntos inferiores (embora eles possam ser estimáveis à sua maneira), o Ego não poderá usá-la prontamente como canal de expressão. Quando ele fizer um esforço na tentativa, quando ele lançar um dedo exploratório, que possamos recebê-lo com entusiasmo e nos apressarmos para obedecer a seus ditames; que ele possa tomar posse de nossa mente cada vez mais, fazendo assim com que ela venha a pertencer a seu patrimônio, no que diz respeito a esses planos inferiores. Dessa forma, que nos conduzamos sempre para mais perto do objetivo que desejamos alcançar; coloquemos, dessa forma, nossos pés na Senda que leva diretamente à Primeira Iniciação, em que o inferior e o Superior se tornam um, ou melhor, em que o Maior absorve o menor, de maneira a não haver nada na personalidade que não seja uma representação do Ego. O inferior passaria a ser, então, meramente uma expressão do Superior.

A personalidade pode ter tido um grande número de qualidades desagradáveis, tais como inveja, raiva e depressão, mas todas elas foram abandonadas. Agora, o Ego reproduz unicamente aquilo que vem do alto. Por ter colocado o eu inferior em harmonização consigo, o Ego alcança agora o plano búdico, o plano da unidade. É apenas dessa forma que o homem pode começar a rejeitar a ilusão do "eu", que atravessa o caminho de seu progresso posterior. É por isso que a experiência búdica é necessária à Primeira Iniciação; se é que ela não ocorreu antes. Em muitos casos, ela terá vindo antecipadamente, pois as emoções superiores no corpo causal se refletiram no veículo búdico, despertando-o. Consequentemente, há algum despertar antes da Iniciação.

Realização da Unidade

Tudo o que vive é realmente uno. É dever daqueles que entram na Fraternidade conhecer isso como um fato. Somos ensinados que o Ser é uno, e tentamos entender o que isso significa, mas é algo bem diferente quando vemos isso por nós mesmos, como o faz o candidato ao entrar no plano búdico. É como se na vida física estivéssemos vivendo no fundo de um poço, do qual pudéssemos olhar para cima e ver a luz do Sol. Assim como a luz brilha no fundo de muitos poços e continua sendo uma única luz, do mesmo modo também a Luz do Uno ilumina a escuridão de nossos corações. O Iniciado escalou o poço de sua personalidade, e agora vê que a luz que ele pensava ser ele próprio é na verdade a Infinita Luz de todos.

Enquanto vivia no corpo causal, o Ego já reconhecia a Consciência Divina em tudo. Quando olhava para outro Ego, sua consciência saltava como se estivesse reconhecendo a Divindade no outro. Porém, no plano búdico, ele não mais salta para cumprimentá-lo de fora, pois já está consagrado dentro de seu coração. Ele *é* essa consciência, e ela é a *sua*. Não há mais o "você" e o "eu", pois ambos são um – facetas de algo que transcende e ainda inclui ambos.

Ainda assim, em todo esse surpreendente avanço não há perda do senso de individualidade, embora haja uma completa perda do senso de "separatividade". Por paradoxal que pareça, isto é a pura verdade. O homem se recorda de tudo aquilo que ficou para trás. Ele é ele próprio, o mesmo homem que praticou aquelas ações no passado longínquo. Ele não está alterado de nenhuma forma, exceto pelo fato de agora ser muito mais do que era antes e sentir que também inclui em si mesmo muitas outras manifestações. Se aqui e agora centenas de nós pudéssemos simultaneamente erguer nossas consciências ao plano intuitivo, todos seríamos uma única consciência; mas a cada homem ela pareceria ser a sua própria, absolutamente inalterada, exceto pelo fato de que agora incluiria todas as outras também.

A cada um pareceria ter sido ele que absorvera ou incluíra todas as outras, de maneira que estamos aqui de forma manifesta na presença de um tipo de ilusão. Um pouco mais de percepção torna claro para nós que todos somos facetas de uma consciência maior; e que aquilo que até agora pensávamos ser *nossas* qualidades, *nosso* intelecto e *nossa* energia era a todo o tempo Suas qualidades, Seu intelecto e Sua energia. Chegamos ao entendimento factual da fórmula consagrada pelo tempo: "Tu és Aquilo". Uma coisa é falarmos sobre isso aqui embaixo, compreendê-lo, ou pensar que o compreendemos, intelectualmente; mas é outra coisa entrar nesse maravilhoso mundo e *conhecê-lo* com uma certeza que nunca mais poderá ser abalada.

Quando essa consciência búdica se imprime por completo no cérebro físico, ela dá um novo valor a todas as ações e relações da vida. Não mais *consideramos* uma pessoa ou objeto, não importa qual seja o grau de bondade ou compaixão; simplesmente *somos* essa pessoa ou objeto. Nós conhecemos essa pessoa, esse objeto, tanto quanto os pensamentos de nosso próprio cérebro ou o movimento de nossas próprias mãos. Apreciamos seus motivos como os nossos próprios motivos, mesmo que entendamos perfeitamente que outra parte de nós, possuindo mais conhecimento ou um ponto de vista diferente, possa agir de forma bem distintamente.

Mesmo assim, não se deve supor que um homem, ao entrar na subdivisão mais baixa do mundo intuitivo, de repente se torne *totalmente* consciente de sua unidade com tudo que vive. Essa perfeição de compreensão vem apenas como resultado de muita labuta e dificuldade, quando ele alcança a subdivisão mais alta deste reino de unidade. Entrar nesse plano, de qualquer modo, é experimentar uma enorme expansão de consciência, é realizar a si próprio como uno com todos os outros; mas abre-se perante ele um tempo de esforço, de autodesenvolvimento, análogo nesse nível ao que fazemos aqui embaixo quando, pela meditação, tentamos abrir nossa consciência ao plano imediatamente acima de nós. Passo a passo, subplano por subplano, o aspirante deve conquistar o seu caminho, pois até neste nível ainda é necessário empenho para que haja progresso.

Tendo passado a Primeira Iniciação e entrado conscientemente no plano búdico, esse trabalho de autodesenvolvimento de subplano em subplano está agora ante o candidato para que ele se livre dos três grandes grilhões, como são tecnicamente chamados, que atrapalharão seu progresso ulterior. Ele está agora definitivamente na Senda da Santidade, designado no sistema budista como *Sotāpatti* ou *Sovan*, "aquele que entrou na corrente"; enquanto entre os hindus ele é chamado de *Parivrājaka*, que significa "o andarilho", aquele que não mais sente que qualquer lugar nos três mundos inferiores seja sua habitação de refúgio.

Capítulo 9

A Segunda e a Terceira Iniciações

Os Três Primeiros Grilhões

O candidato que passou pela Primeira Iniciação entrou definitivamente na Senda Própria – a Senda que leva ao *Adeptado*, ao portal que conduz à passagem do reino humano ao do Super-humano. Olhando para essa Senda a partir de baixo, alguém pode se surpreender que o aspirante não esteja exausto depois de seus esforços para alcançar a Primeira Iniciação, que ele não se encolha de forma desencorajadora por conta das alturas vertiginosas que vê elevando-se perante si na implacável Senda sempre ascendente. No entanto, ele bebeu da fonte da vida, e sua força está como a força de 10 homens porque o seu coração é puro. A glória da humanidade ideal, que ele vê de forma cada vez mais clara, tem para ele uma atração e inspiração a que nenhum interesse ou estímulo material pode se comparar.

O primeiro estágio de sua jornada termina na Segunda Iniciação. Para alcançá-la, ele precisa se livrar de três *Samyojanas* ou grilhões, que são:

1. *Sakkāyaditthi* – ilusão do eu;
2. *Vichikicchā* – dúvida ou incerteza;
3. *Silabbataparāmāsa* – superstição.

O primeiro deles é a consciência do "eu sou eu", que, conectada à personalidade, não é nada além de uma ilusão, e deve ser deixada de lado logo no primeiro passo do verdadeiro caminho ascendente. Porém, livrar-se completamente desse grilhão significa ainda mais que isso, pois envolve a compreensão do fato de que a individualidade também é, na verdade, una com o todo, de que dessa forma ele não pode ter nenhum interesse oposto ao de seus irmãos, e de que ele estará mais verdadeiramente progredindo quanto mais auxiliar o progresso de outros.

Quanto ao segundo grilhão, é necessária uma palavra de cautela. As pessoas que foram treinadas nos hábitos europeus de pensamento estão, infelizmente, tão familiarizadas com a ideia de que uma adesão cega e irracional a certos dogmas pode ser exigida de um discípulo de qualquer religião, escola ou seita que, ao ouvirem que no Ocultismo a *dúvida* é considerada um obstáculo ao progresso, elas têm uma tendência de supor que essa Senda também requer de seus seguidores a mesma fé inquestionável, assim como o fazem muitas das superstições modernas. Nenhuma ideia poderia ser mais inteiramente falsa.

É verdade que a dúvida (ou melhor, a incerteza) em algumas questões é uma barreira para o progresso espiritual. No entanto, o antídoto para essa dúvida não é a fé cega (que em si mesma é considerada um grilhão, como veremos a seguir), mas a certeza da convicção fundamentada na experiência individual ou na racionalidade matemática. Enquanto uma criança duvidar da precisão da tabela de multiplicação, ela dificilmente pode adquirir proficiência na matemática superior; e suas dúvidas só podem ser satisfatoriamente sanadas quando ela alcançar a compreensão, fundamentada na razão e na experiência, de que as declarações contidas na tabela são verdadeiras. Ela acredita que dois multiplicado por dois é quatro não apenas porque lhe foi dito, mas porque isso se tornou um fato autoevidente para ela. Esse é exatamente o método, e o único método, para resolver as dúvidas conhecidas no Ocultismo.

Vichikicchā tem sido definido como dúvida nas doutrinas do *karma* e da reencarnação, e na eficiência do método de atingir o bem maior por essa Senda da Santidade. Porém, o conhecimento dessas coisas também traz consigo uma viva compreensão de que o mundo é a escola de Deus para o homem, e que Seu plano é a evolução da vida imortal através das formas perecíveis, e é maravilhoso e beneficente em cada uma de suas partes. Ao livrar-se do segundo grilhão, o Iniciado chega à certeza absoluta, baseada tanto no conhecimento pessoal de primeira mão como na razão, de que os ensinamentos ocultos sobre esses pontos são verdadeiros.

O terceiro grilhão, a superstição, tem sido descrito como incluindo todos os tipos de crenças equivocadas e sem sentido e toda dependência a ritos externos e cerimônias para purificar o coração. O Iniciado vê que todos os métodos de ajuda oferecidos pelas grandes religiões – orações, sacramentos, peregrinações, jejuns e a observância de diversos ritos e cerimônias – são auxílios, e nada mais; que o homem sábio irá adotá-los enquanto forem úteis para ele, mas nunca confiará que algum deles isoladamente seja o suficiente para atingir a salvação. Ele sabe claramente que dentro de si mesmo a libertação deve ser procurada, e que qualquer que seja o valor que essas ajudas tenham no desenvolvimento de sua vontade, de sua sabedoria e de seu amor, elas jamais poderão tomar o lugar do esforço pessoal que somente ele pode efetuar. O homem que se livrou desse grilhão compreende que não há nenhuma forma de religião que seja necessária a todos os homens, mas que por qualquer uma igualmente, e até fora delas, o caminho ao Altíssimo pode ser encontrado.

Esses três grilhões se colocam numa série coerente. Estando completamente entendida a diferença entre a individualidade e a personalidade, é então possível, em certa medida, apreciar o real curso da reencarnação e assim dissipar todas as dúvidas sobre esse tema. Tendo feito isso, o conhecimento da permanência espiritual do verdadeiro Ego traz confiança na força espiritual de si mesmo e dissipa a superstição.

Subdivisão dos Passos

Cada estágio da Senda Própria está dividido em quatro passos. O primeiro é *maggo*, ou "caminho", no qual o estudante luta para se desamarrar dos grilhões. O segundo é *phala*, literalmente "fruto" ou "resultado", quando o homem encontra o resultado de seus esforços se mostrando cada vez mais. Em terceiro lugar vem *bhavagga*, ou "consumação", o período em que, tendo culminado os resultados, ele está pronto para cumprir satisfatoriamente o trabalho pertencente ao degrau em que ele agora firmemente se encontra. O quarto é *gotrabhu*, que significa que ele chegou ao estágio em que está pronto para receber a próxima Iniciação.

Para que o candidato possa chegar a *gotrabhu*, vemos que é absolutamente essencial uma completa liberdade dos grilhões de seu estágio na Senda. Antes que o homem possa receber a Segunda Iniciação, o Iniciador escolhido pelo Rei solicita evidências sobre como o candidato tem utilizado os poderes adquiridos por ele na Primeira Iniciação. Uma das características mais belas da cerimônia é a parte em que aqueles que foram auxiliados pelo candidato vêm à frente para dar o seu testemunho. Também é requisito para essa Iniciação que o candidato tenha desenvolvido o poder de atuar livremente em seu corpo mental, pois, embora a cerimônia da Primeira Iniciação seja celebrada no plano astral, a Segunda acontece no mundo mental inferior.

Pode parecer difícil conciliar essa declaração com o fato de as Iniciações serem descritas como ocorrendo em certo salão ou jardim, mas realmente não há discrepância. Se o Senhor *Maitreya* atuar como Iniciador, a cerimônia é usualmente realizada ou no seu jardim ou em sua sala magna. Ele próprio se apresenta em seu corpo físico, e também em muitos casos está o Senhor *Vaivasvata Manu,* que vive nas redondezas. Todos os demais presentes estão usualmente em seus veículos astrais no caso da Primeira Iniciação, porém no corpo mental no caso da Segunda. Os Grandes Seres presentes focam suas consciências muito facilmente em qualquer nível requerido. Existem, claro, no plano astral e no plano mental as contrapartes de tudo que há no físico; assim, os relatos dados estão perfeitamente corretos e as posições tomadas em relação a objetos físicos são exatamente como descritas.

Desenvolvimento Mental

A Segunda Iniciação dá rapidamente continuidade ao desenvolvimento do corpo mental. Nesse ponto, ou próximo dele, o discípulo aprende a usar o *māyāvi-rūpa,* que algumas vezes é traduzido como "corpo de ilusão". Ele é um corpo astral temporário feito por aquele que seja capaz de atuar em seu corpo mental. Quando um homem se desloca no plano astral, ele normalmente o faz em seu corpo astral. Caso fosse necessário para ele se mostrar no plano físico enquanto estivesse atuando em seu corpo astral, ele teria que materializar um corpo físico ao seu redor. Isso algumas vezes é feito, embora não frequentemente, pois envolve um grande dispêndio de força. Similarmente, se ele estivesse trabalhando em seu corpo mental e desejasse se manifestar no plano astral, ele teria que materializar um corpo astral temporário, que é o *māyāvi-rūpa.* Quando ele houvesse terminado o seu trabalho, ele se retiraria para o plano mental novamente e o corpo temporário sumiria, retornando seus materiais para a circulação geral da matéria astral de onde haviam sido retirados pela vontade do discípulo.

Até o momento da Primeira Iniciação, o homem trabalha em seu corpo astral à noite; porém, tão logo esteja perfeitamente sob controle e ele seja capaz de usá-lo integralmente, se iniciará o trabalho no corpo mental. Quando esse corpo, por sua vez, estiver completamente organizado, ele será um veículo muito mais flexível que o corpo astral, e muito do que é impossível no plano astral pode ser então alcançado. Com o poder de formar o *māyāvi-rūpa*, o homem é capaz de passar instantaneamente do plano mental para o plano astral e retornar dele, e de usar a todo o tempo o grande poder e os aguçados sentidos do plano mental. Quando ele quiser se fazer visível para pessoas no mundo astral, ele precisa apenas conceber a materialização astral. É necessário que o Mestre mostre ao Seu discípulo como criar o *māyāvi-rūpa*, para que depois, embora a princípio não seja algo fácil, ele possa fazê-lo por si mesmo.

Ocorre uma grande expansão e desenvolvimento do corpo mental em conexão com a Segunda Iniciação, mas usualmente apenas depois de alguns anos é que seus efeitos se mostrarão no cérebro físico. Quando começarem a se manifestar, eles inquestionavelmente levarão a uma grande tensão no cérebro, já que ele não pode ser sintonizado instantaneamente ao diapasão necessário.

O Ponto Perigoso

O período após a Segunda Iniciação é, em muitos sentidos, o mais perigoso da Senda, embora em qualquer ponto, até que tenha se passado a Quinta Iniciação, haja a possibilidade de retrocesso ou de se passar muitas encarnações como errante. Porém é nesse estágio em especial que, havendo qualquer fraqueza no caráter do candidato, ela se mostrará. Deveria ser impossível o retrocesso a um homem que houvesse se erguido a essa altura, mas infelizmente a experiência nos tem mostrado que até isso algumas vezes acontece. Em quase todos os casos, o perigo advém do orgulho. Se houver o mínimo traço de orgulho na natureza do homem, ele estará em sério risco de cair. O que habitualmente chamamos intelecto é um mero reflexo da real inteligência. Ainda assim, alguns de nós somos orgulhosos dele, de nosso intelecto e perspicácia. Então, quando um homem tem mesmo que um remoto vislumbre do que virá a ser seu intelecto no futuro, surge um sério perigo. Se ele for nessa linha, ele terá uma grande dificuldade para retornar novamente. Nada, a não ser uma crescente e incessante vigilância, poderá permitir que ele passe com sucesso por esse estágio. Deve haver um esforço constante de sua parte para aniquilar qualquer traço de orgulho, egoísmo e preconceito.

Quando sabemos dessas coisas, encontramos inesperada iluminação nos vários textos da Bíblia. Esse ponto de perigo na vida do Iniciado está indicado na história do Evangelho como a tentação no deserto que se seguiu ao Batismo de Jesus por João. Os quarenta dias no deserto simbolizam o período durante o qual a expansão do corpo mental, proporcionada pela Segunda Iniciação, está sendo colocada no cérebro físico, embora para o candidato comum possam ser requeridos não apenas 40 dias, mas 40 anos para a sua realização. Na vida de Jesus isso corresponde ao período em que seu cérebro estava sendo adaptado para a chegada do Cristo. Então o demônio, que na simbologia representa a natureza inferior, vem tentar o Iniciado, primeiro para usar os seus poderes para a satisfação de suas próprias necessidades: "Se tu és o Filho de Deus, ordena que essas pedras se transformem em pão". Depois ele é tentado a se jogar do ponto mais alto do templo, realizando então um milagre que surpreendesse a população. E por último lhe são mostrados os reinos do mundo e sua glória, e o demônio diz: "Todas essas coisas eu te darei, se te ajoelhares e me adorares" – ele é tentado a usar seus poderes para gratificar sua própria ambição. Todas essas tentações representam uma forma diferente de orgulho.

Assim como a Primeira Grande Iniciação corresponde a um novo nascimento, também a Segunda Iniciação pode ser de forma justa comparada ao Batismo do Espírito Santo e do Fogo, pois é o poder da Terceira Pessoa da Abençoada Trindade que é derramado naquele momento, descendo no que pode ser inadequadamente descrito como uma inundação de fogo, um fluxo ardente de luz viva. O homem nesse estágio é referido entre os budistas como *Sakadāgāmin*, "o homem que retorna apenas uma vez", significando que aquele que alcançou esse nível vai precisar de apenas mais uma encarnação antes de alcançar o nível de *Arhat*, a Quarta Iniciação, depois da qual não há mais nascimento físico compulsório. A denominação hindu para esse segundo passo é *Kutichaka*, "o homem que constrói uma cabana", "aquele que alcançou um lugar de paz".

Nesse estágio nenhum grilhão adicional é descartado, mas é usualmente um período de considerável avanço psíquico e intelectual. Se as comumente chamadas faculdades psíquicas não houverem ainda sido adquiridas, é tradição que sejam desenvolvidas nesse estágio, pois sem elas seria praticamente impossível assimilar o conhecimento que deve agora ser concedido, ou fazer o trabalho superior para a humanidade no qual o Iniciado tem agora o privilégio de auxiliar. Ele deve ter a consciência astral sob o seu comando durante sua vida física de vigília; e durante o sono o mundo do paraíso estará aberto perante ele – já que a consciência de um homem, quando afastado de seu corpo físico, estará sempre um estágio acima daquele enquanto ainda oprimido em sua morada de carne. A Dra. Besant, no entanto, em seu livro *O Aperfeiçoamento do Homem*[84], nos fornece uma interpretação alternativa sobre isso. Ela nos diz que antes que um homem possa receber a Terceira Iniciação, ele deve aprender a trazer o espírito de intuição (*buddhi*) para sua consciência física, de modo que ele [o espírito de intuição] possa nela habitar e guiá-la. Então ela acrescenta:

---

[84] *O Aperfeiçoamento do Homem* (título original: *Iniciation, The Perfecting of Man*), de Annie Besant, Editora Pensamento. (N.E.)

Esse processo é usualmente chamado de "desenvolvimento das faculdades psíquicas", e é isso mesmo, no sentido verdadeiro da palavra "psíquico". Porém, não significa o desenvolvimento da clarividência e da clariaudiência, que dependem de um processo diferente.

Terceira Iniciação

Quando o candidato houver passado pelos quatro subestágios da Segunda Iniciação e tiver mais uma vez se tornado *Gotrabhu*, ele estará pronto para a Terceira Iniciação, para se tornar o *Anāgāmin*, que significa literalmente "aquele que não mais retorna", pois é esperado que ele atinja a próxima Iniciação na mesma encarnação. A denominação hindu para esse estágio é *Hamsa*, que significa "cisne", mas a palavra é também considerada como uma variação da frase *So-ham*, "Isso sou eu". Há também uma tradição de que o cisne é capaz de separar o leite da água, sendo o sábio similarmente capaz de discernir o real valor dos seres vivos no fenômeno da vida.

Essa Iniciação é tipificada no simbolismo cristão pela Transfiguração de Cristo. Ele seguiu "separadamente para a parte alta da montanha e foi transfigurado" na presença dos discípulos: "Sua face brilhou como o Sol, e suas vestes estavam brancas como a luz", "tão alvas como a neve, de forma que nada mais na Terra poderia deixá-las mais brancas". Essa descrição sugere o *Augoeides*, o homem glorificado; e é um quadro preciso do que acontece nessa Iniciação, pois assim como a Segunda Iniciação está relacionada principalmente ao aceleramento do corpo mental inferior, nesse estágio o corpo causal é especialmente desenvolvido. O Ego é levado a um contato mais próximo com a Mônada e é em verdade transfigurado. Até a personalidade é afetada por essa maravilhosa efusão. O Ser superior e o eu inferior se tornam "um" pela Primeira Iniciação, e essa unidade jamais é perdida;

mas o desenvolvimento do Ser superior que agora ocorre nunca poderá ser refletido nos mundos inferiores da forma, embora os dois sejam "um" na maior extensão das possibilidades.

A história do Evangelho nos conta também que na Transfiguração apareceram Moisés e Elias, as principais figuras da velha dispensação [Antigo Testamento]. Um deles é o maior dos profetas judeus, o outro representa a lei judia. Assim, as duas dispensações – ou métodos de abordar a verdade, de cumprimento da lei e de inspiração profética – estão representadas como reunidas no Cristo, que estava prestes a estabelecer uma nova dispensação, a do Evangelho. Todo esse simbolismo possui significados referentes aos fatos reais da Terceira Iniciação.

Outro símbolo relacionado ao mesmo degrau aparece na história do Evangelho da apresentação de Cristo ao seu Pai no Templo. No relato tradicional, isso está de certa forma fora de contexto, pois o Cristo é ali apresentado como uma pequena criança. Nesse estágio do desenvolvimento do homem, ele deve ser levado perante o Rei Espiritual do Mundo – o poderoso Chefe da Hierarquia Oculta – que, nesse terceiro passo, ou confere a Iniciação ele mesmo ou a delega a um de seus discípulos, os três Senhores da Chama, que vieram com ele de Vênus. Nesse último caso, o homem é apresentado ao Rei logo após a realização da Iniciação. Assim, o Cristo é levado à presença de seu Pai. *Buddhi* no Iniciado é erguido até que se torne uno com sua origem no plano nirvânico, quando é então efetuada uma maravilhosa união entre o primeiro e o segundo princípios do homem.

O Quarto e o Quinto Grilhões

Enquanto se move em torno de seu trabalho diário, o *Anāgāmin* usufrui de todas as esplêndidas possibilidades dadas pela completa possessão de suas faculdades no plano mental superior; e quando ele sai de seu corpo físico à noite, ele adentra mais uma vez a maravilhosa consciência ampliada que pertence ao plano búdico. Nesse estágio, ele tem que abandonar qualquer remanescente do quarto e do quinto grilhões, *kāmarāga* e *patigha* – apego ao prazer das sensações, tipificado pelo amor terreno, e qualquer possibilidade de irritação ou aversão. O aspirante deve se libertar de toda possibilidade de ser escravizado por qualquer coisa externa. Não significa que ele não sentirá atração por aquilo que é agradável ou belo ou puro, nem que não sentirá repulsão pelo oposto dessas coisas. Ele ainda os considera no decorrer de seu trabalho, mas ele não deixa que sejam elementos decisivos em sua ocupação, e os ignora inteiramente nas ocasiões emergentes quando necessário ao seu trabalho.

Aqui devemos nos precaver contra um possível equívoco, com o qual frequentemente nos deparamos. O mais puro e nobre amor humano nunca morre – jamais será de maneira alguma diminuído pelo treinamento oculto; pelo contrário, ele aumentará e se expandirá até que englobe a tudo com o mesmo grau de fervor com o qual ele foi prodigalizado a somente um ou dois. Mas o estudante com o tempo se ergue acima de todas as considerações relacionadas com a mera *personalidade* daqueles ao seu redor e, dessa forma, está livre de todas as injustiças e parcialidades que o amor comum frequentemente traz em seu exercício.

Também não deve ser suposto nem por um momento que, ao conseguir esse amplo amor por tudo, ele perderá a afeição especial por seus amigos mais próximos. A incomum e perfeita ligação entre Ananda e o Senhor *Buddha*, assim como aquela entre São João e o Cristo, estão registradas para dar prova disso; ao contrário, ela é imensamente intensificada. O vínculo entre o Mestre e seus discípulos é mais forte do que qualquer ligação terrena, pois o afeto que floresce na Senda da Santidade é entre Egos, não simplesmente entre personalidades. Dessa forma, ela é forte e permanente, e não há o medo de diminuição ou flutuação, pois é "o amor perfeito que expulsa o medo".

Capítulo 10

AS INICIAÇÕES SUPERIORES

O Arhat

Durante os estágios que se seguem após a Primeira, a Segunda e a Terceira Iniciações, o candidato está gradualmente desenvolvendo a consciência búdica; mas, na Quarta Iniciação, ele entra no plano nirvânico. Daí por diante ele está engajado em ascender de forma persistente por esse plano, ou melhor, por uma divisão dele, considerando os seus cinco subplanos inferiores, nos quais habita o Ego humano. Essa Iniciação é de certa forma um ponto intermediário, já que usualmente é dito que em tempos normais são consumidas sete vidas em média entre a primeira e a quarta Iniciações, e sete vidas também entre a quarta e a quinta. Porém, esse tempo pode ser reduzido ou aumentado largamente, como eu já disse antes, e o período real de tempo empregado é na maioria dos casos não muito grande, já que usualmente as vidas são tomadas em sucessões imediatas, sem o interlúdio no mundo celeste.

O candidato que obtém a Quarta Iniciação é referido na terminologia budista como *Arhat*, que significa "o digno", "o capaz", "o venerável" ou "perfeito". Nos livros orientais muitas coisas belas são ditas sobre ele, pois eles sabem em que alto nível evolutivo ele está. Os hindus o chamam de *Paramahamsa*, "aquele acima e além de *Hamsa*".

Simbologia Cristã

Na simbologia cristã, a Quarta Iniciação é indicada pelo sofrimento nos jardins de Getsémani, a Crucificação e a Ressurreição do Cristo. Embora haja certos estágios preliminares, ela pode ser mais completamente simbolizada pelos vários eventos que se diz terem ocorrido durante a Semana Santa. O primeiro evento da série foi que Cristo ressuscitou Lázaro dos mortos; e é sempre comemorado no sábado antes do Domingo de Ramos, embora, de acordo com a narrativa no Evangelho, ele tenha se dado uma semana ou duas antes. No Domingo houve a entrada triunfal em Jerusalém; na Segunda e na Terça, a pregação de uma série de sermões no Templo; na Quarta, a traição por Judas Iscariotes; na Quinta, a Fundação da Santa Eucaristia; na noite entre a Quinta e a Sexta, os julgamentos perante Pilatos e Herodes; e na Sexta-feira da Paixão, a Crucificação. O Sábado Santo foi passado em pregação aos espíritos na prisão; e à meia noite de sábado, ou melhor, no primeiro momento do Domingo pela manhã, o Cristo se levantou dentre os mortos, para sempre triunfante.

Todos esses detalhes do drama de Cristo têm uma relação com o que realmente ocorre em conexão com a Quarta Iniciação. O Cristo realizou algo incomum e maravilhoso na ressurreição de Lázaro no Sábado; muito em consequência disso ele desfrutou de seu triunfo terreno logo depois, pois todas as pessoas se reuniram quando souberam da ressurreição do homem morto. Eles o aguardaram; e quando ele saiu da casa a caminho de Jerusalém, eles o receberam com uma aclamação pública e uma grande demonstração de sentimentos, e o trataram como no Oriente ainda tratam qualquer um que acreditem ser santo. Então ele foi escoltado pelo povo com grande entusiasmo até Jerusalém. Tendo obtido esse pequeno reconhecimento terreno, ele naturalmente aproveitou a oportunidade para instruí-los, e fez o sermão no Templo, ao qual grandes multidões vieram para vê-lo e ouvi-lo. Isso é simbólico em relação ao que realmente acontece. O Iniciado atrai alguma atenção e obtém alguma popularidade e reconhecimento. Então há sempre um traidor que se vira contra ele e distorce o que ele tenha dito e feito, para que pareça ser o mal, como coloca Ruysbroeck[85]:

> Às vezes essas pessoas infelizes estão destituídas das coisas boas da terra, de seus amigos e familiares, abandonadas por todas as criaturas. Sua santidade é desacreditada e desprezada; os homens dão uma interpretação ruim a todos os trabalhos de sua vida. Eles são rejeitados e desdenhados por todos aqueles que o cercam. Algumas vezes eles são afligidos por diversas doenças.

Então se segue uma chuva de descrédito e abusos, e sua rejeição pelo mundo. Depois disso vem a cena no jardim de Getsémani, quando o Cristo se sente totalmente esquecido. Então ele é exposto ao escárnio e crucificado. Finalmente há o choro na cruz: "Meu Deus, meu Deus, por que me abandonaste?"

Madame Blavatsky tinha uma teoria, exposta em *A Doutrina Secreta* – que eu não sou pessoalmente capaz de verificar –, de que o real significado dessas palavras foi: "Meu Deus, como tu me glorificas!"[86] Não sei qual das duas interpretações é a mais precisa, mas há grande verdade em ambas. É uma das características da Quarta Iniciação que o homem deve ser deixado completamente só.

---

[85] Jan van Ruysbroeck – chamado "o Admirável", foi um místico cristão, nascido na Bélgica em 1293, tendo exercido enorme influência na teologia mística dos séculos posteriores. (N.E.)

[86] Do original: *"My God, how thou dost glorify me!"*. (N.E.)

Primeiro ele tem que ficar sozinho no plano físico; todos os seus amigos se voltam contra ele por algum desentendimento. Tudo retorna ao normal logo depois, mas naquele momento o homem é deixado com o sentimento de que todo o mundo está contra ele.

Talvez isso não seja uma grande prova, mas há outro lado, um lado interno. Ele terá também que experimentar por um momento a condição chamada *Avichi*, que significa "o sem onda", "aquilo que não tem vibração". O estado de *Avichi* não é, como tem sido popularmente suposto, um tipo de inferno, mas é uma condição em que o homem fica absolutamente sozinho no espaço e se sente isolado de toda a vida, mesmo da vida do Logos. Sem dúvida é a experiência mais pavorosa possível a um ser humano. É dito que dura por apenas um momento, mas para aqueles que sentiram o seu supremo horror parece uma eternidade pois, nesse nível, tempo e espaço não existem. Essa terrível provação tem, creio eu, dois objetivos: primeiro, que o candidato possa ser compassivo com aqueles aos quais *Avichi* chega como resultado de suas ações; e em segundo lugar, que ele possa aprender a permanecer absolutamente separado de tudo que é externo, triunfante em sua absoluta certeza de que ele *é* um com o Logos e de que sua esmagadora consternação, causada pela sensação de separação do Logos, não é nada além de uma ilusão e uma tentação. Alguns entraram em colapso perante esse terrível teste e tiveram que voltar atrás e recomeçar sua escalada na direção da Iniciação superior. Porém, para o homem que consegue se manter firme através desse horrível pesadelo, ele se torna uma experiência maravilhosa, até mesmo formidável, de tal forma que enquanto para a prova em si a interpretação "Por que me abandonaste?" poderia ser aplicável, "Como tu me glorificas!" expressaria muito bem o sentimento do homem que se ergue dela vitorioso.

Essa Iniciação se diferencia de todas as outras pelo fato de ter esse estranho aspecto de sofrimento e vitória. Cada uma das Iniciações anteriores era simbolizada no sistema cristão por um fato definido – o

Nascimento, o Batismo, a Transfiguração; mas, para representar essa Quarta Iniciação, foi necessária uma série de eventos. A Crucificação e todos os variados sofrimentos dos quais ela é a culminação foram empregados para tipificar um lado dessa Iniciação, enquanto a Ressurreição, com o seu triunfo sobre a morte, representa o outro lado. Sempre nesse estágio há sofrimento físico, astral e mental; sempre há a condenação pelo mundo e o aparente fracasso; sempre há o esplêndido triunfo nos planos superiores – que, entretanto, permanece desconhecido ao mundo externo. O tipo peculiar de sofrimento que invariavelmente acompanha essa Iniciação limpa qualquer débito *kármico* que possa ainda haver no caminho do Iniciado. A paciência e a alegria com que ele a suporta têm grande valor no fortalecimento de seu caráter e ajudam a determinar a extensão de sua utilidade no trabalho que se apresenta perante ele.

A Crucificação e a Ressurreição, que simbolizam a Iniciação de fato, são assim descritas na antiga fórmula egípcia:

> Então deve o candidato ser preso à cruz de madeira; ele deve morrer, ele deve ser enterrado e deve descer até o submundo. Depois do terceiro dia, ele deve ser trazido de volta dentre os mortos.

Apenas depois de três dias e noites, e mais parte de um quarto dia, terem se passado é que o candidato daquela época, ainda em transe, era erguido do sarcófago em que ele havia se deitado e renascia ao ar livre no lado oriental da pirâmide ou templo, para que os primeiros raios do Sol nascente pudessem chegar à sua face e acordá-lo de seu longo sono.

Há um antigo provérbio – "Sem cruz não há coroa" – que pode ser tomado com o significado de que sem a descida do homem na matéria, sem estar ligado à cruz da matéria, seria impossível para ele obter a ressurreição e receber a coroa de glória. Porém, pela limitação e pelo sofrimento e dificuldades, ele conquista a vitória. É impossível para nós descrever a ressurreição. Todas as palavras que usarmos parecem manchar o seu esplendor, e qualquer tentativa de descrição parece quase uma blasfêmia; mas pode ser dito que foi obtido um triunfo completo sobre todos os sofrimentos, aflições e dificuldades, tentações e provações; e esse triunfo é eternamente seu, pois ele o conquistou pelo conhecimento e pela força interior. Podemos lembrar como o Senhor *Buddha* proclamou sua liberdade:

> Muitas moradas de vida
> Porventura me mantiveram – procurando sempre aquele que forjara
> Essas prisões dos sentidos, de sofrimento e preocupações;
> Dolorosa foi a minha luta incessante!
>
> Mas agora,
> Tu, construtor deste tabernáculo – tu!
> Eu te conheço! Nunca tu deverás construir novamente
> Essas paredes de dor,
> Nem levantar a cobertura de ilusões, nem colocar
> Novas traves no barro;
> Tua casa está quebrada, e a viga mestra partida!
> A ilusão a formara!
> Que em segurança eu possa daí passar – para obter libertação.

NIRVANA

Para o *Arhat*, daqui por diante, a consciência do plano búdico é sua enquanto ainda no corpo físico; e quando ele abandona esse corpo dormindo ou em transe, ele passa imediatamente à indescritível glória do plano nirvânico. Em sua Iniciação, ele deve ter ao menos um relance dessa consciência nirvânica, assim como na Primeira Iniciação deve haver uma momentânea experiência do búdico. Agora o seu esforço diário será chegar cada vez mais alto no plano nirvânico. Isso é uma tarefa de dificuldade prodigiosa, mas gradualmente ele será capaz de trabalhar lá em cima, nesse inefável esplendor.

Adentrá-lo é absolutamente desconcertante, trazendo como primeira sensação uma intensa vivacidade da vida, surpreendente até para quem tem familiaridade com o plano búdico. Ele já havia tido essa surpresa, embora em uma medida menor, quando subira pela primeira vez de um plano para outro. Mesmo quando nos erguemos pela primeira vez em completa e clara consciência do plano físico para o astral, encontramos uma nova vida tão mais ampla do que qualquer uma que até então havíamos conhecido, e exclamamos: "Eu achava que sabia o que era a vida, mas eu jamais a vira antes!" Quando passamos para o plano mental, temos a mesma sensação redobrada. O astral era maravilhoso, mas não era nada comparado ao mundo mental. Quando passamos para o plano mental superior, novamente temos a mesma experiência. Em cada passo a mesma surpresa vem novamente, e nem um pensamento pode de antemão nos preparar para ela, pois é sempre algo muito mais estupendo do que qualquer coisa que possamos imaginar. A vida em todos esses planos superiores é de uma bem-aventurança tão intensa que não há palavras para expressá-la.

Orientalistas europeus traduziram "nirvana" como "aniquilação", pois a palavra significa "apagar-se", como a luz de uma vela se extingue com um sopro. Nada poderia ser uma antítese maior à verdade, a não ser no sentido de que é certamente uma aniquilação de tudo o que aqui embaixo conhecemos como homem, pois então não há mais um homem, mas Deus no homem, um Deus perante outros Deuses, embora menor do que eles.

Tente imaginar todo o universo consistindo de uma imensa torrente de luz viva, movendo-se inteiramente para frente, sem relatividade, uma irresistível amplidão de um vasto mar de luz, com um propósito (se isso for compreensível) admiravelmente concentrado, mas absolutamente sem tensão ou esforço – as palavras falham. A princípio não sentimos nada, a não ser a sua beatitude, e não vemos nada exceto a intensidade da luz. Porém, gradualmente começamos a perceber que mesmo neste deslumbrante brilho há pontos mais claros (como se fossem núcleos) pelos quais a luz obtém novas qualidades que lhe permitem se tornar perceptível nos planos inferiores, cujos habitantes, sem essa ajuda, estariam completamente aquém da possibilidade de perceber seu esplendor. Então, aos poucos, começamos a compreender que esses subsidiários são os Grandes Seres, os Espíritos Planetários, grandes Anjos, Deidades *Kármicas*, *Dhyan Chohans*, Budas, Cristos e muitos outros, para os quais não temos nem nomenclatura, e principiamos a ver que através deles a luz e a vida descem para os planos inferiores.

Pouco a pouco, ao nos tornarmos mais acostumados com essa maravilhosa realidade, começamos a perceber que somos unos com eles, embora muito abaixo do cume de seu esplendor; que somos partes do Uno que vive de alguma forma em todos eles e também em cada porção do espaço entre eles; e que nós mesmos somos também um foco, e através de nós, em nosso nível muito inferior, a luz e a vida estão fluindo para aqueles que estão ainda mais longe (não dela, pois todos são partes dela e nada mais existe em lugar algum), mas da realização dela, a compreensão e a experiência sobre ela.

Madame Blavatsky frequentemente falava dessa consciência como tendo o seu centro em todo lugar e a sua circunferência em lugar nenhum, uma frase profundamente sugestiva, atribuída variadamente a Pascal, Cardinal de Cusa e *Zohar*, mas pertencendo por direito aos Livros de Hermes. De fato, muito longe da aniquilação está tal consciência. O Iniciado que chega até ela de forma alguma perde o senso de que ele é ele próprio; sua memória é perfeitamente contínua; ele é o mesmo homem, embora seja também tudo aquilo; e agora ele pode realmente dizer "eu sou eu", sabendo realmente o que significa "eu".

Os Mestres e a Senda

Isso foi maravilhosamente bem expresso por Sir Edwin Arnold em *A Luz da Ásia*[87]:

Nada buscando, possui tudo;
Seu eu desaparece e se funde no Universo;
Se alguém ensinar que Nirvana significa cessação do ser,
Dizei-lhe que mente.

Se alguém disser que Nirvana é viver,
Dizei a tal pessoa que ela erra, porque nada
sabe a esse respeito;
Ignora que luz brilha além de suas lamparinas quebradas,
E que a bem-aventurança está fora da vida e do tempo.

Não se trata de "fora da vida" no sentido de estar morto, pois o Iniciado é a própria exemplificação e expressão da vida mais vívida imaginável. "Sem vida" porque ele está muito além tanto da morte quanto da vida, liberto para sempre do *samsāra*[88]. O inferno tem sido definido como o tempo sem Deus, e o céu como Deus sem o tempo. Certamente essa última descrição é ainda mais aplicável ao Nirvana.

Qualquer descrição do Nirvana que tentarmos certamente parecerá singular. Nenhuma palavra que pudermos usar poderá dar mesmo a mínima ideia de tal experiência, pois muito daquilo com o que estão familiarizadas nossas mentes há bastante tempo terá se dissipado antes que esse nível seja alcançado. Certamente há, mesmo nesse nível, algum tipo de invólucro para o Espírito impossível de descrever, pois em um sentido parece ser um átomo, e em outro sentido parece ser o plano inteiro. O homem sente como se estivesse em toda parte, mas podendo concentrar qualquer porção dentro de si mesmo; onde quer que a efusão de força por um momento diminua, aquilo será para ele um corpo.

---

[87] *A Luz da Ásia*, de Edwin Arnold, Livro 8, Editora Teosófica. (N.E.)
[88] *Samsāra* – os renascimentos humanos representados como um círculo contínuo, uma roda sempre em movimento. (N.E.)

262   C. W. Leadbeater

O inefável esplendor do Nirvana necessariamente ultrapassa toda a compreensão física, e consequentemente até mesmo a tentativa mais poética de retratá-lo está fadada ao fracasso. Ainda assim, todo homem que escreve sobre ele o aborda de um ângulo diferente, e cada um deles poderá contribuir em algum ponto que outro tenha deixado escapar. Já tentei dar minhas próprias impressões. Permita-me agora citar a impressão de meu amigo de longa data e irmão, Bispo George Sydney Arundale, que em seu livro *Nirvana*[89] fez um esforço marcante e muito válido para transmitir aquilo que não pode ser transmitido. Todos fracassamos, claro; mesmo assim, não posso deixar de perceber que ele se aproximou mais do êxito que eu. Ele escreve:

> Minha primeira lembrança é a de contemplar o Mestre K. H. como eu nunca o havia visto antes. Radiante ele sempre é, supremamente radiante, mas agora ele estava mais que radiante, e eu não consigo encontrar uma palavra aqui embaixo para descrevê-lo na glória em que eu o percebi com o primeiro *flash* de consciência *nirvânica*. Majestoso e radiante são descrições simplórias – "ofuscante" talvez o expresse melhor, pois apenas por um momento eu fui sobrepujado. Quase desejei velar a minha face à visão dele, e contudo não conseguia afastar meus olhos dele, tão insondavelmente esplêndido ele parecia –menos glorioso apenas que o Rei, como depois pude perceber, embora àquela ocasião eu não pudesse conceber maior glória.
>
> Concentrei minha coragem. Sinto como se ele estivesse me dizendo: "Bem-vindo a um novo reino que você deve aprender a conquistar". Minha consciência se desdobra em seu poder, e eu atravesso, por assim dizer, o limiar até o Nirvana. Palavras e frases, belas como sejam, majestosas como forem, são quase profanas quando tentam descrever as condições ali. Até mesmo o fraco toque da primeira experiência neste plano sutil reduz à insignificância todas as outras experiências de todos os outros planos, salvo apenas

---

[89] *Nirvana* – de George S. Arundale, Editora Pensamento. (N.E.)

Os Mestres e a Senda

263

a de entrar na Presença do Iniciador Único. Recordo-me de meu primeiro vislumbre do plano búdico na ocasião da admissão às fileiras da Grande Fraternidade Branca; lembro-me até hoje de minha admiração perante a visão do Mestre em seu veículo búdico, e bem rememoro, nos dias que se seguiram, o maravilhoso senso de unidade com todas as coisas, com as árvores e flores, sentindo-me em todas elas, crescendo nelas e com elas, sofrendo e regozijando-me com e dentro delas. Lembro-me também de ter me desfeito do amigo de eras — o corpo causal; e recordo-me de um vívido contraste produzido entre o momento anterior e o momento seguinte ao vislumbre do novo reino.

Porém, hoje o Mestre parece para mim como Alguém que eu nunca houvera conhecido antes, revestido nas glórias do Reino no qual estou entrando como uma pequena criança. A nova consciência me envolve, e num instante o meu mundo está repleto de novos, estranhos e gloriosos valores. Tudo está diferente, supremamente diferente, embora o mesmo. Uma nova Divindade está aberta aos meus olhos e revela à minha contemplação um novo significado, um novo propósito. É a unidade búdica transcendida, glorificada — uma unidade mais maravilhosa. De uma forma admirável, ela está fusionada em um estado mais vasto e mais extraordinário. Há algo ainda mais verdadeiro que a unidade, algo mais real. Parece impossível, contudo é verdade.

Qual é a natureza daquilo do qual até a glória búdica é apenas uma limitação? Preciso usar palavras, e palavras parecem um terrível anticlímax. Só posso dizer que ele é a Glória de uma Luz Transcendida, um mundo de Luz que é a imagem da própria eternidade de Deus. Eu estou face a face com um espelho imaculado de seu Poder e com uma imagem de sua Bondade. O espelho, a imagem, é um oceano sem fim de Luz, do qual eu me torno (embora em um sentido eu já o fosse) uma parte, por uma apoteose de expiações na sucessão de planos inferiores. Fraternidade no mundo externo; Unidade no mundo Búdico; Luz Transcendida no Nirvana.

Essa Luz Transcendida é mais próxima ao Real até mesmo que a Unidade Búdica, que até agora parecia ser o fato mais prodigioso em todo o mundo. Luz no princípio; Luz na senda; Luz no futuro; Deus disse: "Que haja luz", e houve e há Luz indescritível. Bela como é a luz no mundo, é apenas uma imagem fraca e débil da Luz Triunfante – o adjetivo parece ser mais apropriado – dessas regiões do Real. Ela é a Luz do Sol antes de descer para a forma na qual nós a conhecemos. É a Luz purificada da forma. É a Luz que é a Vida da forma. É uma sempiterna "intimação de imortalidade", um futuro contido no Agora, e ainda assim Eterno. É *uma* – não digo "a" – apoteose e essência da luz que conhecemos. Toda a glória do mais maravilhoso amanhecer (e sentimos que nada pode ser mais maravilhoso do que um perfeito amanhecer oriental) é trazida à magnífica fruição e esplêndida perfeição no meio dia que é o Nirvana.

Deus é Luz; Luz é Deus; o Homem é Luz; tudo é Luz – um novo significado para a antiga exortação egípcia: "Procure a Luz! Siga a Luz! Compreenda e aprenda a ser uno com a Luz de Deus em todas as coisas". Eu olho para o mundo. Eu vejo o mundo em termos de Luz. O Deus-Luz em manifestação no homem-luz, na rocha-luz, na árvore-luz, na criatura-luz. Tudo é luz – o núcleo é uma glória ofuscante, traduzida em cor enquanto irradia sobre sua circunferência. A glória ofuscante por toda parte – o Deus-Luz – a semente ardente do futuro em cada coisa individual em todos os reinos. A luz-semente fragmenta sua brancura (a palavra parece inadequada, mas "qualidade de relâmpago"[90] soaria estranho) nas cores do espectro.

Em cada reino da Natureza, sete grandes caminhos de cor – potenciais no início de cada senda, desdobrando-se em fruição gloriosa ao final. Vejo o diamante, o rubi, a esmeralda, a safira – reis do reino mineral – soberbos nas perfeições de suas cores. Ainda assim, no fundo, essas glórias existem – aprisionadas, sendo vagarosamente liberadas pelo processo evolutivo até que estejam livres e esplêndidas como o reino das joias. Em todos os reinos ocorre o mesmo. O liberto é mais uma vez aprisionado para que uma liberdade ainda mais poderosa e mais esplêndida possa ser alcançada.

Envolto na claridade de contínua quietude que é o Nirvana, vejo os raios aprisionados em todas as coisas. Percebo a Luz que está fosca – o selvagem; a Luz que está bri-

---

[90]No original: *lightningness*. (N.E.)

Os Mestres e a Senda

lhante – o homem evoluído; a Luz que é a glória – o Super-homem, o Mestre. Vejo cores por toda parte em processos de transmutação, de glorificação, de transcendência. Não há escuridão em nenhum lugar no sentido de negação da Luz. Deus disse: "Que haja Luz", e houve e há luz em toda parte. "Sua Luz brilha mesmo em nossa escuridão."

O que é o Nirvana? A Luz Divina. Estou tocando, talvez, apenas por um momento, seus limites mais baixos, suas camadas mais densas. Não posso conceber aqui embaixo nem mesmo essa Glória, mas ela deixa em mim no meu retorno à terra uma nova percepção de Realidade. Dei um passo aproximando-me do Real. Há no mundo um companheirismo maior do que eu pensava – uma identidade mais profunda, uma origem mais gloriosa, um caminho mais esplêndido e um objetivo mais magnífico. Ao redor de tudo e a todo o tempo estão os Mensageiros Luminosos de Deus. Todas as cores expressam sua Palavra e sua Voz. Todas as formas respiram seu propósito. Eu, uma poeira na Luz do Sol, ainda assim sou uma parte dela. Olhando para cima, para o Sol, vejo o sinal de minha própria Divindade e a corporificação da promessa de minha conquista final. Como o nosso Senhor, o Sol, devemos todos ser da mesma forma, pois Ele ordenou que fôssemos.

Luz é linguagem, pensamento, vestimenta e veículo. Um lampejo de luz nos transmite aqui embaixo toda uma filosofia.

Luz é a Vontade do Sol, a Sabedoria do Sol, o Amor do Sol. Está escrito nos livros que Nirvana é bem-aventurança. Até nas regiões mais externas, nas fronteiras, sei que o Nirvana é *infinitamente* maior. Apenas um vislumbre e todas as coisas parecem ser renovadas, dentro e fora de mim. Eu perduro, embora completamente transformado; e tudo ao meu redor parece estar sob um processo de reavaliação. Mesmo agora, tudo significa muito mais do que antes. Todo objeto, em todos os reinos, parece muito mais uma sombra da Realidade do que uma realidade, pois eu percebo o quão débil e inadequado serão todos os reflexos da Luz. Eu desconhecia outrora que eles eram tão débeis. Ainda assim, é igualmente verdade que cada objeto é muito mais real e muito menos uma sombra da Realidade do que eu pensava. Vejo a oportunidade-prisão da forma, e percebo as sombras. Vejo o desabrochar do esplendor da Luz-Eterna e

266   C. W. Leadbeater

percebo o Real. Todos os outros mundos são mundos de sombras comparados a esse mundo Nirvânico. Mesmo assim, eles são mundos mais reais por causa do mundo Nirvânico, pois agora eu percebo o selo do propósito de Deus fixado em todas as coisas, e devo reverenciar todas as coisas numa medida muito mais profunda do que antes.

Os filósofos falam do Ser puro. Creio estar apto a sentir o que seja um Ser puro, não porque eu tenha entrado em contato com ele, mas porque eu entrei em contato com aquele que possui desse estado puro de Ser em maior medida que todos os outros estados de consciência experimentados por mim até agora.

Como é verdade que a linguagem neste caso esconde o pensamento e o significado! Eu preciso da linguagem Nirvânica para transmitir o senso das coisas Nirvânicas. Como disse Myers[91] de forma tão bela:

Ó, se eu pudesse falar, tu certamente acreditarias!
Ó, se eu pudesse ao menos dizer o que eu vi!
Como eu poderia dizer ou como tu podes acolhê-lo,
Como, antes que Ele te conduza até onde eu estive?

É ser simplesmente justo para com o autor dizer que as citações dadas acima são uma série de extratos desconexos.

O monge budista Ananda M., em seu livro *The Wisdom of the Aryas* [A Sabedoria dos Árias], escreve sobre o Nirvana:

O significado literal da palavra é simplesmente "apagado"– extinguido como a chama de uma candeia quando é soprada. Porém, aquele que tenha seguido até agora o que foi dito em relação a isso entenderá quão grande foi o erro daqueles que expuseram seu sentido simplesmente como o equivalente à pura aniquilação. É de fato aniquilação em um sentido – a aniquilação do Desejo, da Paixão, da Autoilusão;

---

[91]Frederic William Henry Myers – intelectual, ensaísta e poeta britânico, notabilizando-se como um dos pioneiros na pesquisa de fenômenos paranormais no final do século XIX e cofundador da *Society for Psychical Research* [Sociedade para a Pesquisa Psíquica]. (N.E.)

mas quando tentamos expor o seu significado em outros termos que não o negativo, nos deparamos com uma dificuldade intransponível; isto é, que todas as nossas definições positivas devem necessariamente ocorrer em termos da vida que conhecemos, em termos de pensamento humano. Aqui nós falamos sobre Aquilo que vai *além* de toda a Vida, o próprio Objetivo para o qual tende toda a vida...

Para o budista instruído, Nirvana equivale ao Derradeiro, o Além, o Objetivo da Vida – um estado tão absolutamente diferente desse ser condicionado e mutante do sonho pessoal que conhecemos, que se coloca não apenas muito além de todas as palavras e descrições, mas até mesmo do próprio Pensamento. E ainda – aqui está a maravilha e a grandeza da Sabedoria dos árias, conquistada pelo Maior dos arianos [o Senhor Buda] para a emancipação do homem de todas as suas amarras autoforjadas – essa Glória absolutamente acima de toda a compreensão do pensamento e essa Paz, que é o próprio propósito de toda a luta envolvendo seres, estão mais perto de nós do que a nossa mais íntima consciência. Ainda assim, para aquele que entende corretamente, ele [o estado de Nirvana] é mais estimado do que a mais estimada esperança que possamos formular; ele está além de toda a glória da lua e do sol, ainda infinitamente acima das alturas estrelares da consciência, sublimada até o fim; além do abismo infinito desse Éter todo envolvente, onde esses universos são sua morada sem nascimento; ilimitadamente mais remoto e acima das mais absolutas alturas onde o Pensamento, batendo asas em vão, cai como um pássaro perdido que tenha se elevado até onde não mais possa suportar o ar rarefeito – ainda assim ele habita mais alto que o próprio pensamento que nós agora estamos tendo, mais elevado que a consciência que, por um momento transitório, é tudo o que realmente pode ser denominado como nós mesmos.

Viver de forma altruísta e morrer de forma altruísta – sem buscar recompensas, mas somente a serviço da vida superior; sem esperar por nenhum céu superior, nenhuma bem-aventurança por éons, mas apenas crescer em altruísmo todos os dias – essa é a lição que permeia a vida de todos os Mestres, o Ensinamento dos Mestres. Assim, possa a Paz vir finalmente a toda vida!

A Dra. Besant, se referindo a esse assunto em recente palestra, disse:

> Há na filosofia budista uma maravilhosa frase do Senhor Gautama Buda, na qual ele se esforça para mencionar na linguagem humana algo que poderia ser inteligível sobre a condição do Nirvana. Ela encontra-se na tradução chinesa do *Dhammapada*[92], que foi traduzida para o inglês em *Oriental Series* [Série Oriental], de Trübner. Nela ele nos diz que, se não houvesse o Nirvana, não poderia haver nada; e ele usa várias frases para expressar o que ele quer dizer, tomando o incriado e então conectando a ele o criado; tomando o Real e então conectando a ele o irreal. Ele sintetiza tudo dizendo que o Nirvana *é*; e que, se não o fosse, nada mais poderia existir. Essa é uma tentativa (se, com toda a reverência, pode-se assim chamar) de dizer o que não pode ser dito. Ela implica que, a não ser que existisse o Incriado, o Invisível e o Real, nós não poderíamos ter um universo de forma alguma. Tem-se ali, portanto, uma indicação de que o Nirvana é algo pleno, não um vazio. A ideia deveria estar fundamentalmente fixada na mente de vocês, em seu estudo de todo grande sistema de filosofia. Muito frequentemente as expressões usadas podem parecer indicar um vazio. Daí a ideia ocidental de aniquilação. Se vocês pensarem nele como plenitude, vocês irão compreender que a consciência se expande cada vez mais, sem perder em absoluto o senso de identidade. Se puderem pensar no centro de um círculo sem circunferência, terão um vislumbre da verdade.

O homem que tenha uma vez realizado essa maravilhosa unidade jamais poderá esquecê-la, jamais será como antes, pois não importa o quão profundamente ele se cubra por veículos inferiores para ajudar e salvar outros, não importa o quão próximo

---

[92] *Dhammapada* – significa literalmente "Caminho da Verdade". É uma antologia de 423 aforismos em versos, escrita originalmente na língua páli, contendo um extrato da ética budista. A edição em português é publicada pela Editora Pensamento. (N.E.)

ele possa estar ligado à cruz da matéria, "limitado, enclausurado e confinado"[93], ele nunca mais poderá esquecer que os seus olhos viram o Rei em sua Beleza, que ele contemplou a terra longínqua – muito distante e ainda assim próxima, dentro de nós todo o tempo se pudéssemos apenas vê-la, pois para chegarmos ao Nirvana não precisamos ir para um paraíso longínquo, mas apenas abrir nossa consciência para sua glória. Como disse o Senhor Buda há muito tempo: "Não reclame, não chore e não reze, apenas abra seus olhos e veja, pois a luz está ao seu redor; e ela é maravilhosa, imensamente bela, muito acima de qualquer coisa que os homens já sonharam, pela qual já rezaram, e é para sempre e sempre".

"A terra que está muito longe" é uma citação do Profeta Isaías, mas muito estranhamente é uma tradução errônea. Isaías não falou de uma terra que estava muito distante, mas de uma terra de grandes extensões, o que é uma ideia muito diferente e de grande beleza. Ela sugere que o Profeta tivera alguma experiência nestes planos superiores, e estava comparando em seus pensamentos o esplendor dos campos repletos de estrelas do paraíso com as apertadas catacumbas pelas quais nós rastejamos na terra, pois isso é o que é essa vida quando comparada com a superior, um cego rastejar pela escuridão e por caminhos tortuosos, comparado com uma vida esplêndida com propósito claro, uma absoluta compreensão da Vontade Divina, animando e trabalhando pelas vontades daqueles que lá habitam.

O Trabalho do *Arhat*

Um grande trabalho tem o *Arhat* perante si para escalar até o topo mais alto do último plano de existência humana. Enquanto ele o

---

[93]No original: *"cabined, cribbed, and confined"*. Trata-se de uma expressão muito usada que se origina no drama *Macbeth*, de William Shakespeare (3º ato, 4ª cena). Numa versão em português dessa peça, é traduzida assim: "preso, barricado, metido num curral". (N.E.)

estiver executando, deverá se libertar dos cinco grilhões restantes dos dez grandes grilhões, que são:

6. *Ruparāga* – desejo por beleza da forma ou por existência física em uma forma, incluindo a sua forma no paraíso;
7. *Aruparāga* – desejo por uma vida sem forma;
8. *Māna* – orgulho;
9. *Uddhaccha* – agitação ou irritabilidade, a possibilidade de ser perturbado por qualquer coisa;
10. *Avijjā* – ignorância.

O sexto e o sétimo grilhões incluem não apenas a ideia de *ragā*, ou atração, mas também a de *dwesha* ou repulsão, e libertar-se desses grilhões implica uma qualidade de caráter tal que nada nos planos inferiores da forma ou nos planos superiores sem forma possa segurá-lo por sua atração nem por um momento, ou possa repeli-lo por seu teor desagradável se ele tiver trabalho para fazer ali. Ao ser excluído o oitavo grilhão, *Māna*, ele se esquece da grandeza de suas próprias realizações, e o orgulho se torna impossível para ele, já que agora ele permanece sempre na luz e não se avalia a partir de nada que seja inferior. Então vem a perfeita serenidade, que nada pode perturbar, deixando-o livre para adquirir todo o conhecimento, para se tornar praticamente onisciente em relação à nossa Cadeia planetária.

A Quinta Iniciação

Agora o candidato se aproxima da Quinta Iniciação, a do Adepto; "ele realizou o propósito através daquilo que o fez homem", portanto agora ele dá o último passo que faz dele um Super-homem – *Asekha*, como os budistas o chamam, pois ele não tem mais nada a aprender e já exauriu as possibilidades do reino humano da Natureza; *Jivanmukta*, como dizem os hindus, uma vida liberta, um ser livre, não por causa de uma independência separada, mas porque a sua vontade é una com a Vontade Universal, aquela do Um sem um segundo. Ele se mantém sempre na luz do Nirvana, mesmo em sua consciência de vigília – caso ele escolha permanecer na Terra em seu corpo físico – e quando fora desse veículo ele se eleva mais acima, ao Plano Monádico, fora do alcance não apenas de nossas palavras, mas de nosso pensamento. Ouça mais uma vez o Senhor Buda:

> Não meças com palavras o Imensurável;
> Nem mergulhes o cordão de pensamento no Insondável.
> Aquele que pergunta erra;
> Quem responde, erra. Não digas nada!

Na simbologia Cristã, a Ascensão e a Descida do Espírito Santo representam a conquista do *Adeptado*, pois o Adepto realmente ascende límpido acima da humanidade, além dessa terra, embora, caso escolha, como fez o Cristo, ele possa retornar para ensinar e ajudar. Em sua ascensão, ele se torna uno com o Espírito Santo. Invariavelmente, a primeira coisa que ele faz com seus novos poderes é vertê-lo sobre seus discípulos, igualmente como o Cristo verteu línguas de fogo sobre as cabeças de seus seguidores na Festa de Pentecostes. Um rápido exame de qualquer um dos diagramas dos princípios do homem, que foram publicados em livros anteriores, mostrará a relação entre as manifestações do Logos no Plano Cósmico *Prakrítico* e na alma do homem. Veremos que o tríplice *ātmā*, o triplo Espírito do homem, permanece na parte inferior do plano nirvânico ou plano espiritual, e que a manifestação mais baixa da Terceira Pessoa, Deus, o Espírito Santo, está na parte mais alta do mesmo plano. O Adepto se torna uno com ele nesse nível, e essa é a real explicação da festa cristã do Domingo de Pentecostes, a festa do Espírito Santo. É por causa da unidade com ele que o *Asekha* pode ter discípulos. O *Arhat*, embora tenha muito a ensinar, ainda trabalha sob um Adepto, atua por ele e executa suas ordens no plano físico, mas não toma discípulos para si, pois ele não tem ainda aquela ligação especial com o Espírito Santo.

Além do *Adeptado*

Acima da Iniciação do Adepto se estende a do *Chohan*; e além dela ainda há outras, das quais tratarei no capítulo sobre a Hierarquia Oculta. A escada de seres se estende até nuvens de luz, nas quais poucos de nós até agora podem penetrar. Quando perguntamos àqueles que estão acima de nós e sabem infinitamente mais do que nós, tudo o que eles conseguem dizer é que ela se estende também além de sua visão. Eles conhecem muitos mais degraus do que nós, porém essa escada vai muito além, adiante e ascendente a alturas inconcebíveis de glória, e ninguém conhece seu término.

Embora o que eu tenha acabado de expressar seja absolutamente correto, que nenhum de nós pode ver o final dessa escada e que o trabalho daqueles que estão nas fileiras superiores da Hierarquia é quase incompreensível, mesmo assim eu gostaria de deixar perfeitamente claro que sua existência e seu trabalho são tão reais e nítidos como tudo no mundo – não somente isso, mais ainda, que não há a menor incerteza sobre a nossa visão desses Grandes Seres. Embora eu saiba pouco sobre a parte superior de seu trabalho, por muitos anos tenho visto o *Bodhisattva* constantemente, quase diariamente, engajado nesse trabalho; e muitas vezes vi o Senhor do Mundo em sua maravilhosa e incompreensível existência, de forma que eles são para mim pessoas tão reais como quaisquer outras que eu conheço. Eu estou tão certo quanto posso estar acerca de suas existências e de algo sobre o papel que eles desempenham no mundo.

Tenho certeza absoluta da extraordinária verdade sobre a qual *posso* falar deles, e mesmo assim não sou capaz de explicar o que eles são, nem de entender mais do que um fragmento do que eles estão fazendo. Tenho visto *Dhyan Chohans*, Espíritos Planetários e Embaixadores de outros sistemas solares, e eu conheço com toda certeza a existência e a glória transcendente dessas pessoas, mas sobre o que possa ser seu formidável trabalho de vida, eu nada sei. Eu próprio já vi a Manifestação do Logos do Sistema Solar, já o vi como ele é entre os seus Pares e, mesmo assim, milhões de vezes mais do que a indizível grandeza que eu vejo nele, deve ser a que eles veem quando olham para ele. Como está dito no *Bhagavad-Gītā* que Arjuna viu a Forma Divina, também eu a vi, sem sombra de dúvidas. Quero deixar registrado meu testemunho de que essas coisas são assim. Eu ouso dizer que me coloco numa posição aberta a certo escárnio por escrever isso. As pessoas dirão: "Quem é você para dizer essas coisas?" Porém, eu vi, e seria covardia me recusar a dar o depoimento.

Tenho declarado repetidamente, tanto oralmente quanto por escrito, que não desejo que ninguém baseie sua crença na Teosofia por nenhuma afirmação minha. Penso que todo homem deve estudar o sistema por si mesmo e chegar a suas próprias conclusões, sendo a razão fundamental para a aceitação de qualquer doutrina ou que ele as conhece por suas próprias experiências ou que ele encontra nela a hipótese mais razoável que se apresenta perante ele. Porém, isso de nenhuma forma altera o fato de que tenho evidências a dar para aqueles que se interessam em ouvir – evidências que eu coloquei perante eles neste e em outros livros. Nós, que escrevemos sobre Teosofia neste século XX, podemos reafirmar completamente as declarações de São João de quase dois mil anos atrás:

> Aquilo que era desde o início, que nós ouvimos, que vimos com nossos olhos, que contemplamos e que nossas mãos tocaram [...] aquilo que vimos e ouvimos, vos declaramos.[94]

---

[94]João I: 1-3.

274   C. W. Leadbeater

Nós que o vimos damos o depoimento; se o mundo aceita nosso testemunho ou não faz muito pouca diferença para nós.

> Quem tenha sentido o Espírito do Altíssimo,
> Não O pode confundir nem duvidar ou negar:
> Sim, com uma só voz, Ó mundo, embora tu negues,
> Permanece tu naquele lado, pois neste eu estou.[95]

As Sete Sendas

Imediatamente após a Iniciação *Asekha*, essa senda superior se abre em sete grandes caminhos, entre os quais o Adepto deve fazer a sua escolha. Sobre esse assunto eu não posso fazer melhor do que citar o que foi dito em *Man: Whence, How and Whither*[96]:

> Quando o reino humano é transposto e o homem está no limiar de sua vida supra-humana, um Espírito liberto, sete caminhos se abrem perante ele para sua escolha: ele pode entrar na bem-aventurada onisciência e onipotência do Nirvana, com atividades muito além de nosso conhecimento, para se tornar possivelmente, num mundo futuro, um *Avatar* ou Encarnação Divina – a isso se costuma chamar de "tomar as vestes de *Dharmakāya*". Ele pode entrar no "Período Espiritual" – uma frase que encobre significados desconhecidos, entre eles, provavelmente, o de "tomar as vestes de *Sambhogakāya*". Ele pode se tornar parte do reservatório de forças espirituais de onde os Agentes do Logos as retiram para os seus trabalhos – "tomar as vestes de *Nirmānakāya*". Ele pode permanecer como um membro da Hierarquia Oculta que reina e guarda o mundo em que ele alcançou a perfeição. Ele pode passar para a próxima Cadeia, para auxiliar na construção de suas formas. Ele pode entrar na esplêndida

---

[95]São Paulo, pelo Professor Myers.

[96]*Man: Whence, How and Whither*, de Annie Besant e C. W. Leadbeater; editado em português inicialmente com o título *O Homem: donde e como veio e para onde vai?*, e atualmente, *A Visão Teosófica das Origens do Homem*, ambos pela Editora Pensamento. (N.E.)

Evolução dos Devas ou Anjos. Ele pode entregar-se ao serviço imediato do Logos, para ser usado por ele em qualquer parte do Sistema Solar, seu servo e mensageiro, que vive apenas para carregar a sua vontade e fazer o seu trabalho em todo o sistema que ele governa. Como um General tem sua equipe – os membros que levam sua mensagem a qualquer parte do campo de batalha –, eles são igualmente a equipe daquele que a tudo comanda, "seus ministros, que cumprem a sua vontade". Esta é considerada uma Senda muito difícil, talvez o maior sacrifício aberto a um Adepto, e dessa forma é vista como significando uma grande distinção. Um membro da Equipe do General não tem corpo físico, mas o constrói para si mesmo por *kriyāshakti* – o "poder de criar" – da matéria do globo para o qual ele é enviado. A Equipe contém Seres em diferentes níveis, a partir de *Arhats*.

O homem que toma o manto de *Dharmakāya* se retira para dentro da Mônada e se desfaz até de seu átomo nirvânico; o *Sambhogakāya* retém o seu átomo nirvânico e se mostra como Tríplice Espírito; e o *Nirmānakāya* retém seu corpo causal e também os átomos permanentes que ele carregou durante toda a sua evolução, para que ele possa, a qualquer momento, materializar ao redor deles um corpo físico, astral ou mental, se o desejar. Ele definitivamente mantém a ligação com o mundo do qual vem, para que ele possa suprir as reservas das quais a força espiritual é derramada no mundo. Os *Nirmānakāyas* são descritos em *A Voz do Silêncio* como formando uma Muralha de Guardiões que preserva o mundo de mais e maior miséria e sofrimento. Para aqueles que não entendam o significado interno, isso pareceria inferir que a miséria e o sofrimento vêm para o mundo de fora, e que esses Grandes Seres o defendem, mas não é isso de forma alguma, pois todos os problemas do mundo vêm daqueles que os sofrem. Cada homem é o seu próprio legislador, cada um decreta a sua própria miséria ou recompensa. Porém o dever do *Nirmānakāya* é suprir um grande estoque de força espiritual para o auxílio ao homem. O tempo todo eles geram essa força, sem tomar nenhuma parte para si, mas colocando toda ela a serviço da Fraternidade para o seu uso em sustentar o pesado fardo do mundo.

Será visto, portanto, que dentre aqueles que alcançam o *Adeptado*, comparativamente poucos permanecem em nossa Terra como membros da Hierarquia Oculta; mas eles e os seus trabalhos são de vital importância. Por isso, iremos devotar a esse assunto os capítulos restantes deste livro.

PARTE IV

A HIERARQUIA

Capítulo 11

O TRABALHO DOS MESTRES

Um Resumo

Acabo de mencionar que, dentre os homens que alcançam o *Adeptado*, apenas alguns permanecem em nossa Terra como membros da Hierarquia Oculta, para promover a evolução da vida de acordo com o plano de Deus. No presente momento, há cerca de cinquenta ou sessenta desses Super-homens assim engajados. Sobre suas atividades gerais, escreveu a Dra. Besant como se segue em seu livro *Os Mestres*[97]:

> Eles auxiliam o progresso da humanidade de inúmeras maneiras. Da esfera mais alta eles vertem luz e vida para todo o mundo, que podem ser tomadas e assimiladas, tão livremente como a luz do Sol, por todos que sejam suficientemente receptivos. Assim como o mundo físico vive pela vida de Deus, centrada no Sol, também o mundo espiritual vive por essa mesma vida, centrada na Hierarquia Oculta. Além disso, os Mestres especialmente conectados a religiões as utilizam como reservatórios, nos quais vertem energia espiritual para ser distribuída aos fiéis em cada religião através dos "meios de graça" devidamente estabelecidos. Em seguida vem o grande trabalho intelectual, em que os

---

[97] *Os Mestres* – de Annie Besant, Editora Pensamento. (N.E.)

Mestres enviam formas-pensamento de grande poder intelectual para que sejam capturadas e assimiladas por homens de genialidade, e entregues ao mundo. Também nesse nível eles manifestam seus desejos a seus discípulos, notificando-os sobre as tarefas que devem executar. Então vem o trabalho no mundo mental inferior, a geração de formas-pensamento – que influenciam as mentes concretas, guiando-as em atividades úteis neste mundo – e a instrução àqueles que estão habitando o mundo celestial. Há ainda as atividades do mundo intermediário, o socorro aos chamados 'mortos", a direção e supervisão geral dos ensinamentos dos aspirantes mais jovens, e o envio de auxílio a inúmeros casos de necessidade. No mundo físico, a observação das tendências de eventos, a correção e a neutralização de correntes maléficas, até onde permita a Lei, o constante balanceamento de forças que trabalham a favor e contra a evolução, o fortalecimento do bem, o enfraquecimento do mal. Eles também atuam em conjunto com os Anjos das Nações, guiando as forças espirituais enquanto os Anjos guiam as forças materiais.

As Paróquias[98]

Podemos considerar com maior abrangência algumas das linhas de trabalho, indicadas aqui em menor alcance, com a amplitude de visão através da qual a Dra. Besant é mundialmente reconhecida. Embora o número de Adeptos seja pequeno, eles se organizaram de tal forma que em todo o mundo nenhuma vida possa ser ignorada ou negligenciada. Assim, eles dividiram a Terra em áreas especiais de maneira similar à que, em países mais antigos, a Igreja dividiu todo o território em paróquias para que, onde quer que habite um homem, ele esteja dentro de uma dessas divisões geográficas e tenha uma organização de Igreja definida para atender suas necessidades espirituais e, algumas vezes, físicas. As paróquias dos Adeptos, entretanto, não são distritos de países ou partes de cidades, mas grandes países ou até continentes.

[98]No original, *parishes*, significando distritos ou jurisdições territoriais. (N.E.)

Como está atualmente dividido o mundo, pode-se dizer que um grande Adepto é responsável pela Europa e outro por cuidar da Índia. Da mesma forma, o mundo inteiro está fracionado. As paróquias não seguem nossos limites geográficos ou políticos, mas, dentro de seu território, o Adepto tem todos os diferentes graus e formas de evolução a considerar – não apenas a nossa, mas também o grande reino dos Anjos, das várias classes de espíritos da natureza, os animais, os vegetais e os minerais abaixo de nós, os reinos dos elementais, e muitos outros sobre os quais a humanidade até agora nada sabe. Além da proteção do Adepto, cada Raça ou região conta também com a assistência do Espírito da Raça, um Deva ou Anjo guardião que cuida dela e auxilia a guiar seu crescimento, correspondendo de várias formas à concepção ancestral de uma Deidade tribal, embora esteja a um nível consideravelmente mais elevado. Tal foi, por exemplo, Palas Atena[99].

Há muitos conjuntos diferentes de influências atuando a serviço do Logos para a evolução do homem e, naturalmente, todos eles trabalham na mesma direção e em mútua cooperação.

Jamais devemos cometer o erro de atribuir a esses grandes agentes os desastres que às vezes tomam conta de países, como o caso da Revolução Francesa e os recentes levantes na Rússia[100]. Estes são inteiramente devido às paixões selvagens do povo, que conduziram motins e causaram destruição, no lugar de edificar. Eles ilustram o perigo ao qual o trabalho do Adepto e do Espírito da

---

[99]Palas Atena – é, na mitologia grega, a deusa da civilização, da sabedoria, da estratégia em batalha, das artes e da justiça. Uma das principais divindades do panteão grego e um dos doze deuses olímpicos, Atena recebeu culto em toda a Grécia antiga e em toda a sua área de influência, desde as colônias gregas da Ásia Menor até as da Península Ibérica e norte da África. Sua presença é atestada até nas proximidades da Índia. Era a deusa protetora da cidade de Atenas, na Grécia, onde foi erguido o Parthenon para seu culto. (N.E.)

[100]O autor se refere aos eventos históricos ocorridos no período imediatamente anterior à publicação desse livro, em 1925, após a criação da União Soviética. (N.E.)

Raça está exposto quando são promovidas experiências no sentido democrático. Há um terrível mal envolvido com a tirania, e algumas vezes também um grande sofrimento, mas ao menos há alguma forma de controle. O grande problema que surge na libertação da tirania é como proceder sem perder a estabilidade social e o autocontrole. Quando isso é perdido, muitas pessoas falham em manter o que seja humano e mais elevado em suas próprias personalidades; as paixões se exaltam, as multidões se revoltam, e o povo se torna passível de obsessão por grandes ondas de influências indesejáveis.

O Anjo nacional tenta guiar os sentimentos das pessoas. Ele está interessado nesses sentimentos em grandes massas e pode, quando necessário, instigar grande patriotismo e atos heroicos, assim como um general pode encorajar seus homens a avançar no campo de batalha; mas o Anjo jamais é imprudente com suas vidas ou descuidado com seu sofrimento, assim como não o seria um sábio general.

Distribuição de Força

Grande parte do trabalho do Adepto, como vimos num capítulo anterior, ocorre em níveis muito acima do físico, pois ele está engajado em verter sua própria força e também aquela da grande reserva armazenada pelos *Nirmanakayas*. É *karma* do mundo que ele disponha de certa quantidade dessa força elevatória a seu serviço. Mesmo os homens comuns que colocam suas vontades em harmonia com a Vontade Divina (direcionando seus pensamentos e sentimentos a serviço da humanidade) adicionam um pouco à reserva, e são assim privilegiados em compartilhar do grande sacrifício. Por isso a humanidade está evoluindo como uma unidade, e o milagre da fraternidade possibilita que cada um faça mais progresso do que seria remotamente possível fazer se estivesse totalmente sozinho. Tudo isso faz parte do esquema do Logos, que evidentemente calculou que tomaríamos parte em seu plano. Quando ele o idealizou, ele [provavelmente] pensou: "Quando o meu povo se erguer a certo nível, começará a cooperar comigo de forma inteligente; portanto, providenciarei para que, quando eles cheguem a esse ponto, sejam capazes de dispor de minha força". Assim, ele está contando com todos nós.

A Fraternidade é una com toda a humanidade nos níveis superiores, e por sua diligência há a distribuição do suprimento de força do grande reservatório aos homens. Os Adeptos irradiam sobre todos os Egos, sem exceção, no plano mental superior, dando assim a máxima assistência possível ao desenvolvimento da vida que habita internamente. Essa vida é como uma semente que não pode morrer e que certamente crescerá, porque o princípio da evolução, o próprio Logos, está no coração do seu próprio ser. No homem, a planta de sua estrutura já se ergueu do solo e agora procura o ar superior. A rapidez de seu desenvolvimento está amplamente relacionada à luz solar da força espiritual que vem através do canal da Hierarquia. Essa é uma das muitas formas pelas quais aqueles que estão mais adiantados ajudam os menos avançados, por compartilhar cada vez mais da natureza divina, de acordo com o Plano do Criador.

Cada um dos Adeptos que tomou a seu cargo esse trabalho especial está irradiando força espiritual sobre um enorme número de pessoas, atingindo frequentemente muitos milhões simultaneamente. Mais ainda, tal é a maravilhosa qualidade desse poder vertido que ele se adapta a cada uma desses milhões de pessoas como se fosse o único objeto de sua influência, parecendo o que seria para nós uma completa atenção a uma única pessoa.

É difícil explicar no plano físico como isso pode acontecer, mas se dá pelo fato de a consciência nirvânica do Mestre ser como um ponto que, ao mesmo tempo, inclui todo o plano. Ele pode trazer esse ponto para baixo por vários planos e espalhá-lo como uma imensa bolha. Do lado de fora dessa grande esfera estão todos os corpos causais que ele está tentando afetar. Ele, ao preencher a esfera, evidencia-se completamente para cada indivíduo. Dessa forma, ele integra com sua vida os ideais de milhões de pessoas. Ele é para eles, respectivamente, o Cristo ideal, o Rāma ideal, o Krishna ideal, um Anjo, ou talvez um guia espiritual.

Esse é um tipo de trabalho bem diferente daquele de superintendência de uma das grandes paróquias. Nele, o Mestre presta atenção principalmente a pessoas de um determinado tipo, aquelas que estejam se desenvolvendo por sua própria linha de evolução, embora naturalmente a maioria delas esteja bem inconsciente dessa ação. Ele também tem de tratar de muitos outros assuntos especiais e, para esse propósito, delega algumas vezes parte desse trabalho para Devas, deixando-os com considerável liberdade dentro de linhas bem definidas. Os Devas, por sua vez, empregam espíritos da natureza e criam uma variedade de formas-pensamento, havendo assim um amplo campo de atividades relacionado com o trabalho que eles desempenham.

O Uso da Devoção

Em *The Science of the Sacraments* [A Ciência dos Sacramentos], tratei de como os Grandes Seres aproveitam as cerimônias de todas as religiões para verter sua força para o mundo nos planos inferiores, e assim estimulam o crescimento espiritual em quantos homens lhes seja possível, de acordo com a capacidade de cada um. Porém, isso não é feito apenas em conexão com cerimônias religiosas, pois a Fraternidade faz uso de toda oportunidade que se oferece. Se houver uma reunião de pessoas que estejam todas sob a influência da devoção, todas inclinadas, naquele momento, a pensamentos nobres e elevados, tal reunião oferece aos Adeptos uma extraordinária oportunidade da qual eles prontamente farão uso, já que cria um foco que eles podem empregar como canal para influências espirituais. Quando as pessoas estão dispersas, em suas casas, elas são como um certo número de vias separadas nas quais apenas uma pequena quantidade de força pode fluir; mas quando elas se agregam numa reunião, é como se essas vias se combinassem e criassem uma espécie de tubo, pelo qual pode ser vertido um fluxo de bênção muito maior que a soma do que poderia descer pelas vias isoladamente.

Tenho visto milhares de peregrinos reunidos na cidade santa de Benares, muitos deles, sem dúvida, ignorantes e supersticiosos, mas momentaneamente cheios de devoção e absolutamente focados em uma direção. A massa de sentimento devocional gerada por tal multidão é quase incalculável, e os Adeptos nunca perdem a oportunidade de utilizá-la para o bem. Certamente, é inquestionável que um número similar de pessoas igualmente entusiasmadas e ainda inteligentes geraria muito mais força, capaz de atuar como um todo em um plano mais elevado. Porém, não devemos, nem por um momento, cometer o erro de ignorar o valor da grande quantidade de energia produzida pelas pessoas ignorantes e mesmo fanáticas. Os membros da Fraternidade possuem uma maravilhosa faculdade de separar o mal do bem, ou melhor, de extrair a menor quantidade de força que possa ser usada para o bem mesmo dentre uma grande quantidade que seja má.

É comum encontrar a mais intensa devoção aliada a um amargo sentimento sectário. Em tais casos, o Adepto extrairá e fará uso de cada partícula de sentimento de devoção, simplesmente ignorando e deixando para trás o ódio selvagem que para nós parece fazer parte dele. Dessa forma, pessoas com as características mais indesejáveis frequentemente produzem certa quantidade de bom *karma*, embora seja inegável que ele seria muito maior se fosse dissociado daquelas lamentáveis qualidades.

Uma cidade como Benares é sempre um formidável centro de força, mesmo fora da peregrinação anual. Ela é uma cidade de santuários e relíquias, que também podem ser utilizados como canais pelos Adeptos. O mesmo é verdade sobre essas coisas pelo mundo afora. Em alguns lugares, por exemplo, pode haver uma relíquia de um grande santo pertencente a qualquer uma das religiões do mundo. Se a relíquia for legítima, certa quantidade de forte magnetismo realmente irradia dela devido à sua conexão com um homem digno, e ela poderá ser assim usada, através do envio de uma corrente de força, para abençoar aqueles que a reverenciam. Em vários casos, entretanto, a relíquia não é genuína, mas isso, que para nós seria um fato muito importante, na realidade importa menos do que imaginamos.

Se por um longo tempo as pessoas criarem um grande centro de sentimento devocional em volta dela, só por conta disso a Fraternidade poderá empregá-la como uma relíquia genuína e efetiva. O fato de as pessoas estarem iludidas em suas crenças não afeta a sua utilidade, pois a devoção delas é genuína, e isso é o que importa. Se esse fato fosse mais bem compreendido, iria provavelmente pôr em cheque muitas pessoas insensatas que são inclinadas a ridicularizar as superstições dos camponeses católicos na Itália, Sicília ou Espanha, ou que olham com desprezo para os cules[101] indianos porque eles prestam homenagens em algum santuário que obviamente não é de fato o que supõem que seja. Não há dúvidas de que a verdade é melhor do que o engano; mesmo assim, devemos nos lembrar de que não é bom arrancar dos ignorantes os seus objetos de devoção antes que eles sejam capazes de se erguerem às coisas superiores. Por tal iconoclastia o mundo fica mais pobre, pois por ela não apenas a devoção é destruída, mas canais úteis para as forças dos Mestres podem se fechar.

Além disso, é obviamente impossível para um camponês ignorante fazer julgamento sobre a autenticidade de uma relíquia.

---

[101]Cules – denominação antiga dos indianos, chineses e outros povos asiáticos que emigravam para trabalhar como assalariados. (N.E.)

Seria imensamente injusto que o efeito de sua devoção, vertida com boas intenções e com toda inocência de coração, dependesse de um fato sobre o qual ele não pode ter nenhum conhecimento. No grande mundo das realidades, as coisas nunca são tão mal administradas assim. A verdadeira devoção encontrará total e completa resposta, sendo ou não o objeto a que ela está centrada tudo aquilo que o devoto considera. A devoção é a coisa real – a única coisa que importa. A suposta relíquia é meramente um ponto sobre o qual a devoção está focada; um ponto imaginário bastaria para isso, tão bem quanto qualquer outro.

Trabalho dos Aspirantes

Eu já havia mencionado que os aspirantes dos Mestres também são aprendizes, e que em seus níveis inferiores eles servem de transmissores de força e executam ainda uma grande variedade de trabalho em cada ramo da civilização e da cultura humanas – tudo que seja parte do trabalho do Adepto no mundo. Uma vasta quantidade desse trabalho é feita por outros que tenham recebido inspiração ou sugestão desses aspirantes, ou através das várias sociedades e agências que eles colocaram em movimento ou influenciaram. Sem essas influências, a humanidade estaria realmente pobre, embora a maior parte saiba pouco sobre a fonte de sua verdadeira riqueza. Os próprios Adeptos não podem dar as costas às suas elevadas atividades para executarem essas tarefas menores e mais fáceis, pois se eles o fizessem, toda a máquina evolutiva sofreria.

Os homens às vezes perguntam por que esses Grandes Seres não escreveram livros, por exemplo. Eles se esquecem de que os Adeptos estão levando a cabo a evolução do mundo, e dificilmente poderiam deixar essa tarefa para dar às pessoas informações relacionadas a uma parte dela. É verdade que, se um desses Grandes Seres tivesse tempo para escrever um livro, se suas energias não pudessem ser melhor empregadas, esse livro seria muito superior a qualquer um que temos. Porém, se fosse o plano das coisas que todo o trabalho devesse ser executado por aqueles que já têm capacidade de fazê-lo perfeitamente, não haveria campo para o exercício de nossas faculdades e seria difícil ver qualquer utilidade em nossa existência nesse mundo.

Um departamento de atividade que foi recentemente organizado em larga escala pelos aspirantes dos Mestres é o de serviço prático no plano astral, sobre o qual tratei no livro *Auxiliares Invisíveis*. A maior parte do trabalho é entre os recém-falecidos, que frequentemente se encontram lá confusos, desnorteados, e até sofrendo, especialmente quando foram assustados durante a vida com medonhas histórias de terrível tortura depois da morte, que fazem parte da moeda de troca de algumas facções religiosas perversas. Embora tenha sido há muitos anos, ainda assim foi dentro da vida da Sociedade Teosófica que a equipe da organização de auxiliares invisíveis foi fundada e enviada ao trabalho. Originalmente, era composta por pessoas ainda vivas que decidiram usar o seu tempo durante o sono do corpo dessa forma, mas eles logo atraíram para si um grande número de pessoas já mortas, que não haviam pensado nesse trabalho antes.

Até essa data, os recém-chegados ao mundo astral eram em sua maioria entregues a si próprios, a menos que ocorresse a ideia de seus parentes os encontrarem e introduzi-los à nova vida. Por exemplo, uma mãe falecida ainda cuidava de seus filhos, e se algum dos filhos morresse logo após a mãe, ela daria a ele a ajuda e a informação que pudesse. Geralmente as pessoas de boa natureza entre os mortos passavam para outros o conhecimento que possuíam quando viam a necessidade de ajudá-los. Em civilizações antigas, quando grandes famílias, e famílias unidas, eram a regra, talvez, comparativamente, poucas pessoas necessitadas se encontrassem sem um amigo do outro lado da morte. Os leitores da literatura

Os Mestres e a Senda

oriental se lembrarão do quanto é dito em livros religiosos hindus sobre a importância de laços de família e deveres se estendendo a regiões invisíveis além do véu da morte. Ainda assim, as condições de lá eram, de certa forma, como as de um país sem hospitais ou escolas ou postos de informações públicas, onde muitos sofriam, e em tempos de calamidades especiais e guerras isso era ainda mais sério.

O Esforço Centenário

Um excelente exemplo da forma em que os Adeptos trabalham para a melhoria da civilização é dada nas *London Lectures of 1907* [Palestras de 1907 em Londres] da Dra. Besant, nas quais ela nos diz algo sobre os passos que foram tomados pela Fraternidade para tirar a Europa da terrível escuridão da Idade Média. Ela explica que no século XIII um grande Personagem, até então vivendo no Tibete, passou suas ordens à Fraternidade para que no último quarto de cada século um esforço fosse feito para iluminar a Europa. Olhando para a história cuidadosamente, podemos ver que, desta data em diante, um novo raio de luz foi colocado em marcha próximo ao final de cada século por essa Loja.

O último dos esforços foi a fundação da Sociedade Teosófica, em 1875. Depois de cuidadosas considerações, o Mestre Morya e o Mestre Kuthumi arcaram com a responsabilidade desse passo e escolheram a nobre trabalhadora Madame Blavatsky para ajudá-los no plano físico. A maioria dos estudantes da literatura teosófica sabe agora como ela foi preparada para o que teria que fazer; como, no devido tempo, a Fraternidade a enviou à América para procurar o Coronel Olcott, o parceiro que supriria o que lhe faltava – a habilidade de organizar e de falar aos homens e agrupá-los ao seu redor, formando um movimento no mundo exterior –, e como a Sociedade foi fundada em Nova Iorque e depois teve a sua Sede transferida para a Índia.

Enquanto eu escrevo (em 1925), nossa Sociedade completa seus 50 anos de serviço à humanidade. É impossível estimar a vasta quantidade de benefícios que ela tem promovido em todos os departamentos da vida humana. Sua influência não pode ser medida pelo número de seus membros ou Lojas, embora isso não seja de forma alguma insignificante, já que ela se estende para todas as regiões civilizadas do globo. Porém, em cada campo do esforço humano, ela tem soado sua nota característica; as reverberações se multiplicam ao nosso redor nas palavras e trabalhos de homens de Estado e cientistas, letrados e artistas, e muitos outros, dentre os quais um grande número talvez não tenha sequer ouvido falar da palavra "teosofia". Ela tem atraído atenção às realidades do mundo invisível e ao poder da mente; tem dado voz às afirmações na vida exterior sobre a organização para um suporte mútuo de indivíduos francamente distintos, todos tendo que adquirir domínio em seu tipo especial e estar unidos pelo indissolúvel laço do respeito para com aquele que difere de si. Ela aproximou o Oriente do Ocidente como nunca antes; pleiteou o debate justo nas comparações entre as religiões, revelando com clareza inconfundível a unidade essencial de ensinamento entre elas e sua fonte comum. Ela conduziu milhares aos pés dos Mestres, para servi-los com toda a energia e de todo o coração pelo bem da humanidade para todo o sempre.

As Raças

Em seu trabalho para o mundo, a Fraternidade lida não apenas com o presente, mas visualiza o futuro distante e se prepara para a evolução de novas Raças e nações, nas quais as qualidades da humanidade serão desenvolvidas em harmoniosa sequência. Como veremos no Capítulo 13, o progresso da humanidade não ocorre de forma aleatória. Pelo contrário, a formação das Raças com suas características especiais – físicas, emocionais e mentais, servindo como classes na grande escola do mundo para o desenvolvimento de qualidades especiais – é tão precisa e definida como o currículo e a tabela de horários de qualquer universidade moderna.

A grande Raça Ariana, que domina o mundo de hoje com a sua suprema dádiva intelectual, embora ainda não estando em seu apogeu, sucedeu à Raça Atlântica, cujo povo ainda constitui a maioria da humanidade e ocupa uma grande porção da superfície de nosso globo.

A Sexta Sub-raça

A modelagem da forma do corpo, das emoções e da mente da sexta sub-raça de nossa Raça Ariana já começou a aparecer na América e na Austrália, e talvez em outras partes do mundo. O grande poder modelador da mente e da vontade do *Manu* está em atuação nos planos interiores, modificando até mesmo os tipos físicos das crianças na nova era, onde quer que elas estejam susceptíveis a isso. Alguns dos membros iniciantes de nossa Fraternidade, atuando no mundo exterior, têm instruções de prover, quando possível, a educação e o treinamento que beneficia a nova Raça. Esse trabalho ainda é pequeno, mas está destinado a se ampliar em volumosas proporções, até que dentro de poucos séculos a sexta sub-raça seja distinta e admirável em sua jovem humanidade no novo mundo, enquanto o velho mundo continue a desenvolver a quinta sub-raça até sua maturação e perfeição. Talvez mais tarde, a sexta sub-raça, radiante e gloriosa em sua virilidade, verterá suas bênçãos sobre a quinta, de forma que pela primeira vez uma Raça tenha um sereno e dignificado declínio numa era frutífera e venerável. Essa pode ser a recompensa de seu presente e vindouro serviço à Raça infante e de sua luta – de sacrifício, mas triunfante – contra as forças do mal, abrindo possibilidades para o homem tais como a Raça jamais conhecera.

Devemos entender o que significa pertencer à nova sexta sub-raça. Nossas ideias são propensas a serem demasiado rígidas. Quando a sexta sub-raça estiver totalmente estabelecida, ela mostrará certas características nítidas – físicas, astrais e mentais –, que não são vistas no homem *médio* da quinta sub-raça. Lembre-se de que elas precisam ser construídas gradualmente a partir da quinta sub-raça. Essas novas características devem ser desenvolvidas uma a uma em cada um dos Egos envolvidos. O processo de preparação é longo e pode muito bem se estender por muitas vidas. Então, quando olhamos em volta e examinamos as pessoas (especialmente as pessoas *jovens*) desde esse ponto de vista, não é esperado que sejamos capazes de dizer, de antemão, que alguém pertence à nova sub-raça, e outra pessoa, não.

Uma afirmação mais precisa seria mais ou menos assim: "'A' parece possuir por volta de 25% das características da nova sub-raça; 'B' tem algo em torno de 50%; 'C' tem uma grande proporção – talvez 75%; em 'D' eu não consigo ver nada faltando – até onde posso dizer, ele é um exemplar totalmente desenvolvido". Você deve entender que o jovem mediano que seja considerado promissor é provavelmente um 'A', pois os 'Bs' ainda são muito raros no mundo, e os 'Cs' e 'Ds' praticamente não existem, exceto em nosso pequeno círculo. Lembre-se também de que o desenvolvimento é muito desigual. Um menino pode ter realizado um considerável progresso astral ou mental antes que isso se mostre em seu corpo físico; e por outro lado, com uma boa hereditariedade, ele pode ter um corpo físico capaz de expressar maior avanço em planos superiores do que ele já tenha alcançado. Muito poucos são os que evidenciam todas as características até o momento; eles ficarão bem satisfeitos se apresentarem uma ou duas delas.

Mesmo em sua culminação, o desenvolvimento não será uniforme. Por exemplo, sendo predominantemente uma raça dolicocéfala, sempre haverá subdivisões braquicéfalas, com pessoas de cabelos claros e pessoas de cabelos escuros, algumas com olhos azuis e outras com olhos castanhos. Naturalmente os traços astrais e mentais são os mais importantes, mas na maioria dos casos é apenas pela aparência física que se pode fazer uma estimativa. A tônica é o altruísmo, e a dominante é o entusiasmo ardente pelo serviço. Isso deve ser acompanhado por uma ativa gentileza e uma tolerância magnânima. Aquele que se esquece de sua própria satisfação e pensa apenas em como ele pode ajudar os outros já está avançado na senda. Discernimento e bom senso são também características marcantes.

Se nós quisermos saber como identificar os sinais físicos, talvez o mais marcante de todos seja a delicadeza de mãos e pés bem formados, dedos delgados e unhas ovais, especialmente quando vistos de cima. A textura da pele também é importante; é sempre clara e nunca áspera. Há três tipos de faces: marcadamente oval com testa alta, pouco menos oval com testa larga, e a braquicéfala propriamente dita (sendo raro este último tipo; por definição, a largura de um crânio braquicéfalo é quatro quintos de seu comprimento). Há na pessoa que está alcançando a sexta sub-raça uma clara *expressão* através da qual é imediatamente reconhecida.

Ouvimos frequentemente de observadores independentes e estudantes sobre o reconhecimento de um novo tipo racial visto especialmente na Califórnia, Austrália e Nova Zelândia. Por exemplo, em 1923, o Capitão Pape fez um discurso à Associação Britânica tratando do que ele chamou de "Raça Austral-Americana", e suas observações incluíam a seguinte descrição de suas peculiaridades:

> A cabeça costuma ter formato abobadado, especialmente na região frontal. Há um afastamento do que é conhecido como "implantação baixa da orelha". O cabelo e a pele são delicados; os olhos luminosos, inteligentes, mas não plenamente; a ponte do nariz precocemente desenvolvida; lábios sensíveis e maleáveis; sobrancelhas proe-

minentes; largo desenvolvimento da testa; face um tanto triangular, mas não afilada; fisiologia geral harmoniosa, proporcional, saudável, de forma alguma do tipo "apenas cérebro e sem corpo". A psicologia da criança da nova raça se manifesta como: pronta resposta à simpatia, compaixão pelo sofrimento, poder de compreender facilmente princípios, rápida intuição, meticulosidade, sensitividade, rápido senso de justiça, ausência de inteligência repetitiva como um papagaio, ânsia em ajudar os outros. Essas crianças também demonstram aversão a alimento grosseiro e frequentemente não possuem um grande apetite em qualquer especialidade. Em outros aspectos, são crianças normais, necessitando, porém, especialmente de simpatia e compreensão dos professores.

No ano anterior houve um extenso artigo publicado no *"The Los Angeles Sunday Times"* dedicado ao tema da nova Raça que surgia na Califórnia e na Nova Zelândia. Após se referir a algumas das características mentais e físicas atribuídas às crianças da nova Raça, ele enfatizou particularmente suas qualidades de excepcional equilíbrio emocional e intuição.

A Sexta Raça-Raiz

Outro grande evento é a fundação da sexta Raça-Raiz, que deverá acontecer fisicamente na Califórnia daqui a setecentos anos. Uma comunidade será estabelecida lá com o *Manu* daquela Raça, aquele que agora é o Mestre Morya, como o seu Líder, e a seu lado seu colaborador de muitas eras, o Mestre Kuthumi, que será o *Bodhisattva* da sexta Raça-Raiz. Temos tratado dessa comunidade em *Man: Whence, How and Whither*[102]. Embora este-

---

[102] *Man: Whence, How and Whither*, de Annie Besant e C. W. Leadbeater; editado em português inicialmente com o título *O Homem: donde e como veio e para onde vai?*, e atualmente, *A Visão Teosófica das Origens do Homem*, ambos pela Editora Pensamento. (N.E.)

ja a algumas centenas de anos à frente – significando apenas um breve momento na vida de um homem, como todos compreenderemos quando olharmos para trás –, já há preparativos também em andamento, nos quais a Sociedade Teosófica está atuando com relevância.

Cada Loja da Sociedade está encorajando ou deverá encorajar cada um de seus membros em seus esforços para que aplique no mundo externo o conhecimento teosófico que tenha obtido. Evidentemente, cada membro deverá fazê-lo de acordo com seu temperamento e habilidades, e com as oportunidades nos relacionamentos humanos; e tudo isso ajudará a presente Raça. Dentro da Loja Teosófica, onde tantos diferentes tipos de homens se associam e se ajudam mutuamente, se a Loja for verdadeira nos seus ideais, deverá ser desenvolvida nos membros a amplitude de caráter, pois eles recebem em relação a isso uma educação no espírito de fraternidade que dificilmente pode ser obtida em outra parte do mundo. A maioria das sociedades está organizada para alcançar um objetivo ou um propósito, mas na Sociedade Teosófica sabemos que, embora um dado modelo de perfeição apele a um homem mais fortemente e outro modelo a outro homem, a fraternidade dos homens não será alcançada pelo triunfo de nenhum ideal isoladamente, seja ele o amor, a verdade ou a beleza, mas ao trançar todos esses fios em uma poderosa corda que ligará o homem para sempre ao Divino. Como foi dito no *Hitopadesha*[103] há muito tempo:

> Pequenas coisas se tornam extremamente poderosas,
> Ao serem astuciosamente combinadas;
> Furiosos elefantes são amarrados
> Com uma corda de folhas de capim retorcidas.

---

[103]*Hitopadesha* – conjunto de contos da cultura hindu escrito em sânscrito, em verso e prosa. (N.E.)

Tal é o espírito da fraternidade gradualmente adquirido pelo verdadeiro teósofo, que se associa aos seus companheiros por um impulso interno, não por uma compulsão externa.

Capítulo 12

Os *Chohans* e os Raios

Os *Chohans*

No capítulo anterior, tentei descrever algumas das inúmeras vias de atuação dos grandes Mestres, mas há obviamente muitas outras, sobre as quais não sabemos praticamente nada. Ainda assim, aquilo que sabemos nos indica que o trabalho é vasto e variado, e que os Adeptos lidam com ele de diferentes maneiras, de acordo com seu próprio temperamento e preferências. Há um repartimento sétuplo que permeia todas as coisas – como explanarei de forma mais completa – e que também se apresenta na Grande Fraternidade Branca. Na Hierarquia, os Sete Raios são claramente distintos. O Primeiro, ou Raio dirigente, é governado pelo Senhor do Mundo; no comando do Segundo Raio, temos o Senhor Buda; e abaixo deles vêm respectivamente o *Manu* e o *Bodhisattva* da Raça-Raiz que esteja predominante no mundo em um dado momento. Paralelamente em posição a eles temos o *Mahā-Chohan*, que supervisiona todos os outros cinco Raios, cada um dos quais, não obstante, tem seu próprio Chefe. Em meu próximo capítulo explicarei o que me couber quanto às posições mais elevadas da Hierarquia, tentando com isso prestar alguns relatos sobre o trabalho dos Chefes dos Raios de Três a Sete, e dos Mestres Morya e Kuthumi, que estão em seus respectivos níveis no Primeiro e no Segundo Raios.

O título de "*Chohan*" é dado aos Adeptos que passaram pela Sexta Iniciação, mas a mesma palavra é também usada para os Chefes dos Raios de Três a Sete, que possuem funções bastante elevadas e definidas na Hierarquia. Entendemos que o significado da palavra "*Chohan*" é simplesmente "Senhor" e que ela é usada tanto de forma genérica como de forma específica, muito semelhantemente à forma que é usada a palavra "*Lord*" [Senhor] na Inglaterra. Nós nos referimos a um homem como "*Lord*" porque ele possui esse título, mas isso é bem diferente de quando nós falamos, por exemplo, do Senhor Chanceler ou do Senhor Tenente de um país. O termo aparece novamente na denominação "*Dhyan Chohan*", que é recorrente em *A Doutrina Secreta* e em outras obras, referindo-se a Seres de bem elevados cargos, inteiramente fora da Hierarquia Oculta de nosso planeta.

A Tabela do Mestre Djwal Kul

Se quisermos realmente compreender essa parte do trabalho dos Mestres, é necessário nesse ponto nos desviarmos um pouco para tratar sobre o que são os Sete Raios. Essa é uma questão de considerável dificuldade. Há muito tempo recebemos alguma informação – certamente muito incompleta, mas ainda assim muito valiosa – sobre esses Raios. Recordo-me bem da ocasião em que ela nos foi dada. O Sr. Cooper-Oakley, eu e um irmão hindu estávamos sentados conversando no terraço em Adyar, bem nos primórdios, quando havia apenas uma única edificação na sede e 12 hectares de meia selva por trás dela. De repente veio até nós o Mestre Djwal Kul, que àquela época era o principal discípulo do Mestre Kuthumi, e nos forneceu muitos ensinamentos, sempre muito gentil e pacientemente. Enquanto ele estava sentado e falando para nós, surgiu essa questão dos Raios. O Sr. Cooper-Oakley, com o seu jeito ca-

Os Mestres e a Senda   299

racterístico, disse: "Ó, por favor, Mestre, você vai nos contar tudo sobre os Raios?"

Nosso Instrutor deu uma piscadela e disse: "Bem, eu não posso dizer *tudo* sobre eles até que vocês tenham alcançado uma Iniciação muito alta. Vocês querem saber o que eu *posso* dizer para vocês, que será parcial e inevitavelmente levará ao engano, ou vocês querem esperar até que possam ouvir todo o assunto?" Naturalmente pensamos que meia fatia era melhor que pão algum, então respondemos que receberíamos o que fosse possível. Anotamos a interessantíssima informação que ele nos deu, mas muito dela era incompreensível para nós, como ele havia nos prevenido. Ele disse: "Eu não posso dizer a vocês nada mais do que isso, pois eu estou obrigado por certos juramentos, mas se as suas intuições puderem produzir mais, eu direi se vocês estão certos ou errados". Mesmo aquela pequena informação fragmentada foi de grande valor para nós. Abaixo o diagrama dos Raios e suas características, dadas por ele:

RAIO	CARACTERÍSTICA DO RAIO	CARACTERÍSTICA MÁGICA	ÚLTIMA RELIGIÃO
I	*Fohat, Shechinah*	...	Bramânica
II	Sabedoria	*Raja Yoga* (mente humana)	Budista
III	*Akasha*	Astrologia (forças magnéticas naturais)	Caldeia
IV	Nascimento de Hórus	*Hatha Yoga* (desenvolvimento físico)	Egípcia
V	Fogo	Alquimia (substâncias materiais)	Zoroastrismo
VI	Encarnação da Divindade	*Bhakti* (devoção)	Cristianismo, etc. (Cabala, etc.)
VII	...	Magia Cerimonial	Culto aos Elementais

DIAGRAMA 3

Foi explicado que a religião indicada para cada Raio não deve ser tomada como necessariamente uma perfeita exposição dele, mas é simplesmente aquilo que agora permanece na Terra como uma relíquia da última ocasião em que esse Raio exercera uma influência dominante no mundo. A Característica Mágica do Primeiro Raio e a Característica do Sétimo Raio não foram dadas. Podemos imaginar que a primeira deva ser *"Kriyāshakti"*, e a segunda, "cooperação com o reino dos Devas". O significado de "Nascimento de Hórus" não pode ser explicado, mas foi dito que uma das características do Quarto Raio é o uso de forças de ação e interação – as forças masculinas e femininas da Natureza, por assim dizer. Sempre que o falicismo[104] ocorre nas várias religiões, isso é devido a materializações e equívocos em relação a segredos relacionados a esse Raio. O verdadeiro desenvolvimento do Sétimo Raio seria a comunicação com os Devas superiores para deles receber instruções.

Depois do que mencionei acima, deve ficar claro que a informação sobre os Raios que até agora veio a nós é fragmentária. Além de não ser um relato completo sobre o assunto, não é nem um resumo perfeito, pois nos foi dito plenamente que havia grandes lacunas nas descrições que nos foram dadas, lacunas que só poderiam ser preenchidas muito mais adiante. Pelo que conhecemos, muito pouco foi escrito até agora sobre o assunto, e esse pouco foi expresso de forma tão cautelosa que está realmente ininteligível. Os instrutores em Ocultismo são marcadamente reticentes quando questionados sobre isso[105].

---

[104]Falicismo – culto ao falo, pelos antigos, como símbolo da fecundidade da natureza. (N.E.)

[105]Enquanto estava sendo impressa a 1ª edição desse livro, houve o surgimento de um importante trabalho sobre o assunto: *The Seven Rays*, do Professor Ernest Wood [*Os Sete Raios*, Editora Pensamento. (N.E.)]. O material que ele traz é esclarecedor e apresentado a partir de um novo ângulo.

Os Mestres e a Senda

Desmembramento Sétuplo

O essencial a se entender é que há um desmembramento sétuplo em todas as coisas que existem no mundo manifesto, seja da vida ou da matéria. Toda a vida existente em nossa Cadeia de mundos passa por e pertence a um ou outro dos Sete Raios, cada um deles possuindo sete subdivisões. No universo existem 49 desses Raios, constituindo, em conjuntos de sete, os Sete Grandes Raios Cósmicos, que fluem de ou através dos Sete Grandes *Logoi*. Em nossa Cadeia de mundos, entretanto, e talvez em nosso Sistema Solar, apenas um desses Grandes Raios Cósmicos está operando, e suas subdivisões são os nossos Sete Raios. Não se deve supor que o nosso sistema solar seja a única manifestação desse Logos em particular, já que cada um dos Grandes Sete *Logoi* pode ter milhões de sistemas dependendo deles, como descrevi em *A Vida Interna*[106]:

> Todo o nosso sistema solar é manifestação de seu Logos, e cada partícula nele faz parte de Seus veículos. Toda a matéria física do sistema forma Seu corpo físico; toda a matéria astral constitui Seu corpo astral; toda a matéria mental, Seu corpo mental, e assim por diante. Acima e além desse sistema Ele tem uma existência maior, mas isso não afeta em nada a veracidade das afirmações que acabamos de fazer.
>
> O *Logos Solar* contém dentro de Si sete Logoi planetários que são centros de força dentro dele, canais através dos quais Sua força se manifesta. Ao mesmo tempo, em certo sentido, podemos dizer que Ele é formado por esses Logoi. A mesma matéria que forma Seus veículos também compõe os deles, pois não existe partícula em nenhum lugar do sistema que não faça parte de um ou outro. Isso vale para todos os planos; mas vamos tomar o plano astral como exemplo, porque sua matéria é fluida o bastante para dar as respostas que queremos, está próxima do plano físico e relativamente dentro do alcance de nossa compreensão física.
>
> Todas as partículas da matéria astral do sistema fazem parte do corpo astral do *Logos Solar* e também do corpo astral de um ou de outro dos sete Logoi planetários.

---

[106] *A Vida Interna*, de C.W. Leadbeater, Editora Teosófica. (N.E.)

Lembrem-se de que isso abrange a matéria de nossos corpos astrais também. Não possuímos nenhuma partícula exclusivamente nossa. Todo corpo astral possui partículas pertencentes a cada um dos sete Logoi planetários, mas as proporções variam infinitamente. Os corpos das Mônadas que emanaram originalmente através de um mesmo Logos planetário continuarão, durante toda a evolução, a ter *mais* partículas daquele Logos do que de qualquer outro, e, dessa maneira, podemos distinguir as pessoas pertencentes a cada um desses sete grandes Poderes.

OS SETE ESPÍRITOS

Em termos cristãos, esses Sete Grandes Seres se encontram na visão de São João Evangelista, que disse: "Havia sete candeias de fogo queimando perante o trono, que são os Sete Espíritos de Deus"[107]. Estes são os Sete Místicos, os grandes *Logoi* Planetários, que são centros de vida no próprio Logos. São os verdadeiros Chefes de nossos Raios – os Chefes para todo o sistema solar, não apenas para o nosso mundo. De um ou de outro desses poderosos Sete, viemos cada um de nós, alguns através de um, outros através de outro.

Eles são os Sete Senhores Sublimes de *A Doutrina Secreta*, os Sete Primordiais, os Poderes Criativos, as Inteligências Incorpóreas, os *Dhyan Chohans*, os Anjos da Presença. Porém, lembre-se de que esse último título é usado em dois sentidos bem diferentes, que não devem ser confundidos. Em todas as Celebrações da Santa Eucaristia entre os nossos irmãos cristãos aparece um "Anjo da Presença", que na verdade é uma forma-pensamento do Senhor Cristo, um veículo de sua consciência, sendo, então, corretamente chamada de "manifestação de sua Presença". Porém, estes Sete Grandes Seres recebem o título por uma razão muito diferente: porque eles estão sempre na presença do próprio Logos, representando os Raios dos quais são os Chefes, portanto representando a *nós*, já que em cada um

---

[107]Apocalipse IV: 5.

de nós há uma parte da Vida Divina de cada um deles.

Embora cada um de nós pertença a *um* Raio – o canal através do qual ele, como Mônada, fluiu do Eterno para o Tempo –, ainda assim temos dentro de nós um pouco de *todos* os Raios. Não há em nós um grama de força, nenhum grão de matéria, que não seja na verdade *parte* de um ou de outro desses maravilhosos Seres. Somos literalmente compostos de suas substâncias – não de um, mas de todos, embora sempre um deles predomine. Dessa forma, não há o mínimo movimento de nenhum desses grandes Anjos Estelares que possa ocorrer sem nos afetar em alguma medida, pois somos ossos de seus ossos, carne de sua carne e Espírito de seus Espíritos. Esse importante fato é a base real da frequentemente incompreendida ciência da Astrologia.

Todos nós sempre estamos na presença do Logos Solar, pois em seu sistema não há nenhum lugar em que ele não esteja, e tudo o que existe é parte dele. Porém, num sentido muito especial esses Sete Espíritos são uma parte dele, manifestações dele, quase qualidades dele – centros dentro dele através dos quais flui o seu Poder. Podemos ter indícios disso nas denominações dadas a eles pelos judeus. O primeiro deles é sempre *Michael*, "seu Príncipe", como é chamado; e esse nome significa "A Força de Deus" ou, como às vezes é interpretado, "Aquele que é como Deus em força". *El*, em hebraico, significa "Deus"; nós o encontramos em *Beth-El*, que é "A Casa de Deus"; e *Elohim* é a palavra usada para "Deus" mesmo no primeiro verso da Bíblia. Essa palavra *El* vem como uma terminação no nome de cada um dos Sete Espíritos. *Gabriel* significa "a Onisciência de Deus", sendo algumas vezes chamado "Herói de Deus". Ele está conectado ao planeta Mercúrio, assim como *Michael* está conectado a Marte. *Raphael* significa "o Poder Curador de Deus", e está associado ao Sol, nosso grande doador de saúde no plano físico. *Uriel* é "a Luz ou Fogo de Deus"; *Zadkiel* é "a Benevolência de Deus", e está conectado ao planeta Júpiter. Os outros Arcanjos são usualmente dados como *Chamuel* e *Jophiel,* mas eu não me recordo no momento de seus significados e seus planetas.

São Dionísio fala desses Sete Espíritos como Construtores e também os chama de Cooperadores de Deus. Santo Agostinho diz que eles possuem o Pensamento Divino, ou o seu Protótipo; e São Tomás de Aquino escreveu que Deus é a causa primária e estes Anjos são a causa secundária de todos os efeitos visíveis. Tudo é feito pelo Logos, mas por intermédio desses Espíritos Planetários. A ciência dirá que os planetas são agregações fortuitas de matéria, condensações da massa de uma nebulosa, e não há dúvida de que o são; mas por que nesses pontos em particular? Porque por trás de cada um há uma Inteligência viva que escolhe os pontos de forma que eles se equilibrem mutuamente. Realmente, tudo o que existe é o resultado de forças naturais operando sob leis cósmicas, mas não se esqueça de que detrás de cada força há o seu administrador, uma Inteligência que dirige e rege. Utilizei a terminologia cristã ao descrevê-los, mas os mesmos Seres podem ser encontrados com diferentes nomes em todas as Grandes Religiões.

Os Sete Tipos de Seres

Quando aquela matéria primordial ou espírito, que posteriormente constituirá a nós próprios, emergiu inicialmente do infinito não diferenciado, ela foi emitida por sete canais – como a água fluiria de cisternas por sete canos, cada um dos quais, contendo a sua matéria corante peculiar, tingiria assim a água que passa por ele, de forma que ela para sempre ficaria distinta da água de outros canos. Por todos os sucessivos reinos – elemental, mineral, vegetal e animal –, os Raios são sempre distintos uns dos outros, como são também distintos no homem, embora nos reinos inferiores a influência do Raio naturalmente atue de uma forma um pouco diferente.

Por não haver neles individualização, obviamente toda uma espécie de animal, por exemplo, deve ser do mesmo Raio, de forma que os diferentes tipos de animais no mundo podem ser arranjados em sete colunas paralelas de acordo com o Raio ao qual pertencem. Uma vez que um animal só pode se individualizar por associação com o homem, à frente de cada um desses Raios estão algumas classes de animais domésticos, através das quais ocorre a individualização nesse Raio em particular. O elefante, o cachorro, o gato, o cavalo e o macaco são exemplos de tais classes. Então, está claro que o impulso da Vida Universal que agora está animando, digamos, um cachorro, jamais poderá animar um cavalo ou um gato, mas continuará a se manifestar através das mesmas espécies até que ocorra a individualização.

Ainda não foram feitas pesquisas em relação aos animais e vegetais em particular de cada Raio, mas há alguns anos tive razões para investigar as pedras preciosas e encontrei que cada Raio possui seus próprios representantes, pelos quais a força do Raio trabalha mais rapidamente do que por quaisquer outros. Publico aqui a tabela que aparece em *The Science of the Sacraments* [A Ciência dos Sacramentos], onde é mostrada a joia à frente de cada Raio, assim como outras que estão no mesmo Raio e, dessa forma, mantêm o mesmo tipo de força, embora menos intensamente.

RAIO	JOIA À FRENTE DO RAIO	SUBSTITUTAS
1	Diamante	Cristal de rocha
2	Safira	Lápis-lazúli, Turquesa, Sodalita
3	Esmeralda	Água-marinha, Jade, Malaquita
4	Jaspe	Calcedônia, Ágata, Serpentina
5	Topázio	Citrino, Esteatita
6	Rubi	Turmalina, Granada, Cornalina, Carbúnculo
7	Ametista	Pórfiro

DIAGRAMA 4

De tudo que mencionei acima, se conclui que estes sete tipos são visíveis entre os homens e que cada um de nós deve pertencer a um ou a outro Raio. Esse gênero de diferenças fundamentais sempre foi reconhecido na raça humana. Um século atrás, o homem foi descrito como sendo de temperamento linfático ou sanguíneo, vital ou fleumático, e os astrólogos nos classificavam sob os nomes de planetas, como homens de Júpiter, homens de Marte, homens de Vênus ou de Saturno e assim por diante. Acredito que esses sejam apenas métodos diferentes de afirmar as diferenças básicas de disposição devido ao canal pelo qual porventura nós tenhamos provindo, ou melhor, através do qual foi ordenado que nós devêssemos vir.

Não é, entretanto, uma tarefa fácil descobrir a qual Raio pertence um homem comum, pois ele se tornou deveras envolto em matéria e gerou uma grande variedade de *karma*, do qual alguma porção pode ser de um tipo que predomina e obscurece o seu tipo essencial, até mesmo por uma encarnação inteira. Porém, o homem que está se aproximando da Senda já apresenta em si mesmo um nítido impulso orientador ou uma força diretriz, que tem o caráter do Raio a que ele pertence e tende a levá-lo para o tipo de trabalho ou serviço que distingue esse Raio. Essa força diretriz o conduzirá aos pés de um dos Mestres desse Raio, de forma que ele se torna matriculado, por assim dizer, na escola em que o *Chohan* do Raio seja considerado como Reitor.

Poderes Mágicos e Curativos

Podem ser de auxílio para a compreensão desses diferentes tipos, um ou dois exemplos dos métodos que sejam possivelmente empregados, a partir da tabela acima, por pessoas dos diferentes Raios quando elas querem usar magia para produzir um dado resultado. O homem de Primeiro Raio obtém o seu objetivo pela pura força de uma vontade irresistível, sem condescender no emprego de qualquer coisa em relação à natureza dos meios; o de Segundo Raio também atua pela força de vontade, mas com a completa compreensão dos vários métodos possíveis e do direcionamento consciente de sua vontade pelo canal mais apropriado; para o homem de Terceiro Raio, é mais natural usar as forças do plano mental, observando muito cuidadosamente o momento exato em que as influências estejam mais favoráveis para o seu sucesso; o homem de Quarto Raio emprega para o mesmo propósito as forças físicas do éter, enquanto o seu irmão de Quinto Raio mais provavelmente põe em movimento as correntes do que é usualmente chamado de "luz astral"; o devoto de Sexto Raio atinge seu objetivo pela força de sua mais sincera fé em sua Deidade particular e na eficácia de sua oração para ela; enquanto o homem de Sétimo Raio emprega elaborada magia cerimonial e possivelmente invoca a ajuda de espíritos não humanos.

Novamente, ao tentar curar uma doença, o Primeiro Raio simplesmente extrai saúde e força da grande fonte de Vida Universal; o Segundo compreende por inteiro a natureza da doença e sabe precisamente como exercer a sua força de vontade sobre ela para o melhor proveito; o Terceiro invoca os Grandes Espíritos Planetários e escolhe um momento quando as influências astrológicas estejam favoráveis para a aplicação de seus remédios; o Quarto confia principalmente em meios físicos, como massagens; o Quinto emprega drogas; o Sexto, a cura pela fé; e o Sétimo, mantras ou invocações mágicas. Em todos os casos acima, o operador, claro, é livre para usar qualquer dos diferentes poderes mencionados, mas provavelmente considera mais efetivo em suas mãos o instrumento característico de seu próprio Raio.

Os *Chohans* dos Raios

Entre os membros da Fraternidade de Adeptos, as distinções de Raios são muito mais claramente marcadas que em outros, e são visíveis na aura. O Raio ao qual pertence um Adepto afeta decisivamente não apenas a sua aparência, mas também o trabalho que ele tem que fazer. Possivelmente vejamos melhor as características distintivas dos Raios pela observação do trabalho dos cinco *Chohans* dos Raios Terceiro ao Sétimo e dos dois *Chohans* nos níveis do Primeiro e do Segundo Raios, que levam adiante a obra no mesmo grau de serviço dos Grandes Seres que são seus Chefes diretos. Temos um reflexo dos Sete Espíritos perante o Trono através dos Sete Dirigentes dos Raios na Hierarquia.

Deve ser compreendido que podemos aqui mencionar apenas o mero resumo das qualidades que estão agrupadas em cada Raio e somente um fragmento do trabalho que os Adeptos dos Raios estão realizando. Deve-se também ter o cuidado de entender que a completa posse das qualidades de um Raio em nenhum caso implica a ausência das qualidades dos outros Raios. Se falamos de um Adepto como predominante em força, por exemplo, também é verdade que ele alcançou não menos que a perfeição humana em devoção e amor e em todas as outras qualidades.

Já escrevi sobre o Mestre Morya, que é o representante do Primeiro Raio, no nível de Iniciação de *Chohan*. Com toda a força serena e inabalável de seu Raio, ele está exercendo um grande papel no trabalho de guiar os homens e formar nações, sobre o que tratarei de forma mais completa no próximo capítulo. Também nesse Raio está o Mestre que temos chamado de Júpiter, atuando como Guardião da Índia pela Hierarquia, Guardião dessa nação que durante a longa existência da quinta Raça acalenta as sementes de todas as suas possibilidades e as envia no devido tempo para cada sub-raça, para que lá elas possam brotar, amadurecer e frutificar. Ele também penetra profundamente nas mais recônditas ciências, das quais a química e a astronomia são apenas os invólucros externos. O seu trabalho, a esse respeito, é um exemplo da variedade de

Os Mestres e a Senda 309

atividade que pode existir nos limites de um Raio.

O Mestre Kuthumi, que foi o grande instrutor Pitágoras, é também um *Chohan*, e ele representa o Segundo Raio ao mesmo nível. Esse é o Raio da Sabedoria, que fornece grandes Instrutores ao mundo. O trabalho que está diante dele será mais bem descrito em conexão com o do *Bodhisattva* e do Buda em meu próximo capítulo. Já havia expressado o maravilhoso amor e sabedoria que irradiam do Mestre a quem eu tenho o inexpressível prazer e honra de servir e seguir. Tudo o que tenho dito sobre os ensinamentos e sobre o treinamento de aspirantes exprime especialmente o seu método. Outros instrutores de outros Raios conduzem seus aspirantes ao mesmo ponto e desenvolvem neles exatamente as mesmas nobres qualidades; sempre pelo mais irrepreensível meio. Ainda assim, há várias diferenças em seus métodos. Na verdade, há distinção na maneira pela qual o mesmo Mestre lida com diferentes aspirantes.

No Comando do Terceiro Raio está o grande Mestre chamado de *Chohan* Veneziano. Nos homens deste Raio engajados no serviço à humanidade, aparece muito fortemente a característica da adaptabilidade, que pertence a esse Raio, e sua influência tende a fazê-los se ajustar às pessoas para ajudá-las da melhor forma, tornando-se assim, como disse São Paulo, "todas as coisas para todos os homens". Aqueles que estejam avançados nesse Raio possuem grande tato e uma rara faculdade de fazer a coisa certa no momento certo. A Astrologia está conectada com esse Raio, pois, até onde um leigo possa entender, sua ciência é a de saber exatamente qual o melhor momento para executar algo, para colocar em movimento qualquer dada força, e também para saber que o presente momento *não* é adequado para fazer determinada coisa. Dessa forma, nos protegem de uma grande quantidade de problemas e nos tornam mais úteis.

O Quarto Raio está sob os cuidados do Mestre Serapis. Nos primórdios da Sociedade Teosófica costumávamos ouvir muito sobre ele pelo fato de ele, durante um tempo, ter sido responsável pelo treinamento do Coronel Olcott, quando o seu próprio Mestre, o Mestre Morya, estava momentaneamente engajado em outra atividade. Tal intercâmbio de aspirantes entre os Mestres, para propósitos temporários e especiais, é frequente. A linha particular desse *Chohan* é harmonia e beleza. As pessoas que pertencem a esse tipo estão sempre descontentes até que possam introduzir harmonia em seus ambientes, pois é por essa linha que elas fazem a maior parte de seu trabalho. A arte conta muito nesse Raio, e muitos artistas pertencem a ele.

Como Chefe do Quinto Raio está o Mestre Hilarion, com a sua esplêndida qualidade de precisão científica. Ele foi Jâmblico, da Escola Neoplatônica, e nos deu, através de M. C., *Luz no Caminho*[108] e *O Idílio do Lótus Branco*[109]; como nos diz a Dr. Besant, ele é um "artesão habilidoso em prosa poética inglesa e em enunciados melodiosos". Ele influencia a maioria dos grandes cientistas do mundo. As pessoas bem avançadas em seu Raio são notadas por sua habilidade em fazer observações precisas e por serem absolutamente confiáveis no que se refere à investigação científica. Certamente, a ciência do Mestre muito supera a acadêmica. Ele conhece e maneja muitas das forças com que a natureza interfere na vida do homem.

A natureza é responsiva aos estados de ânimo da humanidade e intensifica-os de várias formas. Se um homem está feliz e alegre, outras criaturas apreciam a sua presença. Os espíritos da natureza

---

[108] *Luz no Caminho* – de Mabel Collins, Editora Teosófica, faz parte de uma série de tratados ocultos que estão aos cuidados dos grandes Instrutores e são usados na instrução dos discípulos. (N.E.)

[109] *O Idílio do Lótus Branco* – de Mabel Collins, Editora Teosófica, é um romance ocultista que narra em uma bela alegoria a trajetória da Alma humana desde a inocência inicial até a Sabedoria eterna. (N.E.)

vão ao encontro dele, e sua própria felicidade é então aumentada. Esse tipo de reação ocorre em toda parte. No norte da Europa, por exemplo, os espíritos da natureza são um tanto melancólicos e possuem o humor de fúnebre introspecção. Eles encontram lar apropriado na Escócia, na Irlanda, no País de Gales, na Bretanha e em lugares similares. Eles respondem menos prontamente à alegria, e nesses locais as pessoas também são mais frias e mais difíceis de animar. Nesses países a natureza é menos jubilosa. São todas terras de muita chuva e céus nublados, cinzas, onde a vida e a poesia têm um jeito melancólico.

O contraste é tremendo entre eles e a Grécia ou a Sicília, onde tudo é radiante, dourado, azul e escarlate, e todas as pessoas são alegres e felizes. As criaturas da natureza realmente se banham na felicidade de uma pessoa e, mais que tudo, são atraídas àquele que é pleno de amor festivo. Eles são felizes em sua aura e o veem com alta distinção. Hoje em dia muito desse lado da vida é ignorado, embora nosso conhecimento do plano físico seja amplo e detalhado. Sabemos, por exemplo, que água = H_2O; os antigos hindus e os antigos gregos podem ou não ter sido cientes disso, mas em alguma medida eles reconheceram a presença dos diferentes tipos de espíritos da natureza conectados com a água e utilizavam seus serviços de forma tão segura como hoje usamos a eletricidade e a expansão do vapor para controlar muitas formas de maquinário.

O Mestre Jesus – que se tornou um Adepto em sua encarnação como Apolônio de Tiana e foi depois o grande reformador religioso do Sul da Índia, Shri Rāmānujāchārya – governa o Sexto Raio, o de *bhakti* ou devoção. Esse é o Raio dos santos devocionais e místicos de todas as religiões. O *Chohan* Jesus toma a cargo essas pessoas, sob qualquer forma que eles adorem o Ser Divino. Mil e novecentos anos atrás, Apolônio de Tiana foi enviado pela Fraternidade em missão. Um de seus aspectos era o de fundar, em vários países, certos centros magnéticos. Talismãs de objetos da natureza lhe foram dados, os quais ele teria que enterrar nestes pontos escolhidos para que as forças irradiadas por eles pudessem preparar esses lugares para serem centros de grandes eventos no futuro. Alguns desses centros já foram utilizados, mas outros ainda não.

O Chefe do Sétimo Raio é o Mestre Conde de Saint Germain, conhecido historicamente no século XVIII, a quem algumas vezes chamamos de Mestre Rakoczy, já que ele é o último sobrevivente daquela casa real. Ele foi Francis Bacon, Lord Verulam no século XVII; Robertus, o monge, no XVI; Hunyadi Janos no XV; Christian Rosenkreuz no século XIV; e Roger Bacon no XIII. Ele é o "Adepto húngaro" em *O Mundo Oculto*[110]. Ainda mais para trás no tempo, ele foi o grande Proclus Neoplatônico, e antes disso, Santo Albano. Ele trabalha em grande medida por magia cerimonial e emprega os serviços de grandes Anjos, que o obedecem implicitamente e se alegram em realizar a sua vontade. Embora ele fale todas as línguas europeias e muitas línguas orientais, muito de seu trabalho é em latim, a língua que é o veículo especial de seu pensamento. O esplendor e o ritmo de seu pensamento não podem ser ultrapassados por nada que conhecemos aqui embaixo. Em seus vários rituais, ele usa magníficos e coloridos mantos e joias – como um traje de malha de ouro que pertenceu a um imperador romano, e sobre ele uma magnífica capa carmesim, que possui em seu fecho uma estrela de sete pontas em diamante e ametista. Às vezes ele usa uma gloriosa túnica violeta. Embora ele esteja assim engajado com cerimonial e ainda trabalhe com alguns dos rituais dos Mistérios Antigos, dos quais até os nomes foram esquecidos no mundo exterior, ele é também muito interessado na situação política da Europa e no crescimento da física moderna.

---

[110]*O Mundo Oculto* – de Alfred P. Sinnett, Editora Teosófica, relata o processo excepcional de correspondência com dois *Mahatmas* que romperam um silêncio de muitos séculos e revelaram pela primeira vez, ao Ocidente, grande parte da filosofia oculta que protege e guia a nossa humanidade. (N.E.)

As Qualidades a Serem Desenvolvidas

A seguir temos um resumo das características desses *Chohans* e de seus Raios, como tratei em *The Science of the Sacraments* [A Ciência dos Sacramentos], seguido do pensamento que aqueles que desejam servir possam ter em mente:

1. Força: "Eu serei forte, bravo, perseverante em seu serviço".
2. Sabedoria: "Eu alcançarei a sabedoria intuitiva que somente pode ser desenvolvida pelo amor perfeito".
3. Adaptabilidade ou Tato: "Eu tentarei obter o poder de falar e fazer apenas a coisa certa no momento certo – de me aproximar de cada homem em seu próprio terreno, para ajudá-lo de forma mais eficiente".
4. Beleza e Harmonia: "Até onde eu possa, levarei beleza e harmonia à minha vida e ambiente, para que sejam mais dignos dele; eu aprenderei a ver a beleza em toda a Natureza, para que eu possa melhor servi-lo".
5. Ciência (conhecimento detalhado): "Eu obterei conhecimento e precisão, para que eu possa devotá-los a seu trabalho".
6. Devoção: "Eu desenvolverei em mim o poderoso poder da devoção, para que através dele eu possa trazer outros para ele".
7. Serviços Ordenados: "Eu ordenarei e arranjarei os meus serviços a Deus nas linhas que ele prescrevera, de tal forma que eu possa ser completamente capaz de me beneficiar do auxílio amoroso que os seus santos Anjos estão sempre esperando prestar".

Todas essas diferentes qualidades deverão ser desenvolvidas em cada um de nós no devido tempo, mas nós somente as possuiremos perfeitamente quando nós próprios tivermos alcançado a perfeição e nos tornado super-homens. Atualmente, uma das formas em que nossas imperfeições se mostram em nossas vidas está no fato de que temos algumas características desenvolvidas em excesso em relação a outras. Há alguns, por exemplo, que possuem precisão científica e discernimento bem desenvolvidos dentro de si; mas por ainda não terem cultivado a afeição e a devoção, suas naturezas são frias e rígidas. Eles frequentemente parecem insensíveis e são passíveis de menosprezar seus companheiros. Em matérias de julgamento ou em consideração a um problema intelectual, suas atitudes são, com frequência, intensamente críticas. Suas decisões sempre tendem a ser mais contra do que a favor de alguém que porventura tenha cruzado seus caminhos, enquanto a pessoa do tipo devocional ou afetuoso faria muito mais concessões com relação aos pontos de vista divergentes e seria mais inclinada a julgar favoravelmente. Nesse caso, mesmo se seus julgamentos estiverem incorretos, já que elas podem ser facilmente seduzidas por seus sentimentos, elas errariam para o lado da misericórdia. Ambos são desvios do julgamento estritamente preciso. No decorrer do tempo, será preciso balancear perfeitamente essas qualidades em nós, pois o super-homem é o homem perfeitamente equilibrado. Como é dito no *Bhagava- Gitā*[111]: "[...] o equilíbrio é chamado *Yoga*".

MUDANÇAS CÍCLICAS

Nos sete *Logoi* Planetários, ocorrem periodicamente certas mudanças cíclicas que talvez correspondam aqui embaixo, no plano físico, a inspirações e expirações ou ao bater do coração. Seja como for, parece haver um número infinito de possibilidades de permutação e combinação dessas alterações. Já que nossos corpos astrais são construídos da mesma matéria que seus corpos astrais, é certo que nenhum desses *Logoi* Planetários pode ter qualquer alteração astral sem dessa maneira afetar o corpo astral de cada homem no mundo, especialmente daqueles em que há preponderância da matéria que o expressa. Se lembrarmos que tomamos o plano astral meramente como exemplo e que exatamente esse dado é verdadeiro em todos os outros planos,

---

[111]*Bhagavad-Gitā*, II Discurso ("O *Yoga* do *Sānkhya*"), Editora Teosófica. (N.E.)

então certamente começaremos a ter uma ideia da importância para nós das emoções e pensamentos desses Espíritos Planetários.

Quaisquer que sejam, são visíveis na história das Raças da humanidade como ciclos regulares de mudanças no temperamento das pessoas e no consequente caráter de sua civilização. Deixando de lado a ideia de períodos de mundos e considerando apenas o período de uma única Raça-Raiz, vemos que nela os Sete Raios são preponderantes em turnos (talvez mais de uma vez); porém, no período de domínio de cada Raio haverá sete subciclos de influência de acordo com uma curiosa regra, que requer alguma explicação.

Tomemos, por exemplo, o período na história de uma Raça quando é dominante o Quinto Raio. Durante toda essa época, a ideia central do Raio (e provavelmente da religião fundada sobre ele) será proeminente na mente dos homens; mas esse período de predominância será subdividido em sete períodos. No primeiro deles essa ideia, embora ainda a principal, será colorida pela ideia do Primeiro Raio, e os métodos do Primeiro Raio serão em certa medida combinados com o seu próprio. Na segunda de suas subdivisões, as ideias e métodos serão similarmente coloridos por aqueles do Segundo Raio e assim por diante, de forma que em sua quinta subdivisão elas estarão naturalmente em sua maior pureza e força. Parece que essas divisões e subdivisões teriam correspondência com as sub-raças e suas ramificações respectivamente, mas até agora não nos foi possível verificar essa correspondência.

O Reino da Devoção

Ao discutirmos um assunto tão complexo e tão obscuro como esse com um conhecimento tão fraco como o nosso no presente, talvez não seja seguro dar exemplos. Mesmo assim, já que nos foi dito que o Sexto Raio, ou devocional, tem estado dominante recentemente, podemos imaginar que seja possível rastrear a influência de seu primeiro subciclo nas histórias dos maravilhosos poderes exibidos pelos últimos santos; de seu segundo subciclo, nas escolas gnósticas, cuja ideia central foi a necessidade da verdadeira sabedoria, a Gnose; de seu terceiro subciclo, nos astrólogos; do quarto subciclo, nos esforços estranhamente distorcidos para desenvolver a força de vontade pela resistência à dor ou a condições repugnantes, como fizeram São Simeão Estilita e os Flagelantes[112]; de seu quinto subciclo, nos alquimistas e rosa-cruzes da Idade Média; enquanto a sexta divisão, da mais pura devoção, pode ser imaginada no êxtase das ordens contemplativas monásticas; e o sétimo ciclo poderia produzir as invocações e exata adesão às formas externas da Igreja Romana.

O advento do espiritualismo moderno e a devoção ao culto de elementais, que muitas vezes é uma característica de suas formas mais degradadas, podem ser vistos como premonição do próximo Sétimo Raio, ainda mais por esse movimento ter sido originado por uma sociedade secreta que já existe no mundo desde o último período de predominância do Sétimo Raio em Atlante.

O quão real e nítida é a dominância exercida por um Raio no decurso de seu ciclo é muito evidente àqueles que já leram algo sobre a história da Igreja. Eles compreendem quanta devoção totalmente cega havia por toda a Idade Média; como as pessoas, apesar de muito ignorantes sobre religião, falavam em seu nome e tentavam impor as ideias nascidas de sua ignorância a outras pessoas que, em muitos casos, conheciam muito mais. Aqueles que detinham o poder – os cristãos dogmáticos – eram precisamente as pessoas que menos sabiam sobre os verdadeiros significados dos dogmas que ensinavam. Havia aqueles que poderiam ter-lhes dito muito

---

[112]Flagelantes – membros de uma seita de fanáticos na Europa dos séculos XIII e XIV que se flagelavam em público. Defendiam que a prática da flagelação lhes permitiria expiar os seus pecados, atingindo assim a perfeição, de maneira a serem aceitos no reino dos céus. (N.E.)

Os Mestres e a Senda

mais e explicado os significados de muitos pontos na doutrina cristã; porém, a maioria não dava ouvidos e bania esses homens mais eruditos como hereges.

Durante todo esse período negro, as pessoas que realmente sabiam de alguma coisa, tal como os alquimistas (não que todos os alquimistas soubessem de muita coisa, mas certamente alguns deles sabiam mais do que os cristãos), estavam em ordens secretas como as dos Templários e Rosa-cruzes, e parte da verdade fora escondida na Maçonaria. Todas essas pessoas foram perseguidas pelos cristãos ignorantes naqueles dias, em nome da devoção a Deus. Muitos dos santos medievais eram cheios de uma devoção muitas vezes bela e mesmo espiritual, mas era geralmente tão estreita, tão limitada à forma, que usualmente lhes permitia, em detrimento de sua espiritualidade, ter opiniões não caridosas sobre outros que diferiam deles e até persegui-los abertamente. Havia alguns que tinham ideais realmente espirituais, mas esses eram vistos com desconfiança. Tais eram os quietistas[113]: Ruysbroek, Margaret e Christina Ebner, Molinos e Jacob Boehme. Em quase todos os casos, as pessoas mais ignorantes derrotaram aqueles que sabiam. Eles sempre o faziam em nome da devoção, e não devemos esquecer que sua devoção era muito real e muito intensa.

Não foi apenas no Cristianismo que o reino da devoção se mostrou. Ele se mostrou energicamente nas religiões deixadas para trás pelos Raios anteriores. O Hinduísmo pode ser visto como muito frio por pessoas devocionais. A religião de *Shiva* – Deus o Pai, a Primeira Pessoa da Abençoada Trindade – se espalhou quase inteiramente sobre a Índia; até hoje três quartos dos hindus são adoradores desse aspecto do Divino. Perante essas pessoas é colocado o ideal do dever – *dharma* –, que é inquestionavelmente o ponto forte

---

[113] Quietista – seguidor do Quietismo, doutrina mística, especialmente difundida na Espanha e na França no século XVII, segundo a qual a perfeição moral consiste na anulação da vontade, na indiferença absoluta, e na união contemplativa com Deus. (N.E.)

da religião. Eles sustentavam que o homem nasce nas diferentes castas de acordo com seus méritos; que, seja onde for que um homem nasça, é seu dever dar continuidade ao *dharma* de sua casta. Para se sobrepor a ela, ele deveria ter méritos tão extraordinários que por muito tempo tal coisa era quase desconhecida. Eles adoravam a lei e a ordem, e não aprovavam o descontentamento em relação ao ambiente, mas ensinavam que o caminho para Deus é o de usar ao máximo as condições em que o homem se encontra. Se ele assim o fizesse, essas condições seriam melhoradas de nascimento em nascimento. Entretanto, eles sempre disseram que as portas para Deus estão abertas ao homem de qualquer casta que viver em retidão; que não busque melhorar suas oportunidades pelo esforço, mas pela máxima realização de seu *dharma* na condição de vida em que Deus o colocou.

Para a mente muito devocional, isso poderia parecer frio e científico, e talvez o seja. Porém, quando o Raio devocional começou a influenciar o mundo, houve uma grande mudança, e a adoração da Segunda Pessoa da Trindade, *Vishnu*, encarnada como Shri Krishna, tornou-se proeminente. Então a devoção emergiu sem restrições; era tão extrema que se tornou de muitas maneiras simplesmente uma orgia das emoções.

É provável que haja mais devoção neste momento entre os seguidores de *Vishnu* na Índia do que entre os cristãos, cuja religião é confessadamente devocional. As emoções são tão fortes que sua demonstração, para nós, das Raças mais frias, é frequentemente desconfortável de observar. Tenho visto severos homens de negócios se jogarem em êxtase de devoção, que os leva a irromper em lágrimas e aparentemente a uma ruptura e mudança integral, meramente pela menção do Menino Shri Krishna. Tudo o que tem sido sentido pelo Menino Jesus entre as nações ocidentais é sentido pelo Menino Krishna entre os hindus.

Esse foi o efeito da devoção em uma religião que, em si mesma, não tinha caráter devocional. O Budismo também dificilmente pode ser chamado de fé devocional. A religião budista foi um presente do Hinduísmo à grande quarta Raça, e o ciclo devocional para essa Raça não necessariamente coincide com o nosso. Essa religião não sustenta a necessidade de orações; mas diz ao seu povo, quando reconhece a existência de Deus, que Ele sabe sobre os Seus próprios assuntos muito melhor do que eles poderiam esperar saber; que é bastante inútil orar a Ele ou tentar influenciá-Lo, pois Ele já está fazendo melhor do que qualquer homem possa pensar. Os budistas em Burma[114] diriam: "A Luz sem limites existe, mas ela não é para nós. Devemos alcançá-la um dia; enquanto isso, nossa obrigação é seguir o ensinamento de nosso Senhor e assegurar que façamos aquilo que Ele nos incumbiu de fazer".

Não é que eles desacreditem de um Deus, mas que colocam Deus tão distante – tão infinitamente distante, acima de todos –, sendo tão seguros sobre Ele, que tomam tudo como certo. Os missionários dizem que eles são ateístas. Tenho vivido entre eles e os conheço mais intimamente do que a maioria dos missionários. Minha impressão é a de que eles não são de maneira alguma ateus em espírito, mas que sua reverência é suficientemente grande para que eles não se coloquem em termos familiares com Deus ou, como muitos no Ocidente, que falem intimamente com Ele, como se soubessem precisamente o que Ele pretende e tudo sobre o Seu trabalho. Isso pareceria ao oriental uma atitude muito irreverente.

O próprio Budismo já foi tocado por esse fogo de devoção, e em Burma eles adoram o Senhor Buda quase como um Deus. Eu o percebi quando tive que escrever um catecismo para crianças budistas. O Coronel Olcott escreveu o primeiro catecismo do Budismo, pretendendo que fosse para o uso de crianças, mas ele deu respostas

---

[114]Burma – Myanmar ou Birmânia. (N.E.)

difíceis de entender mesmo para adultos. Achamos necessário escrever uma introdução para crianças e reservar o seu catecismo, um esplêndido trabalho, para estudantes mais velhos. Ele perguntou nesse catecismo: "Buda foi um Deus?"; e a resposta foi: "Não, não um Deus, mas um homem como nós, apenas muito mais avançado". Isso foi aceito completamente no Ceilão[115] e em Sião[116], mas quando fomos a Burma, eles fizeram objeções para a resposta negativa, dizendo: "Ele é maior do que qualquer Deus que conheçamos". A palavra em sânscrito para Deus é "Deva", e os hindus nunca usam "Deus" no sentido que empregamos, a menos que estejam falando de *Ishvara* ou da Trindade: *Shiva, Vishnu* e *Brahmā*.

Quando os missionários falam sobre os hindus terem 33 milhões (ou 330 milhões) de deuses, a palavra que eles traduzem como deus é "deva", e isso inclui uma grande quantidade de seres – anjos, espíritos da natureza e assim por diante; porém os indianos não os adoram mais do que nós os adoramos. Eles sabem que eles existem, e eles os catalogam, é apenas isso. Em Burma percebemos que a devoção havia assim aparecido no Budismo, mas as pessoas no Ceilão, a maioria descendentes de imigrantes hindus, se fossem questionados por que faziam oferendas ao Senhor Buda, diriam que é por gratidão, pelo que Ele tem feito a eles. Quando perguntamos se eles acreditam que Ele sabe sobre isso e está satisfeito, eles disseram: "Ó não! Ele está muito além no *Paranirvāna*; não esperamos que Ele saiba de nada sobre isso, mas a Ele devemos esse conhecimento sobre a Lei que Ele nos ensinou, e por isso perpetuamos o seu Nome e fazemos nossas oferendas por gratidão".

Portanto, essa onda de devoção tem influenciado fortemente o mundo desde a chegada do Menino Krishna, dois mil e quatrocentos anos atrás. Mas a intensidade especial dessa sexta fase já desapareceu e está rapidamente dando lugar à influência do Raio

---

[115] Ceilão – atual Sri Lanka. (N.E.)
[116] Sião – atual Tailândia. (N.E.)

que chega, o Sétimo. Ainda há muita devoção ignorante entre os camponeses em muitos países arianos, mas as pessoas mais instruídas não se entregam agora prontamente à devoção, a menos que elas tenham ao mesmo tempo algum entendimento sobre o objeto dessa devoção. Houve uma fase que teve o seu próprio valor, particularmente na quarta sub-raça, quando as pessoas estavam preparadas para se devotar praticamente a qualquer coisa que externasse suas emoções. Depois disso, com o desenvolvimento mais intenso da mente inferior na quinta sub-raça, houve uma reação em direção ao agnosticismo. Isso, por sua vez, tem se provado insatisfatório, de forma que essa onda praticamente já passou, e os homens estão agora prontos para finalmente questionar e examinar, ao invés de negarem a tudo freneticamente.

Há uma dupla mudança acontecendo agora, pois em acréscimo à modificação da influência do Raio há também o início da sexta sub-raça, que traz intuição e sabedoria, combinando tudo o que há de melhor na inteligência da quinta sub-raça e na emoção da quarta.

O Advento do Cerimonial

O Raio que está agora ganhando força é amplamente cerimonial. Havia muito dele na Idade Média, mas era principalmente devido à influência do sétimo sub-raio do Sexto Raio, enquanto o nosso se deve ao primeiro sub-raio do Sétimo. Assim, ele não vai ser visto especialmente do ponto de vista de seu efeito devocional, mas de seu efeito de utilidade em conexão com a grande evolução dos Devas. Será muito benéfico quando as pessoas se interessarem em entender, o quanto for possível, o que está acontecendo.

Nas religiões modernas, o cerimonial ano a ano se torna mais proeminente. Em meados do último século na Inglaterra, as igrejas e catedrais tinham pouca vida. A igreja mediana do interior era muito pouco diferente de uma capela dissidente. Não havia vestimentas, janelas pintadas nem decorações de qualquer tipo. Tudo era o mais tedioso e sem ornamentos possível. Nenhuma atenção era dada no sentido de tornar as coisas bonitas, reverentes e dignas de Deus e de seu serviço. Era dada mais importância à pregação do que para qualquer outra coisa, e mesmo isso era feito principalmente sob um ponto de vista prático. Se entrássemos hoje nas mesmas igrejas na Inglaterra, dificilmente encontraríamos uma paróquia nessas condições. O antigo descuido foi substituído pela reverência. As igrejas foram, em muitos casos, belamente decoradas, e em muitas delas e nas catedrais as cerimônias são realizadas com precisão e reverência. Toda a concepção dos trabalhos na igreja mudou.

A influência de mudança de Raio está começando a se manifestar de outras formas também. Está surgindo agora uma forma especial de Maçonaria, chamada Co-Maçonaria, que se diferencia das outras formas do mesmo Ofício no sentido de que a exigência de nosso tempo é atendida pelo fato de que as mulheres são aceitas assim como os homens, pois é a tendência de nossa presente era que a mulher tome o seu lugar ao lado do homem e seja igual a ele em todos os aspectos. Aqueles que iniciaram o movimento não estavam pensando na influência do Raio. Mesmo assim, ele foi formado e direcionado pela tendência cerimonial de nossa era. Eu me lembro de que por um longo tempo, durante o reinado da Rainha Vitória, havia pouco cerimonial a ser apreciado nas ruas de Londres, mas foi vivificado no final de seu reinado; Edward VII restaurou o seu esplendor original. Muitas pessoas começarão agora a sentir a influência do novo Raio e desejarão ver e talvez tomar parte no cerimonial como nunca antes.

Os Mestres e a Senda 323

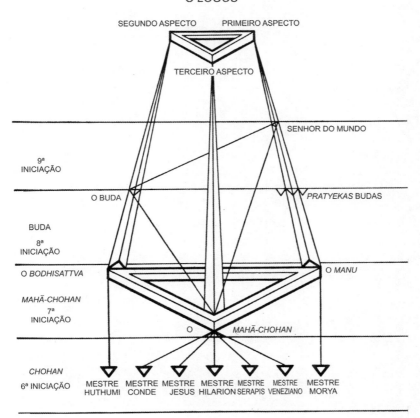

DIAGRAMA 5

Capítulo 13

A TRINDADE E OS TRIÂNGULOS

A Divina Trindade

Sabemos que o Logos de nosso Sistema Solar – e é isso o que a maioria dos homens quer dizer quando fala de Deus – é uma Trindade. Ele tem, ou melhor, consiste de Três Pessoas. Ele atua por Três Aspectos, que são denominados de várias formas nas diferentes religiões e nem sempre são vistos da mesma maneira, pois esse poderoso esquema de uma Trindade tem tantas características que nenhuma religião foi bem sucedida em simbolizar toda a verdade. Em algumas crenças temos a Trindade de Pai, Mãe e Filho, o que é ao menos compreensível para nós quando pensamos sobre métodos de geração e interação. Nesse mesmo modelo temos *Osíris*, *Ísis* e *Hórus* nos ensinamentos egípcios, e *Odin*, *Freya* e *Thor* na mitologia escandinava. Os assírios e fenícios acreditavam na Trindade cujas Pessoas eram *Anu*, *Ea* e *Bel*. Os druidas as denominavam *Taula*, *Fan* e *Mollac*. No Budismo do Norte sabemos de *Amitabha*, *Avalokiteshvara* e *Manjushri*. Na Cabala dos judeus as Três são *Kether*, *Binah* e *Chokma*; e na religião zoroastriana, *Ahuramazda*, *Asha* e *Vohumano*, ou às vezes *Ahuramazda*, *Mithra* e *Ahriman*. Em todo lugar os princípios da Trindade são reconhecidos, embora as manifestações sejam diferentes.

No grande sistema hindu, há a Trindade de *Shiva*, *Vishnu* e *Brahmā*. O elemento "Mãe" não é mostrado nessa Trindade, mas é indiretamente reconhecido já que em cada um desses Três é dito haver um *Shakti* ou poder, que é algumas vezes na simbologia chamado de seu consorte. Essa é evidentemente uma manifestação de seu poder na matéria, talvez uma manifestação um tanto inferior daquele ao qual pensamos quando mencionamos a própria Trindade. No sistema cristão temos a Trindade do Pai, Filho e Espírito Santo. É interessante notar nessa conexão que em alguns dos livros antigos o Espírito Santo é claramente mencionado com sendo feminino. Aliás, a necessidade instintiva do homem em reconhecer a Maternidade Divina encontrou expressão no Cristianismo através do culto da Virgem Santíssima, que, embora não seja uma Pessoa da Santíssima Trindade, é, todavia, a Mãe Universal, a Rainha dos Anjos, a Estrela do Mar.

Os estudantes devem entender que existe um grande departamento de Maternidade ocupando um importante lugar no Governo Interno do Mundo. Da mesma forma que o *Manu* é o chefe do grande departamento que cuida do desenvolvimento físico das Raças e sub-raças, assim como o *Bodhisattva* é o chefe de outro departamento que assiste à religião e à educação, também há o grande Oficial chamado de *Jagat-Ambā* ou Mãe do Mundo, a chefe de um departamento de Maternidade. Assim como o Senhor *Vaivasvata* está no momento ocupando o cargo de *Manu*, e o Senhor Maitreya, o de Instrutor do Mundo, também está o grande Anjo que já foi a mãe do corpo de Jesus ocupando o posto de Mãe do Mundo.

Cuidar especialmente das mães do mundo é o trabalho desse departamento. O dever de seus oficiais é o de assistir a todas as mulheres durante o seu sofrimento e o de dar a elas o máximo de auxílio e força que seu *karma* permita. Como já dissemos, a Mãe do Mundo tem a seu comando vastas hostes de seres angelicais, e no nascimento de toda criança um deles está sempre presente como seu representante. A cada celebração da Santa Eucaristia vem um Anjo da Presença, que na verdade é uma forma-pensamento do próprio Cristo – a forma pela qual Ele endossa e ratifica o ato de Consagração do Sacerdote. Portanto, é absolutamente verdade que, embora o Cristo seja um e indivisível, ele ainda assim está simultaneamente presente em muitos milhares de altares. Da mesma forma, embora a um nível muito inferior, a própria Mãe do Mundo está presente, em e através de seu representante, à cabeceira de cada mãe. Muitas mulheres já a viram em tais condições, e outras que não tiveram o privilégio de vê-la já sentiram o auxílio e a força que ela emana.

É o desejo mais sincero da Mãe do Mundo que toda mulher em seu período de aflição tenha o melhor ambiente possível – que ela esteja envolta em profunda e verdadeira afeição, que ela esteja plena dos mais nobres e sagrados pensamentos, para que somente as mais altas influências possam ser levadas a nutrir a criança que vai nascer, para que ela tenha um começo realmente favorável na vida. Nada além do melhor e mais puro magnetismo a aguarda, e é imperativamente necessário que os maiores escrúpulos de limpeza física sejam observados em todos os particulares. Apenas com a mais estrita atenção às regras de higiene podem ser obtidas tais condições favoráveis, que permitem o nascimento de um veículo nobre e saudável, apropriado à habitação por um Ego elevado.

Realmente seria bom que mulheres em todos os países se unissem num esforço para divulgar informações precisas sobre esse tema tão importante às suas irmãs. Toda mulher deveria entender completamente as magníficas oportunidades que a encarnação feminina lhe concede. Toda mulher deveria ser ensinada sobre a absoluta necessidade de condições apropriadas antes, durante e depois da gravidez. Não apenas a mais perfeita limpeza e a mais cuidadosa atenção devem cercar o corpo do bebê, mas ele também deve estar envolvido por condições astrais e mentais perfeitas, por amor e confiança, por alegria e santidade. Dessa forma, o trabalho da Mãe do Mundo seria imensamente facilitado e o futuro da Raça estaria garantido.

Tem sido frequentemente perguntado se há algum dos Adeptos vivendo em corpo feminino. A existência da Mãe do Mundo é uma resposta a essa pergunta. Por sua maravilhosa qualidade de intensa pureza e por seu desenvolvimento em outros aspectos, ela foi escolhida para ser a mãe do corpo do discípulo Jesus há muito tempo na Palestina. Pela admirável paciência e nobreza de alma com as quais ela suportou todo o terrível sofrimento que lhe veio como consequência dessa posição, ela alcançou nessa mesma vida o *Adeptado*. Tendo-o alcançado e encontrado as sete sendas abertas perante si, ela escolheu entrar na gloriosa evolução dos Devas, e nela foi recebida com grande honra e distinção.

Essa é a verdade que está por trás da doutrina católica romana de sua Assunção. Não que ela tenha sido carregada até o paraíso entre os Anjos em seu corpo físico, mas que quando ela deixou esse corpo, ela assumiu seu lugar entre os Anjos; estando presentemente nomeada ao cargo de Mãe do Mundo, ela se tornou realmente uma rainha entre eles, como a Igreja tão poeticamente nos diz. Um Grande Deva não precisa de corpo físico, mas enquanto ela ocupa o presente posto, ela sempre aparecerá para nós na forma feminina, como o farão os Adeptos que escolheram ajudá-la em seu trabalho.

Durante séculos, milhares e milhares tanto de homens como de mulheres têm vertido sincera devoção aos seus pés; e é certeza absoluta que nenhuma porção dessa devoção foi mal direcionada ou desperdiçada, pois ela, cujo amor pela humanidade tem evocado essa devoção, sempre usou essa força ao máximo na tarefa onerosa que tem empreendido. Não importa quão pouco os homens o saibam, eles têm emanado uma esplêndida riqueza de amor aos seus pés, não por ela ter sido a mãe de Jesus, mas porque agora ela é a Mãe de todos os seres viventes.

Não devemos pensar que esse conhecimento sobre a Mãe do Mundo seja posse exclusiva do Cristianismo. Ela é claramente reconhecida na Índia como *Jagat-Ambā* e na China como *Kwan-Yin*, a Mãe da Misericórdia e do Conhecimento. Ela é essencialmente a representante, o próprio modelo e essência de amor, devoção e pureza; realmente a sabedoria celestial, mas acima de tudo *Consolatrix Afflictorum*, a Consoladora, Confortadora, Auxiliadora de todos os que estão em dificuldade, sofrimento, necessidade, doença ou qualquer outra adversidade.

O elemento *Shakti* ou feminino em cada Pessoa da Abençoada Trindade é também reconhecido em certas partes no bem conhecido emblema de *Triplo Tau*, como aparece no DIAGRAMA 6.

Há também uma Trindade similar no caso de *Logoi* mais elevados e maiores. Muito anterior e acima de tudo que conhecemos ou imaginamos há o Absoluto, cuja apresentação também é uma Trindade. No outro extremo da escala, encontramos uma Trindade no homem, seu Espírito, sua Intuição e sua Inteligência, que representam as qualidades triplas de Vontade, Sabedoria e Atividade. Essa Trindade no homem é uma imagem daquela outra Trindade maior, mas é também muito mais que uma imagem. Ela não é apenas simbólica das Três Pessoas do Logos; de uma maneira impossível de compreensão para a consciência física, ela é também uma real expressão e manifestação daquelas Três Pessoas nesse nível inferior.

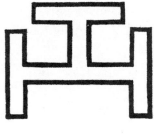

DIAGRAMA 6

O Triângulo de Agentes

Assim como o Logos é uma Trindade, também o Governo Oculto do Mundo está dividido em três grandes departamentos governados por três poderosos Oficiais, que não são meros reflexos dos Três Aspectos do Logos, mas são de uma maneira bem real verdadeiras manifestações deles. São eles o Senhor do Mundo, o Senhor Buda e o *Mahā-Chohan*, que alcançaram graus de Iniciação que lhes concedem consciência desperta em planos da natureza além do campo de evolução da humanidade, onde habita o Logos manifesto[117].

O Senhor do Mundo é uno com o Primeiro Aspecto no mais elevado de nossos sete planos e governa a divina Vontade sobre a Terra; o Senhor Buda está unido ao Segundo Aspecto, que habita a plano *Anupadaka*, e envia a divina Sabedoria à humanidade; o *Mahā-Chohan* é inteiramente uno com o Terceiro Aspecto, que reside no Plano Nirvânico, e exerce a Atividade divina – representando o Espírito Santo. Ele é realmente o Braço do Senhor estendido ao mundo para fazer o seu trabalho. A tabela seguinte esclarecerá isso:

---

[117]Veja *Um Estudo sobre a Consciência*, de Annie Besant [Editora Teosófica. (N.E.)].

LOGOS	PODERES DIVINOS	PLANOS DA NATUREZA	TRIÂNGULO DE AGENTES	RAIO
1º Aspecto	Vontade	*Adi* ou Originário	O Senhor do Mundo	1
2º Aspecto	Sabedoria	*Anupadaka* ou Monádico	O Senhor Buda	2
3º Aspecto	Atividade	*Átmico* ou Espiritual	O *Mahā-Chohan*	3-7

DIAGRAMA 7

O primeiro e o segundo membros desse grande Triângulo são diferentes do terceiro, estando engajados em trabalhos de um caráter que não desce ao plano físico, mas apenas ao nível do corpo búdico, no caso do Senhor Buda, e ao plano *átmico*, no caso do grande Agente do Primeiro Aspecto. Entretanto, sem o seu trabalho superior nada nos planos inferiores seria possível; portanto eles fazem a transmissão de sua influência mesmo ao plano mais baixo através de seus representantes, o *Manu Vaivasvata* e o Senhor Maitreya, respectivamente.

Esses dois grandes Adeptos estão em paralelo com o *Mahā-Chohan* em seus respectivos Raios, ambos tendo conquistado a Iniciação que tem a respectiva denominação. Assim, outro Triângulo é formado, para transmitir os poderes do Logos para o plano físico. Podemos expressar os dois Triângulos no DIAGRAMA 8.

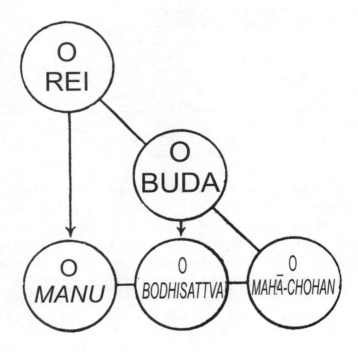

DIAGRAMA 8

Por todo um período de uma Raça-Raiz, o *Manu* elabora os detalhes de evolução da mesma; e o *Bodhisattva*, como Instrutor do Mundo, Ministro da Educação e da Religião, auxilia os seus membros a desenvolverem qualquer espiritualidade que lhes seja possível naquele estágio; enquanto o *Mahā-Chohan* dirige a mente dos homens de maneira que as diferentes formas de cultura e civilização sejam desveladas de acordo com o plano cíclico. Eles são a Cabeça [o *Manu*], o Coração [o *Bodhisattva*] e a Mão com cinco Dedos [o *Mahā-Chohan* e os Senhores dos Raios três a sete], todos ativos no mundo, moldando a Raça em um ser orgânico, um Homem Celestial.

Esse último termo não é meramente um símile, mas descreve um fato literal, pois ao final dos esforços de cada Raça-Raiz aqueles que tenham atingido o *Adeptado* dentro dela formam um grande organismo, que é *uno* na verdadeira acepção – um Homem Celestial, no qual, como no homem terrestre, há sete grandes centros, cada um dos quais é um grande Adepto. O *Manu* e o *Bodhisattva* ocuparão respectivamente as posições dos centros do cérebro e do coração neste Grande Ser; e neles, como parte deles, gloriosamente unos com eles, seremos nós os seus servos. A esplêndida totalidade prosseguirá adiante em sua evolução posterior para tornar-se um Ministro de alguma Deidade Solar no futuro. Ainda assim, tão transcendente a toda compreensão é essa maravilha que essa união com outros não desfigura a liberdade de nenhum Adepto no Homem Celeste, nem impede sua ação fora de seu escopo.

Até recentemente não era a regra que o cargo de *Mahā-Chohan* fosse ocupado por um Adepto permanente desse nível. Era usual que cada um dos cinco *Chohans*, em rodízio, fosse nomeado para liderar todos os cinco Raios, embora antes de ocupar essa posição fosse requerido que tomasse a Iniciação de *Mahā-Chohan*. No presente, entretanto, encontramos um *Chohan* responsável por cada um dos cinco Raios e também um *Mahā-Chohan* separado de todos eles – um afastamento daquilo que entendemos ser o método comum.

Limites dos Raios

Nestes cinco Raios, de Três a Sete, a Iniciação mais alta que pode ser tomada em nosso globo é a de *Mahā-Chohan*, mas é possível ir além no Primeiro e no Segundo Raios, como é indicado na seguinte tabela de Iniciações, na qual se vê que a Iniciação do Buda

334 C. W. Leadbeater

é possível no Segundo e no Primeiro Raios, e que o Adepto pode ir ainda mais longe no Primeiro.

INICIAÇÕES POSSÍVEIS NOS RAIOS		
PRIMEIRO RAIO	**SEGUNDO RAIO**	**RAIOS DE TRÊS A SETE**
9ª INICIAÇÃO		
O Senhor do Mundo		
8ª INICIAÇÃO		
O *Pratyeka Buddha*	O Buda	
7ª INICIAÇÃO		
O *Manu*	O *Bodhisattva*	O *Mahā-Chohan*
1ª a 6ª INICIAÇÕES		

DIAGRAMA 9

Para que não pareça que haja nesse fato algo como uma injustiça, deve ser deixado claro que o Nirvana é alcançado tanto em um Raio como em outro. Qualquer homem que alcance o nível de *Asekha* já está livre para entrar nesta condição de bem-aventurança por um período que para nós pareceria uma eternidade. Mas ele entra apenas em seu primeiro estágio, que, embora de grandeza infinitamente além de nossa compreensão, é ainda assim muito abaixo dos mais elevados estágios disponíveis ao *Chohan* e ao *Mahā-Chohan*, respectivamente; por sua vez, estes empalidecem perante a glória daquelas divisões do estado Nirvânico que alcançam aqueles Adeptos, ao realizarem o tremendo esforço necessário durante a vida terrena, nas Iniciações ainda mais elevadas do Primeiro e Segundo Raios. Também é possível progresso posterior nos cinco Raios àqueles que tomam outras linhas de trabalho fora de nossa Hierarquia.

Mudança de Raio

A possibilidade de mudar de Raio pela firme determinação de assim o fazer deixa todas as sendas igualmente abertas para o estudante de Ocultismo. Sabemos que ambos os Mestres com os quais a Sociedade Teosófica tem sido mais proximamente conectada escolheram fazer esse esforço. Aqueles dentre nós que desejam continuar afiliados a eles como indivíduos estão, dessa forma, consciente ou inconscientemente, no curso de também o fazerem. O método pelo qual a transferência é efetuada é simples o bastante em teoria, embora frequentemente muito difícil de ser levada adiante na prática. Se um estudante no Sexto, ou Raio Devocional, quiser se transferir para o Segundo Raio, o da Sabedoria, ele deve antes se esforçar para trazer a si mesmo à influência da segunda subdivisão de seu próprio Sexto Raio. Então ele tentará intensificar fortemente a influência desse sub-raio em sua vida até que finalmente se torne dominante. Assim, no lugar de estar na segunda subdivisão do Sexto Raio, ele se encontrará na sexta subdivisão do Segundo Raio. Numa palavra, ele temperou sua devoção gradativamente com conhecimento até que ela se tornou uma devoção à Sabedoria Divina. Daí em diante ele pode, se o quiser, através de um esforço suficientemente vigoroso e longamente continuado, se transferir depois para alguma outra subdivisão do Segundo Raio.

Evidentemente temos aqui um desvio das regras ordinárias de procedimento, pois uma Mônada que surgiu através de um Espírito Planetário retornará por outro. Tais mudanças são comparativamente raras e tendem a se equilibrar uma com a outra satisfatoriamente no final. As transferências são usualmente para o Primeiro e para o Segundo Raio, e há relativamente poucas pessoas neles em níveis inferiores de evolução.

União Perfeita

A maravilhosa união dos membros desses Triângulos com o Logos pode ser bem ilustrada no caso do *Bodhisattva*. Vimos que a união entre o discípulo e o Mestre é mais próxima do que qualquer ligação imaginável na Terra. Ainda mais próxima, por estar em um nível superior, foi aquela entre o Mestre Kuthumi e seu Instrutor, o Mestre Dhruva que, por sua vez, foi discípulo do Senhor Maitreya durante o tempo em que ele aceitava discípulos. Por isso o Mestre Kuthumi se tornou uno com o Senhor Maitreya, e no nível em que eles estão a unidade é ainda mais perfeita. O Mestre Kuthumi é uno com o *Bodhisattva* de forma muito sublime.

Os Adeptos parecem tão acima de nós que dificilmente podemos distinguir qualquer diferença em termos de glória entre os níveis inferiores e superiores. Todos eles parecem como estrelas acima de nós, e ainda assim eles falam de si mesmos como poeira aos pés do Senhor Maitreya. Deve haver ali uma diferença enorme, mesmo que não possamos ver. Olhamos para essas alturas estupendas e tudo parece uma glória ofuscante, na qual não podemos nos atrever a distinguir um como maior do que outro, exceto por podermos ver que há diferenças pelo tamanho da aura. Porém, ao menos podemos compreender que a unidade do Mestre Kuthumi com o Senhor Maitreya deve ser muito mais grandiosa e real do que qualquer coisa imaginável nos níveis inferiores.

Ainda mais é o *Bodhisattva* uno com a Segunda Pessoa do Logos que Ele representa. Ele tomou a função de representá-lo aqui na Terra, e esse é o significado da hipostática união entre Cristo como Deus e Cristo como homem. Pois ele, o *Bodhisattva*, que no Ocidente chamamos de Cristo, é a Sabedoria Intuitiva, o Representante e a Expressão da Segunda Pessoa da Abençoada Trindade. Aqui está o mistério que subjaz às duas naturezas do Cristo, "aquele, embora seja Deus e Homem, ainda assim é um só Cristo – Uno, não pela conversão da Divindade em carne, mas pela condução da natureza humana a Deus"[118].

A Segunda Pessoa da Sempre-abençoada Trindade já existia eras antes de o Senhor Maitreya entrar em evolução. A primeira descida dessa Segunda Pessoa à encarnação ocorrera quando, na Segunda Efusão, ele tomou os veículos de sua manifestação da matéria virgem de seu novo sistema solar, já impregnados e vivificados por Deus o Espírito Santo. Quando isso foi feito, tivemos pela primeira vez o Cristo não manifesto em oposição ao Cristo manifesto. Mesmo nessa ocasião, há de ter sido verdade que o Cristo como Deus era, em certo sentido, maior que o Cristo como homem. Como os *Bodhisattvas*, que representam essa Segunda Pessoa em diferentes planetas do seu sistema, um a um alcançam a Chefia de seu Raio, eles, por sua vez, se tornam tão inteiramente unos com Ele que merecem o título de Cristo como Homem. No momento da consumação de tal Iniciação, a hipostática união ocorre para cada um deles.

Esse Segundo Aspecto do Logos se verte na matéria, se encarna, se torna o homem. Dessa forma, é "igual ao Pai ao tocar sua Divindade, e inferior ao Pai ao tocar sua humanidade", como dito no Credo de Atanásio. O nosso Senhor, o *Bodhisattva*, já foi um homem como nós e ainda é tal homem, embora um homem aperfeiçoado. Mesmo assim, essa humanidade foi levada de tal forma à Divindade que ele é em verdade o próprio Cristo, uma Representação do Segundo Aspecto da Trindade, pois nele e por ele nos é possível alcançar o Poder Divino. Por essa razão o Cristo é chamado de Mediador entre Deus e o homem; não que ele esteja fazendo uma barganha em nosso favor ou pagando o nosso resgate de alguma horrível punição, como muitos cristãos ortodoxos acreditam, mas que ele é na verdade um Mediador, Aquele que está entre o Logos e o homem, que os homens podem ver e através do qual o poder da Divindade emana em direção à humanidade. Dessa forma, ele é o Chefe de todas as religiões pelas quais chegam essas bênçãos.

---

[118]Do Credo Anastasiano. (N.E.)

Capítulo 14

A SABEDORIA NOS TRIÂNGULOS

O Buda

O Buda atual é o Senhor Gautama, que teve o seu último nascimento na Índia há 2.500 anos. Nessa encarnação ele concluiu sua série de vidas como *Bodhisattva*, tendo sucedido o anterior Buda Kasyapa como Chefe do Segundo Raio na Hierarquia Oculta de nosso globo. Sua vida como Siddartha Gautama foi admiravelmente contada por Sir Edwin Arnold em *A Luz da Ásia*[119], um dos mais belos e inspiradores poemas de nossa língua.

Surgem sucessivamente sete Budas durante um período mundial, um para cada Raça-Raiz; e cada um deles, em seu turno, encarrega-se do especial trabalho do Segundo Raio para todo o mundo, devotando-se à porção desse trabalho que se dá nos mundos superiores, enquanto confia ao seu assistente e representante, o *Bodhisattva*, o cargo de Instrutor do Mundo para os planos inferiores. Àquele que alcança essa posição, os escritores orientais acreditam que nenhum elogio seja elevado o bastante e que nenhuma devoção seja suficientemente profunda. Assim como consideramos os Mestres quando olhamos para cima e os vemos completamente divinos

---

[119]*A Luz da Ásia*, de Edwin Arnold, Editora Teosófica. (N.E.)

em bondade e sabedoria, também em um grau bem mais elevado eles veem o Buda. O nosso Buda atual foi o primeiro de nossa humanidade a alcançar essa formidável altura, sendo os Budas anteriores produtos de outras evoluções. Foi-lhe necessário um esforço muito especial para se preparar para esse elevado posto, um esforço tão prodigioso que é denominado constantemente pelos budistas de *Mahābhinishkramana*, o Grande Sacrifício.

Há muitos milhares de anos surgiu a necessidade de que um dos Adeptos se tornasse o Instrutor do Mundo da quarta Raça-Raiz, pois havia chegado a hora de a humanidade ser capaz de prover seus próprios Budas. Em meados da quarta Ronda da quarta encarnação de nossa Cadeia, que era exatamente o ponto central do esquema de evolução ao qual pertencemos, os grandes Oficiais que eram requeridos à nossa humanidade – os *Manus*, os Instrutores do Mundo e outros – foram supridos por humanidades mais avançadas de outras Cadeias, que haviam feito mais progresso ou talvez fossem mais antigas do que nós. Tendo sido auxiliados dessa forma, devemos por nossa vez ter mais tarde o privilégio de fazer provisões para outros esquemas de evolução mais atrasados.

Dessa maneira está demonstrada a real fraternidade de todos os que vivem. Vemos que não se trata meramente de uma irmandade da humanidade ou mesmo da vida nesta Cadeia de mundos, mas que todas as Cadeias no Sistema Solar interagem e se auxiliam mutuamente. Não tenho evidências diretas de que sistemas solares deem assistência uns para os outros dessa maneira, mas deduzo por analogia que mesmo isso ocorra. Afinal tenho visto Visitantes de outros sistemas, como já disse antes, e percebo que eles não estão viajando por simples lazer, mas que certamente estão em nosso sistema por um bom motivo. Quais seriam os seus propósitos, não sei – e evidentemente isso não é de minha conta.

Naquele período do passado remoto ao qual nos referimos, a humanidade deveria ter começado a prover seus próprios Instrutores, mas nos foi dito que nenhum deles havia chegado ao nível requerido para se incumbir de tamanha responsabilidade. Os primeiros frutos da humanidade na era atual foram dois Irmãos que se encontravam no mesmo nível de desenvolvimento oculto, sendo um aquele que agora chamamos de Senhor Gautama Buda, e o outro o nosso atual Instrutor do Mundo, o Senhor Maitreya. Não sabemos de que maneira eles eram deficientes das qualificações necessárias, mas além de seu grande amor pela humanidade o Senhor Gautama prontamente se apresentou para se submeter a qualquer esforço adicional que fosse necessário para alcançar o desenvolvimento requerido. Aprendemos pela tradição que vida após vida ele praticara virtudes especiais, e cada uma delas revelava a conquista de alguma grande qualidade.

Esse grande sacrifício do Buda é comentado em todos os livros sagrados dos budistas, porém eles não entenderam a natureza do sacrifício, pois muitos acreditam ter sido a descida do Senhor Buda dos níveis Nirvânicos depois de sua Iluminação para ensinar a sua Lei. É verdade que ele realizou tal descida, mas isso não seria um sacrifício – seria apenas um trabalho ordinário, mas não muito agradável. O grande sacrifício que ele empreendeu foi o de passar milhares de anos se qualificando para ser o primeiro da humanidade a auxiliar seus irmãos ensinando-lhes a Sabedoria de que a vida é eterna.

Esse trabalho foi realizado, e nobremente. Sabemos algo de suas várias encarnações depois disso, como *Bodhisattva* de seu tempo, embora possa ter havido muitas outras das quais nós nada sabemos. Ele apareceu como Vyasa. Ele veio ao Egito antigo como Hermes, "O Três Vezes Grande", que foi chamado de "Pai de Toda a Sabedoria". Ele foi o primeiro dos vinte e nove Zoroastros, os Instrutores da Religião do Fogo. Mais tarde ele caminhou entre os gregos como Orfeu, e os ensinou pela música e pelo som. Finalmente ele teve seu último nascimento no norte da Índia, andarilho do vale do Ganges por 45 anos, ensinando a sua Lei e reunindo ao seu redor todos aqueles que em vidas pregressas haviam sido seus aspirantes.

De uma forma que ainda não podemos entender, por conta da grande tensão daquelas muitas eras de esforço, houve certos pontos no trabalho do Senhor Buda em que ele não teve tempo para aperfeiçoá-los completamente. É impossível, nesse nível, que isso represente algo como um fracasso ou uma omissão, mas talvez a tensão do passado tenha sido muito intensa mesmo para um poder como o dele. Não podemos saber; mas permanece o fato de que houve certas questões menores às quais, naquele momento, ele não pôde atender perfeitamente. Dessa forma, o pós-morte do Senhor Gautama não foi exatamente o mesmo de seus Predecessores. Como tenho dito, é usual que o *Bodhisattva* em sua vida final, quando se torna Buda – quando ele entra em glória, levando consigo sua colheita, como é colocado nas Escrituras Cristãs –, entregue sua obra externa inteiramente a seu Sucessor e se devote ao seu trabalho pela humanidade em níveis mais elevados. Quaisquer que sejam essas atividades múltiplas de um *Dhyani Buddha*, elas não o trazem de volta ao nascimento na Terra. Porém, devido às circunstâncias peculiares que cercaram a vida do Senhor Gautama, foram feitas duas alterações, foram realizados dois atos suplementares.

Os Atos Suplementares

O primeiro foi o envio pelo Senhor do Mundo, o Grande Rei, o Iniciador Único, de um de seus três Discípulos – todos Senhores da Chama vindos de Vênus – para ter uma encarnação terrena quase imediatamente depois de alcançada a posição de Buda pelo Senhor Gautama, a fim de que, em uma muito breve vida, passada em viagens pela Índia, ele pudesse estabelecer certos centros religiosos

Os Mestres e a Senda   343

chamados *Mathas*. Seu nome nessa encarnação foi Shankaracharya – não aquele que escrevera os comentários, mas o grande Fundador de sua linha, que viveu mais de 2.000 anos atrás.

Shri Shankaracharya fundou uma verdadeira Escola de Filosofia Hindu e reviveu o Hinduísmo em grande medida, trazendo nova vida a suas formas e reunindo muitos dos ensinamentos do Buda. O Hinduísmo hoje, embora possa estar de muitas maneiras aquém de seus ideais mais elevados, é uma fé muito mais viva que nos dias anteriores à chegada do Buda, quando estava degenerado em um sistema formalista. Shri Shankaracharya também foi amplamente responsável pelo desaparecimento dos sacrifícios de animais. Apesar de tais sacrifícios ainda serem oferecidos na Índia, eles são poucos e em menor escala. Além de seus ensinamentos no plano físico, Shri Shankaracharya realizou certo trabalho oculto em conexão com os planos superiores da natureza, trabalho de considerável importância para a vida futura da Índia.

O segundo ato suplementar ao qual me referi acima foi realizado pelo próprio Senhor Gautama. Ao invés de se devotar completamente a outro trabalho superior, ele se manteve suficientemente em contato com seu mundo de forma que pudesse ser alcançado pela invocação de seu sucessor, se necessário, para que sua orientação e seu auxílio pudessem ainda ser obtidos em qualquer grande emergência. Ele também se comprometeu a retornar ao mundo uma vez por ano, no aniversário de sua morte, e verter sobre ele uma torrente de bênçãos.

O Senhor Buda tem o seu próprio tipo especial de força, que é emanada quando dá sua bênção ao mundo. Essa bênção é algo único e maravilhoso, pois por sua autoridade e posição um Buda tem acesso aos planos da natureza que estão todos além de nosso alcance. Assim, ele pode transmutar e enviar para o nosso nível as forças peculiares a esses planos. Sem essa mediação por parte do Buda, essas

344   C. W. Leadbeater

forças não teriam utilidade para nós aqui no plano físico – suas vibrações são tão extraordinárias, tão incrivelmente rápidas, que elas passariam por nós sem que as percebêssemos a partir de qualquer nível que possamos alcançar. Jamais saberíamos de sua existência. Porém, o que ocorre de fato é que a força da bênção é espalhada por todo o mundo; e ela instantaneamente encontra para si canais pelos quais possa fluir (assim como a água prontamente encontra canais abertos), fortalecendo todo o trabalho do bem e trazendo paz aos corações daqueles que sejam capazes de recebê-la.

O Festival *Wesak*

A ocasião escolhida para essa maravilhosa emanação é o dia da lua cheia do mês indiano de *Vaisakh* (chamado no Ceilão de *Wesak*) e usualmente correspondendo ao mês de maio dos ingleses – o aniversário de todas as importantes ocorrências de sua última vida mundana: seu aniversário, sua conquista da posição de Buda e sua partida do corpo físico.

Em conexão com essa sua visita, bem à parte de seu admirável significado esotérico, é realizada no plano físico uma cerimônia exotérica em que o Senhor de fato se mostra perante a multidão de peregrinos comuns. Se ele aparece *para* os peregrinos, eu não tenho certeza. Todos eles se prostram no momento em que ele aparece, mas isso pode ser apenas em imitação à prostração dos Adeptos e de seus aspirantes, que de fato *veem* o Senhor Gautama. Parece provável que ao menos alguns dos peregrinos o vejam por si próprios, pois a existência da cerimônia é amplamente conhecida entre os budistas na Ásia Central, sendo descrita como a aparição da Sombra ou Reflexo do Buda. A descrição dada a ela em tais relatos tradicionais é geralmente bem precisa. Até onde sabemos, não parece haver razão para uma pessoa que esteja nas redondezas não poder estar presente à cerimônia. Nenhum esforço aparente é feito para restringir o número de espectadores, embora seja verdade que há histórias de grupos de peregrinos que perambularam por anos sem conseguir encontrar o local.

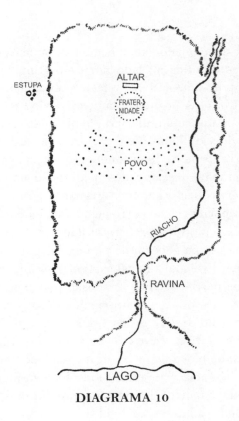

DIAGRAMA 10

Todos os membros da Grande Fraternidade Branca, exceto o próprio Rei e seus três Discípulos, usualmente comparecem a essa cerimônia. Não há motivo para que os membros teosóficos mais entusiasmados não estejam presentes em seus corpos astrais. Aqueles aos quais o segredo foi confidenciado usualmente tentam organi-

346 C. W. Leadbeater

zar as coisas para colocar seus corpos físicos para dormir mais ou menos uma hora antes do momento exato da lua cheia e para não serem perturbados até cerca de uma hora depois desse momento.

O Vale

O local selecionado é uma pequena planície cercada de pequenas colinas que fica no lado norte do Himalaia, não muito longe da fronteira com o Nepal e talvez cerca de 650 km a oeste da cidade de Lhasa. A pequena planície (veja o DIAGRAMA 10) tem formato de um retângulo irregular, tendo seu comprimento talvez de dois quilômetros e meio e sua largura um pouco menos. O terreno desce ligeiramente do sul para o norte, e é predominantemente descampado e pedregoso, embora em algumas partes seja coberto por uma grama áspera e rija e por escassa vegetação. Um riacho corre pelo lado ocidental da planície, atravessando seu ângulo noroeste saindo perto do meio do lado norte por uma ravina coberta de pinhos, chegando finalmente a um lago que é visível à distância de alguns quilômetros. A região que a circunda parece selvagem e desabitada, não havendo edificações à vista, exceto uma estupa em ruínas cercada por duas ou três cabanas no declive de uma das colinas no lado oriental da planície. Por volta do centro da metade sul da planície encontra-se um grande bloco de pedra branco-acinzentado, com raias de alguma substância brilhante – um bloco similar a um altar, com talvez quatro metros de comprimento por dois de largura, a aproximadamente a um metro do chão.

Desde alguns dias antes do horário marcado, uma crescente multidão de tendas de aparência estranha e rústica (a maioria negras) pode ser avistada ao longo da margem do riacho e nas encostas das colinas vizinhas; e aquela que era uma região desolada está agora vivificada pelas fogueiras de uma considerável multidão. Inú-

Os Mestres e a Senda

meros homens chegam das tribos errantes da Ásia Central e mesmo de lugares distantes ao norte. No dia que antecede a lua cheia, todos os peregrinos tomam um banho cerimonial e lavam suas roupas em preparação para a cerimônia.

Algumas horas antes do horário do plenilúnio essas pessoas se reúnem na parte mais baixa e setentrional da planície e sentam-se quieta e ordenadamente no chão, cuidando para deixar um espaço considerável da grande pedra do altar. Geralmente alguns lamas estão presentes, e eles usualmente aproveitam a oportunidade para discursar aos presentes. Cerca de uma hora antes do momento em que a lua está cheia, começam a chegar visitantes astrais, entre eles os membros da Fraternidade. Alguns deles geralmente se materializam para serem vistos pelos peregrinos, e são recebidos com genuflexões e prostrações. Frequentemente nossos Mestres e alguns ainda maiores que eles se dignam nessa ocasião a conversar de maneira amigável com seus aspirantes e com outros presentes. Nesse ínterim, aqueles que foram designados preparam o grande altar de pedra para a cerimônia cobrindo-o com as mais belas flores e colocando em cada extremidade dele grandes guirlandas de lótus sagrados. Ao centro é colocada uma tigela magnificamente talhada em ouro cheia de água, deixando-se um espaço sem flores imediatamente à frente dela.

A Cerimônia

Cerca de meia hora antes do momento do plenilúnio, ao sinal dado pelo *Mahā-Chohan*, os membros da Fraternidade se reúnem no espaço aberto ao centro da planície, ao norte do grande altar de pedra, e se dispõem em três fileiras concêntricas, todos voltados para dentro, sendo o círculo mais externo composto pelos membros mais novos da Fraternidade, e os Grandes Oficiais ocupando posições definidas no círculo mais interno.

Então são cantados em páli alguns versos das escrituras budistas; e assim que as vozes silenciam o Senhor Maitreya se materializa no ponto central do círculo, trazendo em suas mãos o Cetro do Poder [DIAGRAMA 11]. Esse maravilhoso símbolo representa de alguma forma o centro ou fulcro físico das forças emanadas pelo Logos Planetário, tendo sido magnetizado por Ele milhões de anos atrás, quando Ele colocou a onda de vida humana em movimento ao redor de nossa Cadeia de globos. Foi-nos dito que o Cetro é o sinal físico da concentração e atenção do Logos, e que ele é carregado de planeta em planeta ao se deslocar sua atenção – onde ele estiver, esse é momentaneamente o palco central da evolução, e a partir de quando ele deixar esse planeta em direção a outro, nossa Terra mergulhará em relativa inércia. Se ele é levado também a planetas não físicos, não sabemos; também não entendemos exatamente o modo pelo qual ele é usado nem o papel que ele desempenha na economia do mundo. Ele é mantido em custódia do Senhor do Mundo em Shamballa; e até onde sabemos, esse Festival de *Wesak* é a única ocasião em que ele sai de seus cuidados. Trata-se de uma barra cilíndrica constituída do desaparecido metal oricalco[120],

DIAGRAMA 11

---

[120] Oricalco – um tipo de metal que teria sido usado em Atlântida. Platão descreve Atlântida em seu diálogo *Crítias* como um lugar que "cintila com a luz vermelha do oricalco", metal que segundo o filósofo revestiria todo o interior do templo de Poseidon na ilha e seria o segundo mais valioso, atrás apenas do ouro, e que só poderia ser extraído das minas localizadas no território perdido. (N.E.)

medindo cerca de meio metro de comprimento e cinco centímetros de diâmetro, tendo em cada extremidade um imenso diamante em formato de esfera com um cone dela se projetando. Tem uma aparência peculiar, como que sempre circundado por fogo – uma aura de chama brilhante e transparente. É digno de nota que ninguém exceto o Senhor Maitreya o tocou durante toda a cerimônia.

Quando o Senhor Maitreya se materializa no centro do círculo, todos os Adeptos e Iniciados se curvam solenemente para ele, e outro verso é cantado. Depois disso, ainda entoando versos, os círculos internos se separam em oito partes, de maneira a formar uma cruz dentro do círculo exterior, estando o Senhor Maitreya ainda ao centro. No movimento seguinte desse imponente ritual, a cruz se transforma em um triângulo, e o Senhor Maitreya se move adiante para ficar em seu ápice e, assim, próximo ao altar de pedra. Sobre esse altar, no espaço aberto deixado à frente da tigela dourada, ele coloca com reverência o Cetro do Poder, enquanto atrás dele o círculo se altera para uma figura mais curva e envolvente, de maneira que todos se voltam para o altar. Na mudança seguinte, a figura curva se torna um triângulo reverso, de forma que temos uma representação do bem conhecido emblema da Sociedade Teosófica, embora sem a serpente circundando. Essa figura, por sua vez, se transforma na estrela de cinco pontas, com o Senhor Maitreya ainda no ponto ao sul, próximo ao altar de pedra, e os outros Grandes Oficiais ou *Chohans* nos cinco pontos onde as linhas fazem interseção. Um diagrama das figuras simbólicas está apenso abaixo, já que algumas delas não são fáceis de descrever.

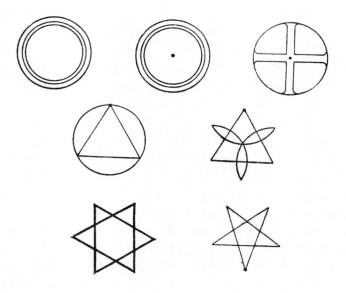

DIAGRAMA 12

Quando é alcançado esse sétimo e final estágio, o cântico cessa e, depois de alguns momentos de silêncio solene, o Senhor Maitreya, novamente tomando o Cetro do Poder em suas mãos e erguendo-o sobre sua cabeça, pronuncia algumas palavras em sonoro páli:

"Tudo está pronto; vinde, Mestre!"

Então, enquanto ele novamente abaixa o Cetro ígneo, no exato momento do plenilúnio, o Senhor Buda aparece como uma imensa figura flutuando no ar acima das colinas ao sul. Os membros da Fraternidade se curvam com as mãos unidas, e a multidão de pessoas atrás deles inclinam suas faces e permanecem prostradas, enquanto os outros cantam os três versos que foram ensinados ao aluno *Chatta* pelo próprio Senhor Buda durante sua vida terrena:

> O Senhor Buda, o Sábio dos *Sakyas*, é dentre a humanidade o melhor dos Instrutores. Ele fez o que tinha que ser feito e cruzou para a outra margem (Nirvana). Ele está repleto de força e energia; ele, o Abençoado, eu tomo como meu guia.
> A verdade é imaterial; ela traz liberdade da paixão, do desejo e do sofrimento; ela está livre de toda deformação; ela é doce, clara e lógica; essa verdade eu tomo como minha guia.

Tudo que seja dado às oito naturezas dos Nobres Seres, que aos pares formam os quatro graus, que conhecem a verdade, de fato traz grande recompensa; essa Fraternidade de Nobres Seres eu tomo como minha guia.

A Maior Bênção

Então o povo se levanta e permanece contemplando a presença do Senhor enquanto a Fraternidade entoa, para o benefício do povo, as nobres palavras do *Mahāmangala Sutta*, que foi assim traduzido pelo Professor Rhys Davids[121]:

> Suspirando pelo bem, muitos devas e homens
> Têm considerado diversas coisas como bênçãos;
> Dizei, então, ó Mestre,
> Qual a maior bênção?
> Não servir aos tolos,
> Mas servir aos sábios;
> Honrar aqueles que merecem ser honrados –
> Essa é a maior bênção.
>
> Habitar uma terra aprazível,

---

[121]Foram introduzidas algumas pequenas modificações de outras fontes, quando realmente pareceram melhores.

Ter praticado boas ações em um nascimento anterior,
Ter uma alma repleta de retos desejos –
    Essa é a maior bênção.

Muito discernimento e muita educação,
Autocontrole e uma mente bem disciplinada,
Palavras amáveis e bem faladas –
    Essa é a maior bênção

Amparar pai e mãe,
Acarinhar esposa e filho,
Atender a um chamado pacífico –
    Essa é a maior bênção.

Dar esmolas e viver retamente,
Dar auxílio aos parentes,
Praticar atos que não possam ser censurados –
    Essa é a maior bênção.

Abominar o pecado e cessar de praticá-lo,
Abster-se de bebidas embriagantes,
Não se fatigar em fazer o bem –
    Essa é a maior bênção.
Reverência e humildade,
Contentamento e gratidão,
Ouvir a Lei no devido tempo –
    Essa é a maior bênção.

Ser resignado e manso,
Associar-se ao plácido,
Falar de religião no devido tempo –
    Essa é a maior bênção.

Automoderação e pureza,
O conhecimento das Quatro Grandes Verdades,
A realização do Nirvana –
    Essa é a maior bênção.

Sob o golpe das perturbações da vida,
A alma que permanece inabalada,

Sem paixões, sem lamentação, segura –
Essa é a maior bênção.

Invencível em toda parte
É aquele que assim age;
Por todos os lados ele anda em segurança –
E dele é a maior bênção.

A figura que flutua acima das colinas é de enorme proporção, e reproduz exatamente a forma e as características do corpo no qual o Senhor viveu por último na Terra. Ele aparece sentado de pernas cruzadas, com as mãos unidas, trajando o manto amarelo dos monges budistas, de forma a deixar descoberto o braço direito. Nenhuma descrição pode traduzir seu semblante – uma face realmente Divina, pois combina calma e poder, sabedoria e amor, numa expressão que contém tudo o que nossas mentes possam conceber sobre o Divino. Podemos dizer que sua aparência é clara, tez branco-amarelada, e os traços claramente marcados; a fronte é larga e nobre; os olhos grandes, luminosos e de um azul escuro profundo; o nariz levemente aquilino; os lábios vermelhos e firmemente dispostos; mas todo o seu semblante coloca perante nós apenas uma máscara exterior, dando-nos somente uma pequena compreensão da vívida totalidade. O cabelo é preto, quase azulado, e ondulado; curiosamente, não é nem longo, de acordo com o costume indiano, nem completamente raspado, à maneira dos monges orientais, mas aparado à altura dos ombros, partido ao meio e penteado da fronte para trás. A história conta que quando o Príncipe Sidarta deixou sua casa para buscar a Verdade, ele pegou seu longo cabelo e o cortou próximo à cabeça com um golpe de sua espada. Depois disso ele sempre o manteve do mesmo tamanho.

Uma das características mais impressionantes dessa maravilhosa aparição é a esplêndida aura que envolve a figura. Ela se dispõe em esferas concêntricas, como são as auras de todos os homens altamente avançados; seu desenho geral é o mesmo da descrição do

Arhat na lâmina XXVI em *O Homem Visível e Invisível[122]*, mas a organização de suas cores é única. A figura é envolvida em luz, ofuscante e ao mesmo tempo transparente – tão brilhante que os olhos mal podem fixar-se nela, mas mesmo assim, através dela, sua face e a cor do manto são perfeitamente claros. Circundando-a há ainda um aro de glorioso ultramarino; então, sucessivamente, resplandecem o amarelo dourado, o mais rico carmesim, o puro branco prateado e o magnífico escarlate – todos eles sendo realmente esferas, embora se mostrem como faixas quando vistas contra o céu. Afora, lançados em ângulos retos, se encontram raios de todos esses matizes entremeados com lampejos de verde e violeta, como será observado quando nos referirmos a nosso frontispício.

Essas cores, nessa exata ordem, são descritas em escrituras budistas milenares como constituindo a aura do Senhor. Quando em 1885 achou-se interessante que deveria ser fundada uma bandeira especial para os budistas do Ceilão, nosso Presidente-fundador, Coronel Olcott, em consulta a nossos irmãos cingaleses em Colombo, desenvolveu a ideia de utilizar para esse propósito o mesmo significativo agrupamento de cores. O Coronel nos conta[123] que alguns anos antes ele soubera do embaixador tibetano do Vice-rei da Índia, que ele conhecera em Darjeeling, que as cores são as mesmas da bandeira do Dalai Lama. A ideia desse padrão simbólico parece ter sido amplamente aceita. Eu mesmo já o vi em templos budistas em lugares longínquos como Rangum e Sacramento, na Califórnia.

Claro que é impossível obter numa ilustração impressa uma ideia mesmo aproximada do brilho e da pureza das cores como vistas no céu. Tudo o que podemos fazer é oferecer uma sugestão para ajudar a imaginação do leitor.

Em livros anteriores, descrevemos o escarlate na aura do homem como expressando apenas a raiva; de fato, assim ocorre no

---

[122] *O Homem Visível e Invisível* – de C.W. Leadbeater, Editora Pensamento. (N.E.)
[123] *Old Diary Leaves* [Folhas de um Velho Diário], Vol. III, p. 352.

astral inferior comum, mas bem diferente disso percebemos que em níveis superiores um escarlate muito mais magnífico e luminoso, a própria essência do fogo vivo, indica a presença de coragem destemida e alta determinação. Evidentemente, é denotando a posse dessas qualidades num grau superlativo que ela aparece na aura do Senhor Buda. Podemos conjecturar que, de alguma forma, a proeminência não usual dessa faixa de brilho escarlate seja significativa da especial manifestação dessas qualidades nesse prolongado trabalho de autodesenvolvimento, ao qual me referi anteriormente.

O Senhor Maitreya, que tem uma parte relevante nessa cerimônia, ocupará no devido tempo o posto agora ocupado pelo Senhor Buda. Será talvez interessante comparar sua aura com a que acabamos de descrever. A maneira mais fácil de imaginá-la é olhando para a ilustração da aura de um *Arhat* na lâmina XXVI em *O Homem Visível e Invisível* e então modificá-la na imaginação como aqui indicado. Elas têm uma semelhança geral, mas além de ser muito maior, as cores estão arranjadas de forma diferente.

O coração dela é a luz branca ofuscante, assim como é no caso do *Arhat*; então, eliminando o amarelo dessa parte, deixe o oval cor-de-rosa reter sua atual posição, mas estenda-o para dentro até a beira do branco. Fora desse oval cor de rosa, coloque uma faixa de amarelo no lugar da azul; por fora do verde vem um cinturão azul; externamente a ele, o violeta, como no livro, mas por fora do violeta novamente uma larga faixa do mais glorioso rosa pálido, no qual o violeta se dissolve de forma imperceptível. Do lado externo de tudo vem a radiação de cores mescladas, tal como no livro. Os raios de luz branca brilham através dela da mesma forma, porém até eles parecem levemente tingidos do sempre presente rosa pálido. Toda a aura dá a impressão de estar impregnada com o mais delicado e brilhante rosa, muito como na lâmina XI de *O Homem Visível e Invisível*.

Um ponto que parece merecedor de nota é que na aura do Senhor Maitreya as cores chegam exatamente na mesma ordem do espectro solar, embora o laranja e o índigo estejam omitidos. Primeiro o rosa (que é uma forma de vermelho), então o amarelo, sombreado em verde, azul e violeta em sucessão. Então ela continua até o ultravioleta, dissolvendo-se em rosa – o espectro começa novamente numa oitava superior, assim como o astral mais baixo se segue após o físico mais alto.

É claro que essa é uma descrição muito poore, mas me parece a melhor que posso fazer. Deve ser entendido que ela existe em muito mais dimensões do que possamos representar de alguma forma. Para explicar isso, tentei fazer algo equivalente a pegar uma secção tridimensional dela. Porém, é prudente lembrarmos de que não é de todo possível que outra secção possa ser tomada de uma maneira levemente diferente, o que produziria um resultado um tanto distinto e, mesmo assim, também seria verídico. É inútil tentar explicar no plano físico as realidades dos mundos superiores.

Quando o *Mahāmangala Sutta* é concluído, o Senhor Maitreya pega a tigela dourada com água do altar de pedra e a sustenta acima de sua cabeça por alguns momentos, e a multidão atrás, que também se proveu de vasos cheios de água, segue o seu exemplo. Enquanto ele a recoloca no altar de pedra, outro verso é cantado:

> Ele é o Senhor, o Santo cujo conhecimento é perfeito, que possui os oito tipos de conhecimento e conquistou as quinze práticas sagradas, que empreendeu a boa jornada que leva ao estado de Buda, que conhece os três mundos, o sem rival, o Instrutor de deuses e homens, o Abençoado, o Senhor Buda.

Quando é concluído, um sorriso de inefável amor irradia da face do Senhor e ele ergue sua mão direita em atitude de bênção, enquanto uma grande chuva de flores cai entre as pessoas. Novamente os membros da Fraternidade se inclinam, novamente a multidão se prostra, e a figura vagarosamente some no céu, enquanto a multidão se libera em gritos de alegria e louvor. Os membros da Fraternidade vão até o Senhor Maitreya na ordem de suas admissões. Cada um dá um gole de água da tigela dourada, e o povo também bebe a sua, levando o restante para casa em suas pitorescas garrafas de couro como água sagrada para espantar todas as más influências de seus lares, ou talvez para curar os doentes. Então a vasta companhia se desfaz com mútuas congratulações, e o povo carrega aos seus longínquos lares uma inefável memória da maravilhosa cerimônia da qual participou.

Os Predecessores de Buda

Um interessante vislumbre dos predecessores do Buda é encontrado na Visão de São João, o Divino: "E ao redor do trono encontravam-se vinte e quatro tronos; e nesses tronos eu vi sentados vinte e quatro anciãos vestidos com trajes brancos; e eles tinham em suas cabeças coroas de ouro".

Aquele que tem o privilégio de ter tal vislumbre – lembre-se, isso virá a todos um dia – o tem do ponto de vista de suas próprias crenças. Portanto, São João viu o que esperava ver, os 24 anciãos da tradição judaica. O número 24 marca a data em que foi tida essa visão pela primeira vez, ou melhor, a data em que a ideia judaica dessa glória foi formulada. Se nós agora pudéssemos nos erguer ao Espírito e pudéssemos ver aquela inefável glória, veríamos 25 e não 24 anciãos, pois houve um Senhor Buda que alcançou essa posição desde que a visão foi cristalizada no esquema judaico de pensamento superior; pois aqueles anciãos são os grandes Instrutores que têm transmitido o conhecimento aos mundos em nossa Ronda. Eles são sete Budas para cada mundo; com isso são 21 para os três mundos pelos quais passamos, sendo o Senhor Gautama o quarto dos Budas deste mundo. Assim, 24 eram os anciãos naqueles dias, mas seriam 25 se pudéssemos vê-los agora.

A Igreja Cristã traduziu isso de maneira diferente, tomando esses anciãos como seus 12 apóstolos e os 12 profetas judeus. Se estes 24 fossem os apóstolos e os profetas, o vidente deveria ter se visto entre eles, o que certamente teria sido mencionado. Aqueles anciãos possuíam em suas cabeças coroas de ouro, é dito, e um pouco mais tarde lemos que eles lançavam suas coroas perante ele, como cantamos no glorioso Hino da Trindade.

Lembro-me de que, quando criança, eu muito me perguntava como teria sido isso. Parecia-me algo estranho que esses homens pudessem continuamente lançar aquelas coroas e ainda terem coroas para lançar. Eu não conseguia entender; e me perguntava que esquema haveria para o retorno das coroas para suas cabeças, para que eles pudessem lançá-las aos pés do Senhor Buda novamente. Tais ideias um tanto absurdas talvez sejam normais em uma criança, mas elas desaparecem quando entendemos. Ao vermos imagens do Senhor Buda, devemos notar que da coroa de sua cabeça sobressai usualmente um pequeno monte ou cone. É como uma coroa, de cor dourada, que representa a força espiritual emanada daquilo que é chamado de *sahasrāra chakra*, o centro no topo da cabeça do homem – o lótus de 1.000 pétalas, como é poeticamente chamado nos livros orientais[124].

No homem altamente desenvolvido, esse centro emana esplendor e glória, formando nele uma verdadeira coroa. O significado da cerimônia é que tudo o que ele tenha desenvolvido, todo o esplêndido *karma* que ele promove, toda a gloriosa força espiritual que ele gera – tudo *aquilo* ele continuamente deposita aos pés do Logos é para ser usado em seu trabalho. Assim, várias e várias vezes ele consegue continuamente lançar sua coroa dourada, pois

---

[124]Veja *Os Chakras*, de C.W. Leadbeater. [Editora Pensamento. (N.E.)]

Os Mestres e a Senda

ela se refaz incessantemente na medida em que brota a força dentro dele.

O *Bodhisattva* Maitreya

O Senhor Maitreya, cujo nome significa "benevolência' ou "compaixão", assumiu o posto de *Bodhisattva* quando o Senhor Buda o deixou. Desde então, ele tem feito muitos esforços para promover a Religião. Uma de suas primeiras providências ao assumir o cargo foi a de aproveitar os benefícios do extraordinário magnetismo gerado no mundo pela presença do Buda, de fazer que grandes Instrutores aparecessem simultaneamente em várias partes da Terra, de forma que em um espaço de tempo comparativamente curto vieram não apenas o próprio Buda, Shri Shankaracharya e Mahavira na Índia, mas também Mithra na Pérsia, Lao-Tsé e Confúcio na China, e Pitágoras na Grécia antiga.

Ele próprio apareceu duas vezes – como Krishna nas planícies da Índia, e como Cristo entre as colinas da Palestina. Na encarnação como Krishna, a grande característica foi sempre o amor; o Menino Krishna atraiu ao seu redor pessoas que lhe tinham a mais profunda e intensa afeição. Novamente em seu nascimento na Palestina, o amor foi a característica central de seus ensinamentos. Ele disse: "Esse novo mandamento eu vos entrego, que ameis uns aos outros como eu vos tenho amado". Ele pediu a seus discípulos que fossem todos unos com ele, assim como ele era uno com seu Pai. Seu discípulo mais próximo, São João, insistiu muito fortemente na mesma ideia: "Aquele que não ama não conhece a Deus, pois Deus é Amor".

O que agora é chamado de Cristianismo era sem dúvida uma magnífica concepção da forma concebida originalmente por Ele. Infelizmente caiu desse alto nível nas mãos de expoentes ignorantes. Não deve ser presumido, claro, que o ensinamento de amor fraterno e benevolente fosse novo no mundo. Como Santo Agostinho disse em seu livro *De Civitate Dei*:

> Coisa idêntica ao que agora chamamos de religião cristã existiu entre os anciãos e esteve sempre presente desde os primórdios da raça humana até a vinda do Cristo em carne, momento a partir do qual a verdadeira religião, que já existia, começou a ser chamada de cristã.

Os leitores do *Bhagavad-Gitā* também se lembrarão do ensinamento de amor e devoção do qual está repleto. O *Bodhisattva* também ocupou ocasionalmente o corpo de Tsong-ka-pa, o grande religioso tibetano reformador. Ao longo dos séculos, ele tem enviado uma corrente de discípulos, incluindo Nagārjuna, Āryāsanga, Rāmānujāchāarya, Madhavāchārya e muitos outros, que fundaram novas seitas religiosas ou jogaram nova luz sobre os mistérios religiosos. Entre eles esteve um que foi enviado para fundar a fé muçulmana.

O envio dos Instrutores que mencionei acima é apenas parte de seu trabalho, que não está confinado à humanidade, mas inclui a educação de todas as criaturas na Terra, e entre elas está a evolução dos Devas. Ele é assim o Chefe de todas as crenças existentes no presente e de muitas outras que já morreram no decurso do tempo, embora ele seja responsável por elas apenas em sua forma original e não por sua corrupção, que o homem tem natural e inevitavelmente introduzido em todas elas, no decorrer das eras. Ele diversifica os tipos de religião conforme o período da história do mundo em que ela é colocada e de acordo com o povo ao qual ela é dada. Porém, embora a forma possa variar enquanto a evolução procede, a ética é sempre a mesma.

Ele virá à Terra muito mais vezes durante o progresso da Raça-Raiz, fundando muitas de tais religiões. A cada vez ele atrai ao redor de si os homens dessa Raça que estiverem preparados para segui-lo, dentre os quais ele escolhe alguns que possa levar a uma relação mais próxima consigo, aqueles que sejam discípulos no sentido mais profundo. Então, por volta do final da Raça, quando seu apogeu tiver passado há muito tempo e uma nova Raça estiver começando a dominar o mundo, ele cuidará para que todos os seus discípulos especiais, que o seguiram nas encarnações passadas, nasçam conjuntamente no período de sua última vida na Terra.

Nela ele alcançará a grande Iniciação de Buda e assim conquistará a perfeita iluminação. Nesse momento, seus discípulos, sem conhecê-lo fisicamente e sem se lembrarem dele, serão fortemente atraídos para ele. Sob sua grande influência, inúmeros deles vão entrar na Senda, e muitos avançarão para estágios superiores, tendo já feito considerável progresso em encarnações prévias. A princípio, pensamos que os relatos dados nos livros budistas do imenso número de homens que instantaneamente alcançaram o nível de *Arhat* quando o Senhor Gautama se tornou Buda estivesse além dos limites da possibilidade. Porém, num exame mais detalhado, vimos que havia verdade envolvendo aqueles relatos. É possível que os números estejam exagerados, mas – o que é sem dúvida um fato – muitos aspirantes repentinamente alcançaram essas altas graduações de Iniciação sob o ímpeto dado pelo poderoso magnetismo e poder do Buda.

O Festival *Āsāla*

Além do grande Festival *Wesak*, há outra ocasião em que anualmente todos os membros da Fraternidade se reúnem oficialmente. A reunião nesse caso é usualmente realizada na própria casa do Senhor Maitreya, situada também no Himalaia, mas nas encostas do sul no lugar das encostas do norte. Nesta ocasião, nenhum peregrino do plano físico está presente, mas todos os visitantes astrais que

362   C. W. Leadbeater

sabem da celebração são bem-vindos para assistir. Ela é realizada no dia da lua cheia do mês de *Āsāla* (*Ashādha*, em sânscrito), usualmente correspondendo ao mês de julho inglês.

Esse é o aniversário da entrega pelo Senhor Buda de sua primeira proclamação da grande descoberta – o sermão que ele prega a seus cinco discípulos, comumente conhecido como o *Dhammachakkappavattana Sutta*, que foi poeticamente traduzido por Rhys Davids como "A Colocação em Movimento das Rodas da Carruagem Real do Reino da Retidão", sendo mais frequentemente descrita nos livros budistas como "A Colocação em Movimento da Roda da Lei"[125]. Ele explica pela primeira vez as Quatro Grandes Verdades e o Nobre Caminho Óctuplo, expondo o grande caminho do meio do Buda – a vida de perfeita retidão no mundo, que está a meia distância entre as extravagâncias do ascetismo por um lado e a indiferença na mera vida mundana do outro.

Em seu amor por seu grande predecessor, o Senhor Maitreya ordenou que, sempre que chegar o aniversário dessa primeira pregação, o mesmo sermão deverá ser recitado mais uma vez na presença da Fraternidade reunida. Ele usualmente adiciona um pequeno discurso próprio, expondo e aplicando aquele sermão. A recitação começa no momento do plenilúnio, e a leitura e o discurso usualmente são concluídos em meia hora. O Senhor Maitreya geralmente se senta no trono de mármore localizado à beira de um terraço sobrelevado no adorável jardim bem em frente à sua casa. O maior dos Oficiais se senta ao seu lado, enquanto o restante da Fraternidade se agrupa no jardim alguns metros abaixo. Nessa ocasião, como na outra, há sempre uma oportunidade para conversas agradáveis e amáveis saudações, e são distribuídas bênçãos pelos Mestres aos discípulos e àqueles que desejam chegar a sê-lo.

---

[125]No original: *"The Setting in Motion of the Royal Chariot Wheels of the Kingdom of Righteousness"*. Também é encontrado "O Pôr em Movimento da Roda do *Dharma*". (N.E.).

Os Mestres e a Senda

363

Talvez seja útil dar um relato da cerimônia e do que usualmente é dito nesses Festivais, embora seja, claro, absolutamente impossível reproduzir a maravilha, a beleza e a eloquência das palavras do Senhor Maitreya em tais ocasiões. O relato que se segue não tenta reportar nenhum discurso específico; receio que seja uma combinação de fragmentos muito imperfeitamente rememorados, alguns dos quais já apareceram em outras partes. Porém, dará àqueles que não ouviram anteriormente nada acerca da cerimônia uma ideia dos princípios geralmente adotados.

Esse grande sermão do Buda é maravilhosamente simples, e os seus pontos são repetidos. Não havia taquigrafia naqueles dias, para que pudesse ser passado a limpo e lido por todos depois. Seus discípulos tinham que se lembrar de suas palavras pela impressão feita neles naquele momento. Então ele as fez simples e as repetiu diversas vezes como um refrão, para que as pessoas pudessem ter a certeza delas. Alguém poderá rapidamente ver, ao ler, que o sermão foi construído com esse propósito especial – para que fosse facilmente lembrado. Seus pontos estão arranjados categoricamente, de forma que, quando o sermão é ouvido, cada ponto traz o próximo, como em um método mnemônico. Para o budista, cada uma dessas palavras isoladamente e fáceis de lembrar sugere todo um corpo de ideias correlacionadas, de forma que o sermão, curto e simples como é, contém uma explicação e uma regra de vida.

Alguém poderá muito bem pensar que tudo o que pode ser dito sobre o sermão já foi falado muitas outras vezes. Mesmo assim o Senhor, com sua maravilhosa eloquência e pela forma com que ele o coloca, faz com que a cada ano ele pareça algo novo, e cada pessoa sente como se aquela mensagem fosse especialmente endereçada a ela. Nessa ocasião, como na pregação original, o milagre Pentecostal se repete. O Senhor fala em sonoro páli original, mas cada um dos presentes o ouve "em sua própria língua nativa", como é dito nos Atos dos Apóstolos.

As Quatro Nobres Verdades

O sermão começa com uma proclamação de que o Caminho do Meio é o mais seguro e de fato a única Senda verdadeira. De um lado, mergulhar no excesso sexual e nos prazeres da vida terrena comum é vil e degradante, e não leva o homem a lugar nenhum. Por outro lado, o ascetismo extravagante também é prejudicial e inútil. Deve haver alguns aos quais uma vida altamente ascética e solitária tenha apelo. Eles podem ser capazes de conduzi-la corretamente, embora mesmo ela não deva ser levada em excesso. Porém, para todas as pessoas comuns o Caminho do Meio, de uma vida reta vivida no mundo, é de todas as formas o melhor e o mais seguro. O primeiro passo na direção dessa vida é entender suas condições. O Senhor Buda coloca essas condições para nós no que ele chamou de Quatro Nobres Verdades. São elas:

1ª – DOR OU SOFRIMENTO

A Primeira Nobre Verdade é uma afirmação de que toda a vida manifesta é sofrimento, a menos que o homem saiba vivê-la. Comentando sobre isso, o *Bodhisattva* disse que há dois sentidos nos quais a vida manifesta é sofrimento. Um deles é em certa medida inevitável, mas o outro é um completo engano e é facilmente evitável. Para a Mônada, que é o verdadeiro Espírito do homem, toda a vida manifesta é em um sentido sofrimento, pois é uma limitação – que nós, em nossos cérebros físicos, não podemos conceber, já que não temos ideia da gloriosa liberdade da vida superior. Exatamente no mesmo sentido, sempre foi dito que o Cristo se oferece em Sacrifício quando ele desce à matéria. É indubitavelmente um sacrifício, pois é uma limitação de proporções inexpressáveis, visto que ela retira dele todos os gloriosos poderes que são seus em seu próprio nível. O mesmo é verdade em relação à Mônada do homem. Ela, sem dúvida, faz um grande sacrifício quando traz a si própria para o contato com a matéria inferior; quando ela flutua sobre essa matéria através das longas eras de seu desenvolvimento até o nível humano; quando ela desce um pequeno fragmento de si mesma (como a ponta de um dedo) e assim cria um Ego ou alma individual.

Embora sejamos apenas um pequeno fragmento – de fato, um fragmento de um fragmento –, mesmo assim somos uma parte de uma magnífica realidade. Não há nada a se orgulhar em ser somente um fragmento, mas há a certeza de que, por sermos uma parte do superior, poderemos no final nos erguer até o alto e nos tornarmos unos com ele. É esse o término e o objetivo de nossa evolução. Mesmo quando o atingirmos, lembremo-nos de que esse aperfeiçoamento não será para o nosso deleite, mas para que possamos ser capazes de cooperar no esquema. Todos esses sacrifícios e limitações podem ser corretamente descritos como envolvendo sofrimento, mas eles são aceitos de boa vontade assim que o Ego os compreende completamente. Um Ego não tem a perfeição da Mônada, portanto ele não compreende inteiramente de início; ele tem que aprender como todo mundo. Essa colossal limitação em cada descida à matéria é um fato inevitável, consequentemente há essa parcela de sofrimento inseparável da manifestação. Temos que aceitar essa limitação como um meio para chegarmos ao fim, como parte do Esquema Divino.

Há outro sentido em que a vida é sempre um sofrimento, mas que pode ser inteiramente evitado. O homem que vive a vida mundana frequentemente se vê em apuros de vários tipos. Não seria verdade dizer que ele está sempre em sofrimento, mas ele *é* sempre ansioso e está sempre sujeito a qualquer momento a cair em *grande* sofrimento ou ansiedade. A razão disso é que ele está cheio de desejos inferiores de vários tipos, não necessariamente perversos, mas desejos de coisas inferiores. Por causa desses desejos, ele está amarrado e confinado. Ele está constantemente tentando obter algo que não tem e completamente ansioso sobre se vai ou não consegui-lo. Quando ele o consegue, fica ansioso por não perdê-lo. Isso é verdade não apenas em relação a dinheiro, mas também a posição e poder, fama e ascensão social. Todas essas ânsias causam incessantes problemas de muitas formas diferentes. Não é apenas a ansiedade individual do homem que tem ou não algum objeto de desejo geral; também temos que levar em consideração toda a inveja, o ciúme e o mal-estar gerados nos corações dos outros que estão se esforçando para conseguir as mesmas coisas.

Existem outros objetos de desejo que parecem superiores a esses, e ainda assim não são os mais elevados. Quão frequentemente, por exemplo, um jovem homem deseja a afeição de alguém que não lhe pode dá-la, que não a tem para dar! De um desejo como esse vem frequentemente uma grande quantidade de sofrimento, ciúmes e muitos outros mal-estares. Você dirá que tal desejo é natural; sem dúvida ele é, e a afeição que é recíproca é uma grande fonte de felicidade. Porém, se ela não puder ser compartilhada, o homem deve ter a força para aceitar a situação e não permitir o sofrimento causado pelo desejo insatisfeito. Quando dizemos que algo é natural, queremos dizer que ele pode ser esperado de um homem comum; mas o estudante de Ocultismo deve tentar se erguer um pouco acima do nível do homem comum – de outra forma, como ele pode ajudar tal homem? Devemos nos erguer acima desse nível para que possamos estender uma mão amiga. Não devemos visar ao natural (no sentido mediano), mas ao sobrenatural.

Aquele que é clarividente rapidamente irá concordar com a verdade desse grande ensinamento do Buda, de que toda a vida é sofrimento, pois se ele puder olhar para os corpos mentais e astrais daqueles que encontra, ele verá que eles estão cheios de um

Os Mestres e a Senda

grande número de pequenos vórtices, todos rodopiando vigorosamente, representando todos os tipos de estranhos pequenos pensamentos, pequenas ansiedades, pequenos problemas sobre uma coisa ou outra. Tudo isso causa perturbações e sofrimento, e o que é necessário acima de tudo para o progresso é serenidade. A única forma de obter a paz é se livrar deles como um todo. Isso nos leva à nossa Segunda Nobre Verdade, a *Causa do Sofrimento*.

2ª – A CAUSA DO SOFRIMENTO

Já vimos que a Causa do Sofrimento é sempre o desejo. Se um homem não tem desejos, se ele não está lutando por posição, poder ou riqueza, então ele está igualmente tranquilo caso venha ou se vá a riqueza ou posição. Ele permanece imperturbável e sereno, pois ele não se importa. Sendo humano, evidentemente ele irá querer isso ou aquilo, mas sempre moderada e docilmente, de forma que não se permita perturbar. Sabemos, por exemplo, o quão frequente as pessoas se prostram em sofrimento quando perdem pela morte aqueles que amam. Porém, se suas afeições estiverem em um nível superior, se eles amam os seus amigos e não os corpos dos seus amigos, não pode haver sentido de separação e, portanto, nenhum sofrimento. Se eles estiverem repletos de desejo de contato físico com esse amigo no plano físico, então prontamente esse desejo vai causar tristeza. Entretanto, se eles colocarem de lado o desejo para viver na comunhão da vida superior, o luto passa.

Às vezes as pessoas se afligem quando elas percebem a velhice chegando, quando veem seus veículos não tão fortes como costumavam ser. Elas desejam a energia e as faculdades que já possuíram. É sábio de sua parte reprimir esse desejo e perceber que seus corpos fizeram um bom trabalho; e se elas não podem mais fazer o mesmo de outrora, devem fazer branda e pacificamente o que podem, mas sem se preocupar com a mudança. Em breve terão novos corpos. A maneira de garantir um bom novo veículo é fazer o melhor uso possível do antigo, de forma sempre serena, calma e imperturbável. A única forma de fazê-lo é se esquecendo do eu, deixando que todos os desejos egoístas cessem, e voltando o pensamento na direção do auxílio aos outros até onde tenham capacidade para isso.

3ª – A CESSAÇÃO DO SOFRIMENTO

(OU A FUGA DA DOR)

Vimos como cessar a aflição e como deve ser alcançada a calma, mantendo sempre o pensamento nas coisas mais elevadas. Temos ainda que viver neste mundo, que tem sido poeticamente descrito como a estrela de sofrimento – realmente é para muitos, talvez para a maioria das pessoas, embora não necessite ser. Ainda assim, podemos habitá-lo mais felizes se não estivermos apegados a ele pelo desejo. Nós estamos nele, mas não devemos pertencer a ele – pelo menos não no sentido de permitirmos que ele cause sofrimento, problemas e contrariedades. Sem dúvida o nosso dever é ajudar os outros em suas aflições, dificuldades e preocupações, mas para fazermos isso efetivamente não devemos ter nenhuma nós mesmos. Devemos deixar essas perturbações que possam causar sofrimento escorregarem suavemente por nós, mantendo-nos calmos e contentes. Se encararmos essa vida inferior com filosofia, veremos que nossa tristeza cessará quase inteiramente.

Alguns acreditam que tal atitude não é alcançável. Isso não é verdade, pois se o fosse o Senhor Buda jamais a teria prescrito para nós. Todos nós podemos alcançá-la, e devemos fazê-lo, pois apenas quando nós a tivermos alcançado poderemos real e efetivamente ajudar nossos irmãos.

4ª – O CAMINHO QUE CONDUZ À LIBERTAÇÃO DO SOFRIMENTO

Ele nos é fornecido pelo chamado Nobre Caminho Óctuplo – outra maravilhosa classificação ou categoria do senhor Buda. É uma afirmação muito bela, pois pode ser tomada em todos os níveis. O homem no mundo, mesmo o homem ignorante, pode tomá-la em seu aspecto mais baixo e encontrar um caminho para a paz e para o consolo através dela. Mesmo o filósofo mais elevado também pode tomá-la e interpretá-la em seu nível e aprender muito com ela.

O Nobre Caminho Óctuplo

O primeiro passo nesse Caminho é a *Reta Crença*. Algumas pessoas fazem objeção a essa qualificação, pois dizem que ela demanda deles algo como fé cega. De forma alguma é esse tipo de crença que é requerida. É na verdade uma demanda por certa quantidade de conhecimento em relação aos fatores governantes na vida. Ela implica que devemos entender um pouco do Esquema Divino até onde ele se aplica a nós; e se ainda não pudermos vê-lo por nós mesmos, que devemos aceitá-lo da forma como ele nos é constantemente colocado. Certas realidades fundamentais são sempre colocadas perante os homens de uma forma ou de outra; são explicadas mesmo nas tribos selvagens por seus curandeiros, e por vários instrutores religiosos e em todos os tipos de escrituras para o restante da humanidade. É bem verdade que as escrituras e as religiões diferem, mas os pontos em que todas elas concordam têm que ser aceitos pelo homem para que ele possa entender a vida o suficiente para viver feliz.

Um desses fatores é a eterna Lei de Causa e Efeito. Se um homem vive sob a ilusão de que pode fazer tudo o que quiser e de que o efeito de suas ações nunca repercutirá sobre ele, ele muito certamente descobrirá que algumas dessas ações no final o envolverão em infelicidade e sofrimento. Se, novamente, ele não compreender que o objetivo de sua vida é a evolução, que a Vontade de Deus para ele é que ele cresça para ser algo melhor e mais nobre do que ele é agora, então também ele trará infelicidade e sofrimento para si, pois provavelmente estará vivendo somente para o lado inferior da vida, que jamais contenta definitivamente o homem interior. Portanto, conclui-se que ele deve ao menos saber algo sobre essas grandes Leis da Natureza. Se ele ainda não puder conhecê-las por si próprio, será melhor que ele acredite nelas. Além disso, num nível mais elevado, antes que a Segunda Iniciação possa ser alcançada, nos é dito que devemos aniquilar toda a dúvida.

Quando o Senhor Buda foi perguntao se isso significaria que nós devemos aceitar certa forma de crença cega, ele respondeu: "Não, mas você deve conhecer por si mesmo três grandes coisas: que somente através da Senda da Santidade e da vida digna pode o homem finalmente alcançar a perfeição; que para alcançá-la ele passa por muitas vidas, se erguendo gradualmente mais e mais; e que há uma Lei de Eterna Justiça sob a qual todas essas coisas operam". Nesse estágio, o homem deve se livrar de toda a dúvida, e estar completa e internamente convencido dessas coisas. Porém, para o homem do mundo, é melhor que ele ao menos acredite nelas pois, a não ser que ele as tenha como guia na vida, ele não conseguirá ir muito longe.

O segundo passo do Nobre Caminho Óctuplo é o *Reto Pensamento*. Mas Retidão de Pensamento significa duas coisas separadas. A primeira exige que pensemos sobre o que é correto e não sobre coisas erradas. Podemos ter sempre pensamentos elevados e belos como fundo em nossa mente , caso contrário, ela se preencherá com pensamentos dos assuntos triviais do cotidiano. Que não haja engano nesse ponto; qualquer que seja o trabalho que estivermos fazendo, ele deve ser feito por inteiro e seriamente, e com a concentração de pensamento necessário para a sua perfeição. Porém, a maioria das pessoas, mesmo tendo concluído seu trabalho, ou quando há uma pausa nele, fica ainda pensando em coisas comparativamente fúteis e ignóbeis. Aqueles que são devotados ao Mestre procuram sempre formas de manter o pensamento nesse Mestre como plano de fundo de suas mentes, para que quando houver um momento de trégua das ações terrenas, no mesmo instante esse pensamento venha à frente e ocupe a mente. Rapidamente pensará o aspirante: "O que eu posso fazer para tornar minha vida como a vida do Mestre? Como eu posso melhorar a mim mesmo para poder mostrar a beleza do Senhor àqueles ao meu redor? O que eu posso fazer para levar adiante o seu trabalho de ajudar outras pessoas?" Uma das coisas que todos nós podemos fazer é enviar pensamentos de auxílio e compaixão.

Lembre-se também que o Reto Pensamento deve ser firme, e não errático. Os pensamentos que repousam por um momento em uma coisa e, instantaneamente, voam para outra coisa são inúteis e, de forma alguma, nos serão de auxílio na aprendizagem do domínio da mente. O Reto Pensamento jamais tem em si o mínimo toque de maldade, nem possui nada ambíguo. Há muitas pessoas que deliberadamente não pensariam em nada impuro ou horrendo, mesmo assim elas acalentam pensamentos que estão à beira disso – não definitivamente maus, mas certamente um pouco duvidosos. No Reto Pensamento, não pode haver nada disso. Sempre que houver algo que pareça minimamente suspeito ou rude, ele deverá ser excluído. Devemos nos certificar de que todos os nossos pensamentos sejam inteiramente amáveis e bondosos.

Há outro significado de Reto Pensamento, que é pensamento *correto*: que devemos pensar unicamente a verdade. Muito frequentemente pensamos inverdades e erroneamente sobre as pessoas por puro preconceito e ignorância. Temos a impressão de que alguém seja uma má pessoa e, assim, de que tudo o que ela fizer é ruim. Atribuímos motivos a ela que muitas vezes são absolutamente sem fundamento. Ao proceder assim, estamos pensando inverdades sobre ela e, portanto, nosso pensamento não é um Reto Pensamento. Todos os homens que ainda não sejam Adeptos carregam consigo tanto o mal quanto o bem, mas muito desafortunadamente é nosso costume fixar toda a atenção no mal e esquecer tudo sobre o bem – sem nunca buscá-lo. Assim, nosso pensamento sobre essas pessoas não é um Reto Pensamento não apenas porque ele não é caridoso, mas porque ele é uma inverdade. Estamos olhando apenas para um lado da pessoa e ignoramos o outro lado. Mais ainda, ao fixar nossa atenção no mal que há nesse homem ao invés de nos fixarmos no bem, fortalecemos e encorajamos esse mal; ao passo que através do Reto Pensamento daremos exatamente o mesmo encorajamento ao lado bom da natureza desse homem.

O próximo passo é a *Reta Fala*[126]. Novamente encontramos as mesmas duas divisões. Primeiro, devemos falar sempre de coisas boas. Não cabe a nós falar dos atos maléficos dos outros. Na maioria dos casos, as histórias sobre outras pessoas que chegam a nós não são verdade. Assim, se nós as repetirmos, nossas palavras também serão inverdades, e estaremos prejudicando a nós próprios assim como a pessoa sobre a qual falamos. Mesmo se a história for verdadeira, ainda assim será errado repeti-la, pois não faremos bem àquela pessoa repetindo que ela fez algo errado. A coisa mais amável a fazer é não dizer nada sobre o feito. Faríamos isso instintivamente se o erro fosse cometido por um marido, um filho, um irmão; certamente sentiríamos que seria errado divulgar o mal feito por alguém que amamos a muitas pessoas que de outra forma não ouviriam sobre ele. Porém, se

---

[126]Com relação à Reta Fala, recomenda-se ao estudante a leitura de Eclesiastes, XIX, 6-17.

houver qualquer verdade em nossa declaração de fraternidade universal, devemos entender que não temos o direito de fazer circular maldades sobre *nenhum* homem; que temos de falar sobre os outros com a mesma consideração que queremos que eles falem sobre nós. E ainda, devemos lembrar que muitas pessoas fazem de suas falas inverdades porque se permitem cair em exageros e imprecisão. Elas transformam pequenas coisas em histórias desmedidas. Com certeza isso não é Reta Fala.

Além disso, a fala deve ser amável, direta e convincente, não tola. Grande parte do mundo está sob a ilusão de que deve conversar, de que é estranho ou rude não estar perpetuamente tagarelando. A ideia parece ser que quando alguém encontra um amigo deve manter uma conversa todo o tempo ou o amigo ficará magoado. Lembre-se de que quando o Cristo esteve na Terra, ele fez a rigorosa declaração de que de toda palavra ociosa que o homem disser, ele terá que prestar contas depois. A palavra ociosa é muito frequentemente uma palavra maliciosa; porém, muito além disso, mesmo as inocentes palavras ociosas envolvem perda de tempo. Caso tenhamos que falar, ao menos devemos falar algo útil e prestativo. Algumas pessoas, para parecerem astutas, mantêm uma constante corrente de conversa de pilhéria ou escárnio. Elas necessitam estar sempre completando algo que alguém disse; precisam estar sempre expondo tudo com um aspecto ridículo ou engraçado. Certamente, tudo isso vem sob o título de palavras ociosas; e não há dúvidas de que é seriamente necessário que devamos tomar extremo cuidado neste assunto de Reta Fala.

O passo seguinte é a *Reta Ação*. Logo percebemos que esses três passos necessariamente se encadeiam um após o outro. Se sempre pensarmos sobre coisas boas, certamente não falaremos de coisas ruins, pois falamos sobre o que existe em nossa mente. Se nossos pensamentos e nossa fala forem bondosos, então a ação que se seguirá também será boa. A ação deve ser diligente e ainda assim bem ponderada. Todos nós conhecemos pessoas que parecem ficar perdidas frente a qualquer emergência. Elas desperdiçam tempo, não sabem o que fazer e ficam no caminho daqueles que possuem os seus cérebros em melhores condições de trabalho. Outras mergulham em alguma ação precipitada, sem qualquer reflexão. Aprendamos a pensar rápido e agir prontamente, e ainda assim com ponderação. Acima de tudo, permitamos sempre que a ação seja altruísta, jamais deixando que ela seja executada por interesses pessoais. Isso é muito difícil para a maioria das pessoas, mas é uma faculdade que deve ser adquirida. Nós, que tentamos viver para o Mestre, temos muitas oportunidades em nosso trabalho para colocar em prática essa ideia. Todos nós devemos pensar apenas no que seja melhor para o trabalho e no que podemos fazer para ajudar os outros; não devemos pensar qual parte do trabalho gostaríamos de realizar, mas tentar fazer o melhor que pudermos com a parte que nos for designada.

Nos dias de hoje, poucas pessoas vivem isoladas como monges ou eremitas costumavam fazer. Vivemos conjuntamente com outras pessoas, de forma que tudo o que pensamos, falamos ou fazemos necessariamente afeta um grande número delas. Devemos ter sempre em mente que nossos pensamentos, nossa fala e nossas ações não são meramente qualidades, mas poderes – que nos foram dados para dispormos deles, por cujo uso somos diretamente responsáveis. Tudo está destinado a ser usado para o serviço, e dispormos deles de outra forma é falhar em nosso dever.

Chegamos agora ao quinto passo, *Reto Meio de Vida*; e essa é uma questão que pode tocar a muitos de nós. O correto meio de vida é aquele que não causa dano algum a qualquer ser vivo. Logo percebemos que isso irá descartar comércios como os do açougueiro ou os do pescador, mas a exigência vai muito além disso. Não devemos obter a nossa sobrevivência pelo dano a nenhuma criatura; assim, de imediato vemos que a venda de álcool não é um meio de vida correto. O vendedor de álcool não necessariamente mata pessoas, mas ele está inquestionavelmente produzindo danos, e ele vive à custa do mal que faz a outras pessoas.

A ideia vai ainda mais adiante. Tomando o caso de um comerciante que seja desonesto em seus negócios. Esse não é um meio de vida correto, pois o seu comércio não é justo e ele está trapaceando as pessoas. Se um comerciante negocia de forma justa, comprando os seus artigos no atacado e vendendo-os no varejo com um lucro razoável, esse é um correto meio de sobrevivência. Porém, no momento em que ele começar a enganar pessoas, vendendo-lhes artigos inferiores como sendo de boa qualidade, ele estará fraudando. Um correto meio de vida pode se tornar um meio incorreto se for conduzido da forma errada. Devemos tratar honestamente as pessoas, como gostaríamos que elas nos tratassem. Se alguém for um comerciante de certa classe de mercadoria, ele terá um conhecimento especial dessas mercadorias. O cliente confia no comerciante, pois ele próprio não tem esse conhecimento especial. Quando você confia em um médico ou em um advogado, você espera ser tratado de forma justa. É exatamente da mesma forma que o cliente chega ao comerciante, que deve, assim, ser honesto com o cliente, como o são o advogado ou o médico com seus clientes e pacientes. Deste modo, quando alguém confia em nós, compromete nossa honra para que o sirvamos fielmente. Cada qual tem o direito de ter um lucro razoável de seu meio de vida, mas também lhe cabe cumprir lealmente o seu dever.

O sexto passo é o *Reto Esforço* ou *Reto Empenho*, um passo muito importante. Não devemos nos contentar em sermos passivamente bons. O que é desejado de nós não é meramente a ausência do mal, mas a realização positiva do bem. Quando o Senhor Buda fez essa maravilhosa e sucinta declaração de sua doutrina

376 C. W. Leadbeater

em um único verso, ele começou dizendo: "Cesse de fazer o mal"; mas prosseguiu com: "Aprenda a fazer o bem". Não é suficiente ser passivamente bom. Há muitas pessoas bem-intencionadas que mesmo assim nada alcançam.

Toda pessoa dispõe de certa quantidade de energia, não apenas física, mas também mental. Diante de um dia de trabalho, sabemos que devemos reservar nossas forças para ele; assim, antes de iniciá-lo não tomamos outra coisa que possa nos exaurir, comprometendo a realização apropriada daquele trabalho. Similarmente, temos certo montante de força mental e de vontade, e só poderemos realizar determinada quantidade de trabalho nesse nível. Dessa forma, devemos ter prudência em como consumimos esse poder. Há também outros poderes. Todas as pessoas possuem certa extensão de influência entre seus amigos e familiares. Essa influência significa poder, e somos responsáveis por fazer bom uso desse poder. À nossa volta há crianças, familiares e empregados sobre os quais exercemos certa influência, ao menos pelo exemplo. Devemos ter cuidado com o que fazemos e com o que dizemos, pois outros irão nos copiar.

Reto esforço significa colocar nosso trabalho em linhas úteis e não desperdiçá-lo. Há muitas coisas que podemos fazer, mas algumas delas são mais imediatas e mais urgentes do que outras. Devemos olhar em volta e ver onde nosso esforço seria mais útil. Não é bom que todos façam a mesma coisa; é sábio que o trabalho seja dividido entre nós para que seja perfeitamente rotativo e não deixado numa condição parcial. Em todas essas questões devemos usar nossa razão e nosso bom senso.

Reta Memória ou *Reta Lembrança* é o sétimo passo, e ele tem muitos aspectos. A Reta Memória da qual falou o Senhor Buda tem frequentemente sido tomada por seus seguidores como significando a memória de encarnações passadas, que ele próprio possuía totalmente. Em uma das histórias de Jātaka, uma pessoa falou mal dele. Ele virou para seus discípulos e disse: "Eu insultei este homem em uma vida passada, e assim agora ele fala mal de mim; eu não tenho o direito de me ressentir". Não há dúvida de que se nós nos lembrássemos de tudo o que nos ocorreu antes, nós iríamos ordenar nossa vida atual melhor do que o fazemos. A maioria de nós, entretanto, não possui o poder de se lembrar de vidas passadas; mas não devemos com isso pensar que o ensinamento da Reta Memória não se aplique a nós.

Primeiro de tudo, ela significa autorrecordação, ou seja, que nós devemos nos recordar todo o tempo de quem somos, o que é o nosso trabalho, qual é o nosso dever e o que devemos fazer para o Mestre. E, a Reta Memória significa uma escolha razoável daquilo de que devemos nos lembrar. A todos nós, em nossas vidas, chegam coisas agradáveis e também coisas desagradáveis. Uma pessoa sábia cuidará de se lembrar das coisas boas e deixará que o mal feneça. Suponha que alguém chegue a nós e nos fale de forma rude. Uma pessoa tola se lembrará disso por semanas, meses e anos; e continuará a dizer que tal e tal pessoa lhe falou grosseiramente. Isso não cicatrizará em sua mente. Porém, que bem isso irá lhe fazer? Obviamente nenhum; isso irá apenas incomodá-la e deixar vivo em sua mente um pensamento maléfico, e certamente não é Reta Memória. Devemos esquecer e perdoar de imediato algo danoso que nos seja feito; e devemos sempre ter em mente a gentileza que as pessoas nos fizeram, pois preencherá nossa mente com amor e com gratidão. Além disso, todos nós cometemos muitos erros. É bom que nos lembremos deles para não repeti-los; no entanto, por outro lado, refrisá-los, estar sempre ocupando a mente com arrependimento e com sofrimento trazido por eles, não é Reta Memória.

O ensinamento dado acima sobre Reta Memória foi bem ilustrado em alguns versos por S. E. G., como se segue:

Esqueçamos as coisas que nos aborreceram e nos tentaram,
As coisas preocupantes que afligiram nossas almas;
As esperanças há muito acalentadas, mas que ainda assim
nos foram negadas,
Esqueçamos.

Esqueçamos as pequenas desfeitas que nos magoaram,
As injustiças maiores que ainda não cicatrizaram;
A soberba com a qual alguém em sua altivez nos tenha des-
prezado,
Esqueçamos.

Esqueçamos as falhas e faltas de nosso irmão,
A submissão às tentações que o assolaram,
Que ele, talvez, embora seja inútil o sofrimento,
Não pode esquecer.
Mas múltiplas bênçãos e méritos passados,
Amáveis palavras e ações prestativas, uma incontável multi-
dão;
A falta superada, a inabalável retidão,
Lembremo-nos longamente.

O sacrifício do amor, a generosa doação,
Quando os amigos eram escassos, o aperto de mão caloroso
e forte;
A fragrância de cada vida de santidade,
Lembremo-nos longamente.

Quaisquer coisas que foram boas e verdadeiras e afáveis,
Sempre que o correto triunfou sobre o errado,
O que o amor de Deus ou do homem tornou precioso,
Lembremo-nos longamente.

O último passo é chamado de *Reta Meditação* ou *Reta Concentração*, que se refere não apenas à prescrita meditação que re-
alizamos como parte de nossa disciplina, mas também significa
que por toda a nossa vida devemos nos concentrar no objetivo
de fazer o bem e de ser útil e prestativo. Na vida cotidiana não

podemos estar sempre meditando, devido ao trabalho diário que todos devemos fazer no decorrer de nossas vidas. Ainda assim, não estou seguro de que uma declaração como essa, feita sem reservas, seja inteiramente verdade. Nós não podemos ter a nossa consciência continuamente transportada do plano físico a níveis superiores; no entanto, é possível levar uma vida de meditação neste sentido: que as coisas superiores estejam sempre tão fortemente presentes no plano de fundo de nossa mente que, como eu disse sobre Reto Pensamento, elas possam instantaneamente vir à tona quando a mente não esteja de outra forma ocupada. Nossas vidas serão realmente vidas de perpétua meditação sobre os objetos mais altos e mais nobres, interrompida de vez em quando pela necessidade de colocar os nossos pensamentos na prática na vida diária.

Tal hábito de pensamento nos influenciará de mais maneiras do que podemos ver num primeiro relance. Semelhante sempre atrai semelhante; duas pessoas que adotem tal linha de pensamento serão dentro em pouco atraídas mutuamente, sentirão uma atração uma pela outra. Assim, é bem provável que no decorrer do tempo um núcleo dessas pessoas que habitualmente mantêm pensamentos mais elevados se reunirá; seus pensamentos reagirão uns com os outros e, dessa forma, cada um ajudará imensamente o desenvolvimento do restante. Novamente, onde quer que formos, estaremos cercados por hostes invisíveis, Anjos, espíritos da natureza, e homens que deixaram seus corpos físicos. A condição de Reta Concentração atrairá para nós as melhores dessas várias ordens de seres, de maneira que estaremos cercados pelo bem e por influências sagradas.

Tal é o ensinamento do Senhor Buda, como ele o transmitiu em seu Primeiro Sermão. É sobre esse ensinamento que o universal Reino de Retidão está fundado, as Rodas da Carruagem Real que ele colocou em movimento pela primeira vez no Festival *Āsāla* há tantos séculos.

Quando no futuro distante chegar o advento de outro Buda, e o presente *Bodhisattva* tiver a última encarnação em que o grande passo será alcançado, ele proclamará a Lei Divina ao mundo na forma que ele perceba mais adequada às exigências da era. Então, o seguirá em seu alto ofício o Mestre Kuthumi, que se transferiu para o Segundo Raio para tomar a responsabilidade de se tornar *Bodhisattva* da sexta Raça-Raiz.

Capítulo 15

O PODER NOS TRIÂNGULOS

O Senhor do Mundo

Nosso mundo é governado por um Rei Espiritual – um dos Senhores da Chama que vieram de Vênus tempos atrás. Ele é chamado pelos hindus de Sanat *Kumara*, sendo a última palavra um título que significa Príncipe ou Governador. Outros nomes dados a ele são: o Iniciador Único, o Uno sem um Segundo, o Eterno Jovem de dezesseis verões; e frequentemente nós nos referimos a ele como Senhor do Mundo. Ele é o Supremo Governante; em suas mãos e de fato no interior de sua aura está todo o seu planeta. Ele representa o Logos, até onde se refira essa palavra; e dirige toda a sua evolução – não apenas a evolução da humanidade, mas também a evolução dos Devas, dos espíritos da natureza e de todas as criaturas conectadas à Terra. Ele é inteiramente distinto da grande entidade chamada de Espírito da Terra, que usa o nosso mundo como um corpo físico.

Em sua mente ele mantém todo o plano de evolução em nível tão elevado que dele nada sabemos. Ele é a Força que impele toda a máquina do mundo, a corporificação da Vontade Divina nesse planeta. Força, coragem, decisão, perseverança e todas as caracterís-

382 C. W. Leadbeater

ticas similares, quando elas se mostram aqui embaixo na vida dos homens, são reflexos dele. Sua consciência é de natureza tão extensa que abrange toda a vida de nosso globo. Em suas mãos estão as forças cíclicas de destruição, pois ele empunha o *Fohat* em suas formas mais elevadas e pode lidar diretamente com forças cósmicas externas à nossa Cadeia. É provável que seu trabalho esteja mais conectado com a humanidade *em massa* do que com indivíduos, mas quando ele influencia qualquer pessoa isoladamente, foi-nos dito que é através de *Ātmā*, não pelo Ego, que sua influência é exercida.

Num certo ponto do progresso de um discípulo na Senda, ele é formalmente apresentado ao Senhor do Mundo. Aqueles que o encontraram face a face falam sobre ele como tendo a aparência de um belo jovem, dignificado, benevolente além de toda descrição, entretanto com um semblante de omnisciência, inescrutável majestade, conferindo tal senso de poder irresistível que alguns se viram incapazes de suportar seu olhar e velaram suas faces em temor. Assim, por exemplo, fez a grande Fundadora da Sociedade Teosófica, Madame Blavatsky. Aquele que tiver essa experiência jamais se esquecerá dela, nem poderá daí em diante duvidar que, não importa quão terríveis sejam o pecado e sofrimento no mundo, todas as coisas estão de alguma forma trabalhando juntas para o bem final de todos e que a humanidade está sendo continuamente guiada ao seu objetivo final.

Durante cada período mundial, foi-nos dito, há três sucessivos Senhores do Mundo; o atual ocupante do cargo já é o terceiro. Ele reside com seus três Discípulos em um oásis no deserto de Gobi chamado de Shamballa, frequentemente denominada de Ilha Sagrada em memória ao tempo em que ela era uma ilha no mar central da Ásia. Esses quatro maiores dentre os Adeptos são repetidamente chamados de "As Crianças da Névoa de Fogo", pois eles pertencem a uma evolução diferente da nossa. Seus corpos, apesar de humanos em aparência, diferem muito dos nossos em sua constituição, sendo mais como vestimentas assumidas por conveniência do que corpos no sentido comum, já que são artificiais e suas partículas não mudam como as da estrutura humana. Eles não requerem alimentação e se mantêm inalteráveis por milhares de anos.

Os três Discípulos, que estão no nível do Buda e são chamados de *Pratyeka* ou *Paccheka Buddhas*, auxiliam o Senhor em seu trabalho e estão eles próprios destinados a serem nossos três Senhores do Mundo quando a humanidade estiver ocupando o planeta Mercúrio.

Uma vez a cada sete anos, o Senhor do Mundo conduz em Shamballa uma grande cerimônia similar ao evento de Wesak, mas numa escala ainda maior e de um tipo diferente, em que são convidados todos os Adeptos e mesmo alguns Iniciados abaixo desse grau, tendo assim a oportunidade de entrar em contato com seu grande Líder. Em outros momentos, ele trata apenas com os Chefes da Hierarquia Oficial, exceto quando ele, por razões especiais, convoca outros à sua presença.

Essa posição de nosso Rei Espiritual foi descrita em *A Doutrina Secreta*. Lá é dito que ao passar das eras, as grandes etapas que nós agora reconhecemos como conducentes à perfeição permanecerão inalteráveis quanto às suas posições relativas, embora o sistema como um todo esteja se movendo para cima. Assim, as reais conquistas que no futuro distante marcarão uma etapa particular serão mais plenas do que o são no presente. Os Homens Perfeitos da Sétima Ronda de nossa Cadeia estarão, é dito, "a apenas um passo da Base-Raiz de sua Hierarquia, a mais alta da Terra e de nossa Cadeia Terrestre". Isso quer dizer que o Rei está, mesmo agora, um estágio acima do ponto que os homens perfeitos de nossa humanidade levarão eras de evolução para alcançar —eras que devem ocorrer em milhões de anos, nos levando por duas Rondas e meia de experiências variadas. Esse maravilhoso Ser veio durante o período da terceira

384 C. W. Leadbeater

Raça para assumir o comando da evolução terrestre. Essa vinda do [então] futuro Rei do Mundo é assim descrita em *Man: Whence, How and Whither* [127]:

A grande Estrela Polar Lemuriana era ainda perfeita, e o grande Crescente ainda se estendia pelo equador, incluindo Madagascar. O mar que ocupava o que é agora o Deserto de Gobi ainda quebrava contra as barreiras rochosas das encostas setentrionais do Himalaia. Tudo estava sendo preparado para o momento mais dramático da história da Terra, a Chegada dos Senhores da Chama.

Os Senhores da Lua e o *Manu* da Terceira Raça-Raiz haviam feito tudo o que era possível para trazer os homens ao ponto em que pudesse ser despertado o germe da mente, e pudesse ser feita a descida do Ego. Todos os retardatários haviam sido motivados. Não havia mais nas fileiras dos animais nenhum capaz de se erguer a homem. A porta para os imigrantes ao reino humano vindos do reino animal foi fechada apenas quando não havia mais nenhum à vista, e que não fosse capaz de alcançá-la sem uma repetição do extraordinário impulso dado apenas uma vez na evolução do Esquema, em seu ponto mediano.

Foi escolhido um grande evento astrológico, quando houve um arranjo muito especial de planetas e as condições magnéticas da Terra eram as mais favoráveis possíveis. Isso ocorreu há mais ou menos seis milhões e meio de anos. Nada mais havia para ser feito, salvo o que somente eles poderiam fazer.

Então, com o estrondoso rugido de uma repentina descida de incalculáveis alturas, envolta por massas resplandecentes de fogo que encheram o céu com céleres línguas de chama, brilhou pelo espaço aéreo a carruagem dos Filhos do Fogo, os Senhores da Chama de Vênus. Ela parou, pairando sobre a "Ilha Branca" que se estendia sorridente no seio do Mar de Gobi; verde e radiante, com massas de flores colori-

---

[127] *Man: Whence, How and Whither*, de Annie Besant e C. W. Leadbeater; editado em português inicialmente com o título *O Homem: donde e como veio e para onde vai?*, e atualmente, *A Visão Teosófica das Origens do Homem*, ambos pela Editora Pensamento. (N.E.)

das perfumadas – a Terra oferecia o seu melhor e o mais justo para dar as boas vindas a seu Rei que chegava. Lá estava ele, "o Jovem de dezesseis verões", Sanat *Kumara*, o "Eterno Jovem Virginal", o novo Governante da Terra. Veio ao seu reino. Seus Discípulos, os três *Kumaras*, vieram com ele, seus Ajudantes que o cercam. Trinta poderosos Seres havia lá, numa grandeza muito além de cálculos terrenos, embora em ordem graduada, vestidos nos gloriosos corpos que haviam sido criados por *Kriyashakti*, a Primeira Hierarquia Oculta, ramos da única e vasta Árvore *Banyan*, o berçário de futuros Adeptos, o centro de toda a vida oculta. O seu local de morada foi e ainda é a Imperecível Terra Sagrada, onde sempre brilha a Estrela Ardente, o símbolo do Monarca da Terra, o Polo inalterável em redor do qual a vida de nossa Terra está sempre girando.

Madame Blavatsky diz em *A Doutrina Secreta:*

O "Ser" há pouco referido, que tem que ser mantido sem nome, é a *Árvore* da qual, em eras subsequentes, todos os grandes *historicamente* conhecidos Sábios e Hierofantes, tais como o Rishi Kapila, Hermes, Enoch, Orpheus, etc., se ramificaram. Como *homem* objetivo, Ele é o misterioso Personagem (ao profano: o sempre invisível, porém sempre presente) sobre o qual lendas são recorrentes no Passado, especialmente entre os Ocultistas e os estudantes da Ciência Sagrada. É Ele que muda a forma, e ainda assim permanece sempre o mesmo. É Ele, novamente, que possui domínio espiritual sobre os Adeptos *iniciados* no mundo inteiro. Ele é, como dito, o "Sem Nome" que tem tantos nomes, e ainda assim cujos nomes e cuja natureza são desconhecidos. Ele é o "Iniciador", chamado de o "Grande Sacrifício". Pois, sentado no Limiar da Luz, Ele olha para ela de dentro do Círculo de Escuridão, que Ele não cruza, nem irá Ele deixar seu posto até o último Dia deste Ciclo de Vida. Por que o Observador Solitário permanece em Seu posto autoescolhido? Por que Ele está sentado na Fonte da Primordial Sabedoria, da qual Ele não mais bebe, pois não há nada o que aprender, pois não há nada que Ele não saiba – sim, nem nessa Terra, nem em seu Céu? Porque os Peregrinos solitários com os pés doloridos, em suas jornadas de volta ao Lar, nunca estão certos, até o último momento, de não perderem o caminho neste ilimitado Deserto de Ilusão e Matéria chamado Vida Terrena. Porque Ele de bom grado mostraria o caminho para essa região de liberdade e luz, da qual Ele voluntariamente se exilara, a todo prisioneiro que tenha conseguido se liberar dos laços da carne e da ilusão. Porque, em resumo, Ele se sacrificou pelo bem da Humanidade, embora apenas poucos eleitos possam se beneficiar do Grande Sacrifício.

É sob a direta, silenciosa orientação do *Maha-Guru* que todos os outros menos divinos Professores e Instrutores da Humanidade se tornaram, desde o primeiro despertar de consciência humana, os guias da primitiva Humanidade. Foi através desses "Filhos de Deus" que a humanidade infante aprendeu suas primeiras noções sobre todas as artes e ciências, assim como o conhecimento espiritual. Foram Eles que colocaram a primeira pedra fundamental daquelas antigas civilizações, que tão intensamente deixam perplexa nossa moderna geração de estudantes e eruditos.

As Mais Elevadas Iniciações

É no Primeiro Raio que é possível o maior avanço para o homem dentro da Hierarquia de nosso globo, pois há duas Iniciações além da do *Manu*. Os *Paccheka Buddhas*, que estão logo acima do *Manu*, têm sido estranhamente mal interpretados por alguns escritores que os descreveram como homens egoístas, que se negaram a ensinar o que aprenderam e passaram para o Nirvana. É verdade que esses Budas não instruem, pois eles têm outro trabalho em seu próprio Raio para fazer. Também é verdade que virá um tempo em que eles deixarão o mundo, mas apenas para levar adiante sua própria gloriosa obra em outro lugar.

O próximo passo, a Iniciação que ninguém pode conceder mas que cada um deve conseguir por si próprio, coloca o Adepto no nível do Senhor do Mundo, um Ofício exercido inicialmente pelo período mais curto de Primeiro ou Segundo Senhor de um Mundo;

Os Mestres e a Senda

e quando isso é alcançado, para a mais longa responsabilidade de Terceiro Senhor do Mundo em um outro mundo.

A tarefa do Terceiro Senhor do Mundo é muito maior do que aquela do Primeiro e do Segundo Senhores, pois é seu o dever de completar satisfatoriamente esse período de evolução e entregar nas mãos do *Manu* Semente os incontáveis milhões de criaturas em evolução; Ele será responsável por eles durante o Nirvana Interplanetário e os entregará, por sua vez, ao *Manu* Raiz do próximo globo. O Terceiro Senhor do Mundo, tendo cumprido sua missão, recebe outra Iniciação completamente fora de nosso mundo e de sua Hierarquia, alcançando o nível de Observador Silencioso. Nesse cargo, Ele permanece ativo por todo um período de uma Ronda. É somente quando a onda de vida estiver novamente ocupando nosso planeta e mais uma vez pronta para deixá-lo que Ele abandona sua singular tarefa autoimposta e a entrega a seu Sucessor.

A Meta para Todos

Mesmo estando todo o esplendor dessas alturas muito acima de nós no presente, vale a pena elevar nosso pensamento a elas e tentar compreendê-las um pouco. Elas mostram o objetivo perante todos nós. Quanto maior for a clareza de nossa visão sobre esse objetivo, mais veloz e constante será o nosso progresso em sua direção – embora não possamos todos esperar cumprir os ideais ancestrais nesta vida e voar como uma flecha até o alvo.

No curso dessa grande evolução, todo homem irá algum dia chegar à completa consciência no mais alto de nossos planos, o Plano Divino, tornando-se simultaneamente desperto em todos os níveis deste Plano Cósmico *Prakrítico*. Tendo em si mesmo o mais alto poder, ele poderá ainda ser capaz de compreender e atuar no mais baixo dos planos, e dar auxílio onde for necessário. Essa omnipotência e omnipresença com certeza esperam por cada um de nós. Mesmo não nos proporcionando nada valcroso, vale a pena suportar essa vida inferior como um estágio necessário para a verdadeira vida que está perante nós. "Os olhos não viram, os ouvidos não escutaram, nem penetrou no coração do homem a compreensão das coisas que Deus preparou para aqueles que o amam", pois o amor de Deus, a sabedoria de Deus, o poder de Deus e a glória de Deus ultrapassam todo o entendimento, assim como o faz a Sua paz.

Paz para todos os seres

Informações sobre Teosofia e o Caminho Espiritual podem ser obtidas na Sociedade Teosófica no Brasil no seguinte endereço: SGAS - Quadra 603, Conj. E, S/N - (61) 3226-0662, CEP 70200-630. Também podem ser feitos contatos ou pelo e-mail st@sociedadeteosofica. org.br - www.sociedadeteosofica.org.br

(61) 3344-3101
papelecores@gmail.com